U0104624

中國道教文化研究

二 編

第 5 冊

《抱朴子・內篇》道教醫學之研究（下）

胡玉珍 著

花木蘭文化事業有限公司

國家圖書館出版品預行編目資料

《抱朴子‧內篇》道教醫學之研究（下）／胡玉珍 著 — 初版
— 新北市：花木蘭文化事業有限公司，2020〔民 109〕
目 8+214 面；19×26 公分
（中國道教文化研究 二編：第 5 冊）
ISBN 978-986-485-395-3（精裝）
1. 抱朴子 2. 研究考訂 3. 道教修鍊
030.8   107001891

ISBN-978-986-485-395-3

9 789864 853953

中國道教文化研究
二 編 第 五 冊　　　　　　ISBN：978-986-485-395-3

《抱朴子‧內篇》道教醫學之研究（下）

作　　者　胡玉珍
總 編 輯　杜潔祥
副總編輯　楊嘉樂
編　　輯　許郁翎、張雅淋　美術編輯　陳逸婷
出　　版　花木蘭文化事業有限公司
發 行 人　高小娟
聯絡地址　235 新北市中和區中安街七二號十三樓
　　　　　電話：02-2923-1455／傳眞：02-2923-1452
網　　址　http://www.huamulan.tw 信箱 hml 810518@gmail.com
印　　刷　普羅文化出版廣告事業
初　　版　2020 年 3 月
全書字數　452907 字
定　　價　二編 21 冊（精裝）台幣 42,000 元
　　　　　　　　　　　　　　　　　　　版權所有 · 請勿翻印

《抱朴子‧內篇》道教醫學之研究(下)

胡玉珍　著

上　冊

謝　辭

第一章　緒　論 …………………………………… 1

　第一節　宗教與醫學的關係 ………………………… 2

　　一、宗教與醫學 …………………………………… 3

　　二、道教醫學的定義 ……………………………… 5

　第二節　研究動機與目的 …………………………… 7

　　一、研究動機 ……………………………………… 7

　　二、研究目的 ……………………………………… 9

　第三節　研究文獻之回顧 ………………………… 13

　　一、研究《抱朴子‧內篇》相關文獻之回顧… 13

　　二、前人對《抱朴子‧內篇》研究成果之限制

　　　　………………………………………………… 22

　第四節　研究範圍與方法 ………………………… 24

　　一、研究範圍 …………………………………… 24

　　二、研究方法 …………………………………… 26

　　三、研究理論 …………………………………… 27

第二章　《抱朴子‧內篇》與道教醫學 ……… 43

　第一節　巫術醫學 ………………………………… 44

　　一、何謂巫術 …………………………………… 45

　　二、巫術與原始思維 …………………………… 45

　　三、巫術與醫學 ………………………………… 47

　　四、巫醫的職司與貢獻 ………………………… 49

　第二節　方士醫學 ………………………………… 54

　　一、方仙道的由來 ……………………………… 54

　　二、方士醫學的發展 …………………………… 54

　　三、方士醫學的範疇 …………………………… 56

　　四、方士醫學的內涵 …………………………… 58

　第三節　道教「援醫入道」的創教模式 ………… 66

　　一、道教創教模式的形成 ……………………… 67

　　二、「五斗米道」、「太平道」的以醫傳教 …… 71

　　三、道士對傳統醫學的融攝與創獲 …………… 79

第四節　葛洪與道教醫學 …………………………… 81
　一、葛洪生平及家學師承 ………………………… 81
　二、為道者須兼修醫術 …………………………… 90
第五節　小結 ………………………………………… 96
第三章　《抱朴子‧內篇》的生命醫療觀 ………… 99
第一節　巫醫同源的生命醫療觀 ………………… 100
　一、巫術與醫術的共同性 ……………………… 100
　二、巫醫同源共軌的現象 ……………………… 102
第二節　道教的生命醫療觀 ……………………… 111
　一、道教的宇宙圖式 …………………………… 111
　二、以氣為本的生命觀 ………………………… 116
　三、形神相通的生命修煉 ……………………… 125
　四、臟腑經絡學說的身體觀 …………………… 136
第三節　道教醫學的成仙實踐 …………………… 145
　一、秦漢時期的前道教成仙模式 ……………… 147
　二、魏晉南北朝的外煉成仙模式 ……………… 148
第四節　葛洪生命醫療的成仙實踐 ……………… 150
　一、「道、神、人」的三位一體觀 …………… 153
　二、以氣為本的煉養理論與工夫 ……………… 154
　三、仙人的自我醫療 …………………………… 156
　四、道教的生命實踐 …………………………… 158
第五節　小結 ……………………………………… 163

中　冊

第四章　《抱朴子‧內篇》成仙的修持與境界 …… 167
第一節　成仙的生命修持 ………………………… 168
　一、神聖體驗 …………………………………… 168
　二、修道 ………………………………………… 170
第二節　自力修持 ………………………………… 172
　一、自力的度世思想 …………………………… 172
　二、宿命說 ……………………………………… 180
　三、善用明哲 …………………………………… 185

第三節　他力修持 …………………………………… 189
　　一、立志 ……………………………………………… 189
　　二、明師 ……………………………………………… 191
　　三、道經與口訣 …………………………………… 195
第四節　《抱朴子・內篇》成仙的內涵 ……………… 200
　　一、終極實體的生命關懷 ………………………… 201
　　二、《抱朴子・內篇》的終極生命 ……………… 203
第五節　《抱朴子・內篇》成仙的境界 ……………… 212
　　一、天界說與天仙 ………………………………… 213
　　二、名山說與地仙 ………………………………… 220
　　三、尸解仙與地下主 ……………………………… 231
第六節　小結 ………………………………………… 237
第五章　《抱朴子・內篇》的病因觀 ……………… 239
第一節　傳統文化觀點下的病因觀 ………………… 239
　　一、宇宙圖式 ……………………………………… 240
　　二、人為何會生病 ………………………………… 244
第二節　超自然的病因觀 …………………………… 250
　　一、鬼魅作祟 ……………………………………… 252
　　二、祖先降災 ……………………………………… 260
　　三、時空衝犯 ……………………………………… 264
　　四、善惡報應 ……………………………………… 269
第三節　自然的病因觀 ……………………………… 274
　　一、陰陽失調 ……………………………………… 276
　　二、五行失序 ……………………………………… 280
　　三、氣運混亂 ……………………………………… 284
　　四、形神脫節 ……………………………………… 295
第四節　人文病因觀 ………………………………… 299
　　一、道德失常 ……………………………………… 301
　　二、倫理失序 ……………………………………… 305
　　三、情感失據 ……………………………………… 308
第五節　小結 ………………………………………… 311

下 冊
第六章 《抱朴子‧內篇》的診療法……………315
　第一節 《抱朴子‧內篇》的診斷法……………317
　　一、道教醫療的診斷理論……………318
　　二、象術理論……………319
　　三、「望聞問切」四診法……………321
　第二節 《抱朴子‧內篇》的生理療法……………334
　　一、以食配藥……………339
　　二、以藥配食……………340
　　三、藥藥相配……………343
　　四、食食相配……………352
　　五、服藥順序與禁忌……………357
　第三節 《抱朴子‧內篇》的靈性療法……………359
　　一、金丹的變化思想……………361
　　二、金丹的種類……………365
　　三、金液……………375
　　四、煉丹的禁忌與醮祭……………377
　第四節 《抱朴子‧內篇》的方術療法……………381
　　一、聲音法術……………384
　　二、文字法術……………386
　　三、肢體法術……………390
　　四、法器法術……………392
　　五、氣功法術……………395
　　六、經圖法術……………402
　第五節 小結……………403
第七章 《抱朴子‧內篇》的養生法……………407
　第一節 養生的內涵……………408
　　一、養生的源流……………409
　　二、養生的內涵……………410
　　三、不傷損原則……………413
　第二節 生理醫療的養生法……………417
　　一、保健外功療法……………417
　　二、生理內功療法……………425
　　三、食物與秘方療法……………437
　　四、房中術……………445

第三節　心理醫療的養生法……………………… 450
　　一、先秦養生理論 ………………………… 451
　　二、情志養生 ……………………………… 454
　　三、起居養生寶鑑 ………………………… 458
　　四、精神養生寶鑑 ………………………… 462
第四節　靈性醫療的養生法……………………… 466
　　一、巫術與祝由之術 ……………………… 467
　　二、重點在「通」 ………………………… 469
　　三、神力養生 ……………………………… 471
　　四、自力養生 ……………………………… 477
第五節　小結……………………………………… 489

第八章　結　論 …………………………………… 493

參考書目 …………………………………………… 501

附錄一 ……………………………………………… 519

附錄二 ……………………………………………… 523

表　次
　　表1－1：台灣與葛洪《抱朴子・內篇》的相關
　　　　　　碩士論文 ………………………… 16
　　表1－2：大陸與葛洪《抱朴子・內篇》的相關
　　　　　　碩士論文 ………………………… 18
　　表1－3：大陸與葛洪《抱朴子・內篇》的醫療
　　　　　　養生相關的單篇論文 …………… 20
　　表2－1：馬王堆出土的醫書分類 ………… 57
　　表3－1：凡人和仙人的內涵 ……………… 160
　　表4－1：「他力度世」 …………………… 175
　　表4－2：「自力度世」 …………………… 178
　　表4－3：葛洪的「星命論」 ……………… 184
　　表4－4：與「勤求」有關的資料 ………… 190
　　表4－5：與「明師」有關的資料 ………… 192
　　表4－6：與「血盟、歃血」有關的資料 … 196
　　表4－7：與「口訣」有關的資料 ………… 197
　　表4－8：與「眞人」有關的資料 ………… 205
　　表4－9：與「至人」有關的資料 ………… 206
　　表4－10：與「神人」有關的資料 ……… 207

表4－11：與「仙人」形象有關的資料…………… 208

表4－12：與「北極」天上宮庭有關的資料…… 215

表4－13：與「天仙」有關的資料…………… 217

表4－14：與「上士」有關的資料…………… 217

表4－15：與「昆侖」有關的資料…………… 222

表4－16：與「名山」有關的資料…………… 224

表4－17：與「中士」有關的資料…………… 227

表4－18：與「地仙」有關的資料…………… 227

表4－19：與「尸解仙」、「下士」有關的資料… 234

表5－1：外邪病因觀之中與「病」有關的資料… 248

表5－2：與「魂魄」有關的資料…………… 255

表5－3：與「鬼魅祟禍與疾病」有關的資料…… 257

表5－4：與「殃、殃咎」有關的資料………… 261

表5－5：與「時間衝犯」有關的資料………… 265

表5－6：與「空間衝犯」有關的資料………… 266

表5－7：與「時空衝犯」有關的資料………… 267

表5－8：「算紀說與生命善惡之關係」有關的
資料………………………………………… 271

表5－9：道家戒律與補救之法………………… 272

表5－10：與「昇降陰陽」有關的資料………… 277

表5－11：與房中「陰陽」有關的資料………… 279

表5－12：與「五行生剋」有關的資料………… 281

表5－13：與「五行運用」有關的資料………… 283

表5－14：「體虛氣少」的看法………………… 287

表5－15：「內虛證候」……………………… 287

表5－16：與「榮衛」有關的資料…………… 288

表5－17：與「六氣」有關的資料…………… 291

表5－18：有關「六氣說法」的資料………… 292

表5－19：同一病因對不同人、不同情況的不同
反應……………………………………… 294

表5－20：與「形神相依、脫節」有關的資料… 297

表5－21：與倫理「功格」有關的資料………… 306

表5－22：與倫理「過格」有關的資料………… 306

表 5－23：與「喜怒」有關的情感資料…………310

表 6－1：診療法與「望」有關的資料…………324

表 6－2：與「脈、診」有關的資料…………332

表 6－3：與「針、灸」有關的資料…………333

表 6－4：「上藥的內容」…………339

表 6－5：「以食配藥」…………339

表 6－6：「以藥配食」…………340

表 6－7：「藥藥相配經方」…………343

表 6－8：「藥藥相配之方」…………344

表 6－9：「石芝類」…………345

表 6－10：「木芝類」…………347

表 6－11：「草芝類」…………349

表 6－12：「菌芝類」…………350

表 6－13：「丹砂汁」…………351

表 6－14：「普通食物相配療效」…………352

表 6－15：「肉芝類」…………353

表 6－16：「辟穀食物」…………355

表 6－17：「菊花水」…………355

表 6－18：「藥物種類與服法」…………357

表 6－19：「五音六屬排列表」…………357

表 6－20：「五音六屬與服藥之禁忌」…………358

表 6－21：「九丹法」…………366

表 6－22：「太清神丹」…………368

表 6－23：「九光丹」…………369

表 6－24：「其他丹」…………370

表 6－25：「金液的製法」…………375

表 6－26：與「咒語」有關的內容…………384

表 6－27：與「名字法術」有關的資料…………386

表 6－28：與「符術」有關的資料…………387

表 6－29：與「印術」有關的資料…………389

表 6－30：與「禹步」有關的資料…………391

表 6－31：與「鏡」有關的資料…………392

表 6－32：與「劍」有關的資料…………394

表 6－33：「以炁治病的內容」…………………… 397
表 6－34：與「禁法」有關的資料………………… 399
表 6－35：與「噓法」有關的資料………………… 401
表 6－36：與「經圖法術」有關的資料…………… 402
表 7－1：與「養生」有關的資料………………… 412
表 7－2：「傷損原則」…………………………… 414
表 7－3：「易傷難養」…………………………… 415
表 7－4：與「導引」有關的資料………………… 420
表 7－5：與「行氣」有關的資料………………… 427
表 7－6：與「斷穀」有關的資料………………… 430
表 7－7：與「食氣」有關的資料………………… 432
表 7－8：與「胎息」有關的資料………………… 435
表 7－9：「飲食養生之方」……………………… 443
表 7－10：與「房中」有關的資料……………… 447
表 7－11：「學仙之法」………………………… 456
表 7－12：「起居之傷」………………………… 459
表 7－13：「起居養生之方」…………………… 460
表 7－14：「精神之傷」………………………… 463
表 7－15：「精神養生之方」…………………… 464
表 7－16：「堅齒之道」………………………… 472
表 7－17：「聰耳之道」………………………… 472
表 7－18：「明目之道」………………………… 473
表 7－19：「不畏風濕之道」…………………… 473
表 7－20：「登峻涉險、遠行不極之道」……… 473
表 7－21：「不寒之道」………………………… 474
表 7－22：「不熱之道」………………………… 474
表 7－23：「辟五兵之道」……………………… 475
表 7－24：「隱淪之道」………………………… 476
表 7－25：「桎梏自解之道」…………………… 477
表 7－26：與「思神」有關的資料……………… 482
表 7－27：與「守一」有關的資料……………… 483
表 7－28：與「守眞一」有關的資料…………… 485
表 7－29：與「守玄一」有關的資料…………… 486

第六章 《抱朴子・內篇》的診療法

　　在研究《抱朴子・內篇》的診斷與治療法的同時，我們必須先對道教醫療要有正確的認知，由於目前傳統價值文化的失落，以及缺乏現代化自我調適的能力，導致大多數人對道教醫療產生誤解，無法合理地看待道教醫學。藉由探討道教醫學在歷史中的建構和演變，可以明瞭醫學不僅是「望聞問切」的操練技術，同時也是一個文明認識生命、想像身體、辯證知識體系的入口。是依據形上的觀念系統，來實現人自身與宇宙一體化的願望，幫助個體生命在世俗生活中？形成信仰與行動的價值規範。道教醫療是以精神的追求來滿足人們基本的生理需要，從功能來說，有二個特徵，都是扣緊在「和諧」與「實用」的目的上，鼓勵生命落實在具體時空中自我延續與完成。所以道教醫學不應該只從現在還存有的外在醫療形式與操作實踐工夫入手，這些長期以來有關生命存有的經驗與對應技術，實屬於人類生命探索下的深層文化智慧與觀念體系。

　　道教醫療是民眾文化性的精神醫療系統，建立在傳統社會的哲學、宗教與術數等基礎上發展而成的，可以說是社會生活集體智慧與經驗的累積，有其自身獨特的詮釋理論與文化模式，來說明其病因、病理、治療技術、預防方法等相關運用知識。〔註1〕學者鄭志明認為：

> 民俗醫療是社會中自成文化系統的醫療體系，或可稱為「文化醫療」，有著深層意識結構的病因觀念體系，是民間各種文化系統的會集與整合。民俗醫療並非一種病急亂投醫的非理性活動，雖然不是

〔註1〕鄭志明：〈生死學與民俗醫療〉《現代生死學理論建構學術研討會論文集》（嘉義大林：南華大學，2001年），頁13。

建立在科學的實證基礎上，但是也有其完整性的操作系統。〔註2〕從上述的說明，我們可以將道教醫療視為一種文化醫療，將「病因觀」視為道教醫療中的「體」，將「診療法」視為道教醫療中的「用」，因此「病因觀」就是道教醫療的理論，而「診療法」則是道教醫療的技術。

「病因觀」與「診療法」應該是體用相承、合二為一的，民眾求醫的觀念與行為不是背離的，所以在探討道教醫療內涵時，我們不能只關注到人們求醫的外在行為方式，而忽略了其文化觀念下的價值體系。在現代社會中，西醫療法固然有其重要性，中醫與民俗醫療也佔有相當重要的地位。〔註3〕這種醫病關係來自社會文化下的互動模式，民眾本身的知識與信念，支配了其醫療行為的意向與選擇。也就是民眾的求醫行為，是在社會文化制約下發展而成，經由社會文化醫療體系的交叉運作而來，所以民眾經常採取複向或多元性的求醫行為，〔註4〕未必完全接受西方醫學的觀點。由此觀之不同的知識或是文化階層，在醫療利用形態上是有相當的出入。

台灣民眾在求醫行為上，除了有明顯的複向求診行為外，道教醫療的功能與作用在民間歷久不衰，仍保有著獨特的病因觀與診療方法。〔註5〕尤其是對西醫久治無效者，就會渴望採用其他的其他的傳統療法如道教醫療，癌末病人也有相當比例的人，會使用中醫與道教醫療等另類的治療手段。其他如慢性病患、身心病患、精神病患者對於道教醫療的保健方式依賴更強，因此研究發現道教醫療在這些疾病的治療上，常扮演著主要的角色與功能。〔註6〕所以道教醫療的診療法，雖然不是科學的實證經驗，也不是單純醫療的效應問題，這涉及到文化內在的精神運作與價值實現，是對應著病因觀而來的診療方法與技術，影響到民眾求醫方式的選擇。〔註7〕

〔註2〕鄭志明：《宗教與民俗醫療》（台北：大元書局，2004年），頁107。

〔註3〕楊文山：〈台灣地區民眾求醫行為之分析〉《榮總護理》九卷二期，1992年，頁122。

〔註4〕王廷輔：〈台中地區居民中西醫療行為取向之研究〉《公共衛生》十七卷一期，1992年，頁177。

〔註5〕吳就君：〈台灣地區居民社會醫療行為研究〉《公共衛生》八卷一期，1981年，頁27。

〔註6〕文榮光：〈要神也要人——精神疾病與民俗醫療〉《民間信仰與社會研討會》（南投：台灣省政府民政廳，1982年），頁103。

〔註7〕許木柱：〈民俗醫療與醫護因應〉《榮總護理》九卷二期，1992年，頁118。

　　中國傳統醫學及道教醫學屬於民族醫學中的一環，是建立在天、地、人三位一體觀上，不只關懷個體在身體的疾病治療即生理醫療，更重視對生命整體身、心、靈永生的治療即自我醫療與宗教醫療。對於道教醫學我們應該從文化的角度來重新進行理解，由於目前傳統價值文化的失落，以及缺乏現代化自我調適的能力，導致大多數人對道教醫療產生誤解，無法合理地看待道教醫學。道教醫學的診療建立在固有的病因理論上，醫療技術的本身也是一種文化性的操作，從病因到診斷、治療是連成一體的，來自宇宙生命觀念下的經驗累積，關注的不是醫療的結果，而是醫療的過程。重點要強調的是：在治療過程中是否領悟到宇宙存有的形上訊息，這種形上訊息或許是奇蹟顯現（靈感）的象徵，但是這種象徵是只能意會不能言傳的。所以道教醫療治病的對象不是「身」，應該是以「心」為主，重視醫者的悟性與治療方法的靈活性，認為診斷與治療不可墨守成規，必須發揮醫者的聰明才智，方能正確辨識疾病，並且找到適合的治療方法。〔註8〕

　　這種治療方法與現代醫療在文化內涵上是不相同的，道教醫療的診療法是立足在民族思維特徵與生活經驗，建構而成的實用技術與醫療體系，著重在心神的精神性領會中開啟無限的可能。所以西方主流醫學與東方民族醫學、宗教醫學，應該攜手合作，各安其位，在醫療與生命安頓的終極價值上，追求身心靈整體和諧，造福更多群眾。

第一節　《抱朴子‧內篇》的診斷法

　　道教醫療的診斷法，是一種文化性的辨證技術，取決於人們對生命存有的認同，企圖掌握到人體與天地之間的表裡出入、上下升降、寒熱進退與邪正虛實等對應關係。這些診斷的原理與法則，是古老醫療經驗的累積與傳承，經歷過巫術醫學與方士醫學，延續巫術思維下的陰陽五行學說發展成，背後存在著豐富的象數文化系統。道教醫學的診療建立在固有的病因理論上，「望、聞、問、切」診療技術的本身也是一種文化性的操作，從病因到診斷、治療是連成一體的，來自宇宙生命觀念下的經驗累積，關注的不是醫療的結果，而是醫療的過程。要特別說明的是：醫者在治療過程中，是否領悟到宇

〔註8〕廖育群：〈關於中國傳統醫學的一個傳統觀念——醫者意也〉《大陸雜誌》一○一卷一期，2000年，頁5。

宙存有的形上訊息，這種形上訊息或許是奇蹟顯現（靈感）的象徵，但是這種象徵是只能意會不能言傳的。所以道教醫療治病的對象不只是「身」而已，同時要注意「心」與「靈」的狀況，因此重視醫者的悟性與治療方法的靈活性，認為診斷與治療方式不可墨守成規，必須發揮醫者的聰明才智，方能正確辨識疾病，並且找到適合的治療方法。

一、道教醫療的診斷理論

　　診斷是對疾病進行診察和判斷，是一個收集病情、病史等資料，並運用醫學理論進行分析判斷的過程。任何醫療在治病之前，都有自己一套的診斷方式來找出病因，方能對症下藥。西醫有西醫的診療法，西方醫學臨床治療，也就是依據生理學系統分類的知識來做分科治療，在「生理醫療」部分是把人體分成幾大系統（醫學生理把人體分為幾大領域：心臟及循環（Heart & circulation），體液及腎臟（Body fluid & kidneys），血液及免疫（Blood cells & immunity），呼吸（Respiration）神經系統（Nervous system），腸胃生理（Gastrointestinal physiology），新陳代謝（Metabolism），內分泌及生殖（Endocrinology & reproduction），以實證、化驗、解剖等客觀手段去做疾病的診斷與治療〔註9〕。中醫與道教醫療在文化傳承上有相當大的重疊現象，是奠基於傳統的「靈感思維」文化理論來看待生命現象；是建立在古老氣化宇宙圖式的生命觀念上，以陰陽五行的規律法則，來對應人體的健康狀況，仍然延續著巫術通天信仰的感應思想，強調人體的內環境與天地的外環境是一體相通的，可以經由天地來認識人體，也可以經由人體的生理與病理來認識天地。〔註10〕

　　道教醫療在傳統的宇宙觀念下，經由陰陽五行思想的啟發，形成一套自己的病因觀，認為人體之所以會生病，是因為病因內因——正氣不足，人自身因為正氣虛弱，內虛而使身體受損，引發各種疾病。還有病因外因——邪氣侵害，由於邪氣入侵，壓過人體應有的正氣，不同外邪引起了殊異的各種疾病。造成人體系統在對應自然以及超自然環境動態平衡狀態的失調，必須通過「辨證求因」的方式來診斷出病因。這種「辨證」不是建立在科學的客觀知識上，是從「天人合一」的宇宙論基礎下，來探究人體氣血與天地環境

〔註9〕John E. Hall, PhD:《Guyton and Hall Textbook of Medical Physiology》（Imprint: Saunders 12th Edition, 2011.

〔註10〕鄭志明：〈巫醫同源的生命觀〉《華人宗教的文化意識第二卷》（台北：宗教文化研究中心，2003年），頁105。

的整體對應關係，所以重點在於「求因」上，即對病因的分析與掌握，這種「病因觀」，不單是指疾病的現象，同時反映人們現實生活中的宇宙運作觀，亦即個體或有機體系統、人際關係系統與自然關係系統等，〔註11〕三層面的和諧均衡觀，三者是交相感應、互為一體。將「人」的存在安置在自然與超自然的統一之中，成為宇宙的核心；人的疾病來自於自然、超自然以及社會的衝突所形成的「外邪」。如此「辨證求因」的診斷法，是超越物質的層次，屬於文化的精神領域，形成道教醫療豐富多樣的內容。

　　道教醫療的診斷法，是一種文化性的辨證技術，取決於人們對生命存有的認同，企圖掌握到人體與天地之間的表裡出入、上下升降、寒熱進退與邪正虛實等對應關係。道教醫療診斷的原理與法則，是古老醫療經驗的累積與傳承，經歷過巫術醫學與方士醫學，延續巫術思維下的陰陽五行學說，發展成人、天、社會三個層面的自然的病因觀（和諧宇宙觀的個體系統）、超自然的病因觀（和諧宇宙觀的自然系統）及人文的病因觀（和諧宇宙觀的人際關係系統）三部分來解釋病因的操作系統，背後存在著豐富的象數文化系統。學者何裕民認為：

> 疾病的「象」是天地各種「數」的象徵，對疾病的診斷，實際上是要對宇宙各種運行之「數」的理解，這種「數」的背後是有著深層巫術的根源。〔註12〕

由此觀之我們可以知道教醫療的診斷法，就是要掌握到疾病的「象」與「數」之間的對應關係，這對應關係不是雜亂無章的，而是有著對應自然而來的人體活動節律。

二、象術理論

　　道教醫療重視人天互象的術數原理，認為自然界的氣候變化與地面上的物化現象和人體的生理病理密切相關，經由象數的推算可以總結出人體疾病的防治規律。〔註13〕道教醫療的診斷法，重點就在於「象」中求「數」。何謂

〔註11〕 李亦園：《文化的圖像（下）——宗教與族群的文化觀察》（台北：允晨文化公司，1992 年），頁 68。

〔註12〕 何裕民、張曄：《走出巫術叢林的中醫》（上海：文匯出版社，1994 年），頁208。

〔註13〕 田合祿、田蔚：《生命與八卦——醫易啟悟》（山西太原：山西科學技術出版社，1991 年），頁 101。

「象」？「象」是指診斷的對象，是一種物質的外在形式所發展出有形的技術。何謂「數」？「數」是指天地之大數，屬於內在而抽象的宇宙法則，天地各種的「數」涉及到時間之數與空間之數。人生活在天地之氣所交流的環境之中，受到大自然時間空間更替的影響與支配，可以說是時空運行之理，例如以陰陽二氣的消長來說明四時寒暑的變化，此即操縱了人體的生活節律，包含著各種不同病理狀況的發展軌跡。「象」雖然是診斷的對象，最終目的在於「數」的推理與測知，有形「象」的技術必須仰賴無形的「數」，形成道教醫療特有的術數學，其診斷法是建立在傳統文化術數學的基礎上。

傳統的術數學是從《周易》的象數文化而來，《周易》成為古代主要的占卜之書，記錄了占卜的原理與法則。到了《周易》的爻象、卦象、爻辭、卦辭時，已經超出了原始宗教的占卜行為，發展出象數的符號學，這顯示先民們的思維活動中，已經有運用象徵的自覺意識，所以能「由數取象」與「由象得旨」，經由數與象來聯接人與宇宙的信息交流。到了漢代更完整發展出《周易》象數學，當時的學者引進了陰陽五行學說，豐富了象數學的理論與占卜方法，把人體的疾病狀態擺在天地運動變化的過程中去考查其中的軌跡，追究象、數與理之間的整體性動態結構，以預測或掌握到其可能的發展動向。〔註14〕此診斷法是將巫術與易理會通的產物，運用到醫術治療上，《黃帝內經》是術數文化的集大成作品，被視為是中國醫學的理論鼻祖，實際上則是以術數的運行法則，來追究探討人體的運行規律，以及疾病發展變化的機理。〔註15〕道教醫療引用天象的運行法則來談人體養生，從天體的五運六氣與地球的五運六氣來診斷人體的五運六氣，認為人的五臟六腑都要順應著天地運行的節律。

道教醫療的診斷法，主要就在於掌握「象」與「數」之間的對應關係，肯定從個人機體的「象」可以推出天地週期變化的「數」，個人機體本身有好幾套節律系統，例如對應陰陽而來的冷熱節律系統，對應五行而來的五臟節律系統，對應氣化而來的經絡節律系統。身體健康時有健康的規律，病變時也有病變的規律，所以「病」也是「數」表現的方式之一。因此疾病的形成與天地人的運行秩序密切相關，道教醫療對疾病的診斷也是從天人相應的氣化關係處入手，認為人體是個小宇宙，對應著天地的運行秩序，與陰陽寒熱

〔註14〕李浚川、蕭漢明主編：《醫易會通精義》（北京：人民衛生出版社，1991年），頁42。

〔註15〕田合祿、田蔚編著：《生命與八卦——醫易啟悟》（山西太原：山西科學技術生出版社，1991年），頁101。

現象有密切的關係，因陰陽氣血的對應作用，造成了八種病象，即：陰盛、陰虛、陽亢、陽虛、氣滯、氣虛、血瘀、血虛等。〔註16〕道教醫療要進行這些病理的辯證，診斷出人與天地間的氣血對應關係，掌握到人體生命陰陽消長的變化規律，並且教導人們如何遵循陰陽變化之理，對治寒暑失常的狀態，進一步將外邪與內虛排除體外，重回平衡與和諧的常數。

　　從道教醫療的診斷法來看，時間和空間的因素是相當重要的，若能因時因地診斷，才能檢驗體會到病變周期的變化節律，掌握到人體陰陽氣血活動的旺衰律動法則。〔註17〕道教醫療診斷所面對的不只是疾病的「象」，而是要去考查人體運動節律的「數」，此「數」包含著時間之「數」，來自陰陽氣化觀，人面對自我生命的存在，必須遵循陰陽變化的運行規律，因為陰陽代表萬物變化與生殺的神聖法則。以及空間之「數」，來自五行生剋觀，象徵空間應運的節律；人要能體會陰陽五行的動態平衡節律，回到天地運動的根源上，來掌握變化的規律。因此認為人體的表裡、寒熱、虛實等診斷，是透過天地陰陽氣化的對應關係來進行判斷的，如此即可掌握到人體疾病發生與變化的規律，此種規律是比照著天地陰陽之氣消長變化的時間與空間的整體和諧規律而來。因此可知道教醫療在診斷上，是以「順天應時」作為診療疾病的總則或是通則，〔註18〕以此總則來追究疾病的起因與狀態，是否違逆了「天」與「時」，因而失去了「順」與「應」的和諧情境。

三、「望聞問切」四診法

　　象術的傳統尤其在診斷上，對整個道教醫療的影響是很大的，象術理論在診斷上的應用，來自「醫相同源」的相人術。道教醫療在診斷上如何依「象」求「數」呢？「望、聞、問、切」四診法是中醫與道教醫療共有的診斷法。從病患的外在狀態去判斷患者內在致病可能的原因，從外而內的診斷過程，是搜集了病患各種身心靈的病「象」，靠醫者的智慧與體悟來進行「數」的推因，所以良醫不只要掌握病患的生理狀態，還包含了心裡與精神的診斷，所

〔註16〕徐子評：《中醫天文醫學概論》（湖北：湖北科學技術出版社，1990 年），頁191。

〔註17〕胡劍北等編著：《中醫時間醫學》（安徽合肥：安徽科學技術出版社，1990 年），頁95。

〔註18〕鄺良：《人身小天地——中國象數醫學源流時間醫學篇》（北京：華藝出版社，1993 年），頁55。

以可說是全人整體的診斷。有學者認為：「這種診斷，是要對病人的疾病信息進行分析，找出疾病的原因、性質、部位與邪正之間的關係，判斷概括為某種性質的病證。」〔註19〕道教醫療在「望、聞、問、切」四診法的使用上，超出中醫的範疇，因為道教醫療的「病因觀」將「人」的存在安置在自然與超自然的統一之中，人成為宇宙的核心；人的疾病可能來自於人與自然、超自然以及社會的衝突所形成的「外邪」，增添了宗教神聖性的色彩，如此「辨證求因」的診斷法，涉及到人體與超自然「天地鬼神」領域的各種交涉關係，這部分是超越物質的層次，屬於文化的精神領域，擴大的「望、聞、問、切」的運用技術，形成道教醫療豐富多樣的診斷內容。

（一）望

所謂「望」，是以視覺對病患進行神色與形態的觀察，也就是察言觀色，作為判斷疾病的方法。其理論是建立在「天人合一」的思想基礎上，以「氣化」的原理來考察人體的生理與病理的對應狀態，認為天人之間是互相感應的，所以人體的器官、部位與功能也能反映出天地自然變化之理。由此看來人體外在的「象」是一個龐大的資料庫，醫者可以經由「望」的診斷，來掌握到天人之間相互涵攝的各種信息，進而能認識到人體生理與病理的規律。所以「望」這種診斷法，是從人體外在器官的特徵與現狀、氣息的性質與特色，不論是和諧表象或是失衡表象，來推知人體內各種臟腑氣血的運行變化，找出致病的源由與狀態。這種診斷法，主要是建立在天人關係的整體宇宙生命觀上，是從和諧與失衡的表象中，去探詢人體病因內外因失序的原因，體驗到疾病的性質、輕重與緩急。

關於「望」病因診斷法之起源相當古老，有學者認為：「可能與巫術的『望氣』文化有關，『望氣』是從大自然的雲氣變化來占卜或推測人事的吉凶」。〔註20〕古人相信天地的氣化流行，也同時支配著人體生死的存亡之理，人體與宇宙之間的氣息是可以相互流通與交感的，所以宇宙的氣不只是對應著人體的禍福，人體在性情與福壽上也與氣有著密切的關係。傳統數術學有一個重要的來源，由星體的兆象發展成占星術，融合人們對天文學的觀察，認為天體星辰的運行，與世間人事有著聯繫的關係，具有預示吉凶的神秘作用。有學

〔註19〕陳樂平：《出入命門窗──中國醫學文化學導論》（上海：三聯書店，1991年），頁58。

〔註20〕王玉德等著：《中華神秘文化》（湖南長沙：湖南出版社，1993年），頁134。

者認爲：

> 古代的占星術與天文學是同時發展，也是來自於天人感應的神學，
> 認爲星辰有如神靈在天上，鑒別著人們行爲的善惡，形成了司命信
> 仰，配合陰陽五行的氣化思想，在天象的變化中支配了人事的興衰，
> 形成了相互感應的關係。〔註21〕

大約在漢代從占星術發展成星象推命術，結合漢代象數學的豐富理論，追究
五行、干支與四時的各種對應關係，從天文系統的星辰運行模式，來推衍個
人生命的命理結構，以判斷人的貴賤、禍福與壽夭等。

望氣的人除了可以掌握政治人事的興衰之外，也能望「人體之氣」，從氣
息的性質與特色，來占卜吉凶或是探索病因。歸納來說「望」的診斷法，是
根據古代醫學的「五運六氣」理論，認爲宇宙運動的氣化規律是支配人體生
命的病候變化，顯示人體的氣化系統與天體的氣化系統是一個統一整體的對
應存在，因此可以將天象的觀察法運用到人象的疾病判斷上，認爲彼此間運
氣的基本原理是相通的，所以「望」的主要功能，在於掌握到人體運氣的升
降、平衡與周期等運行的原理〔註22〕，是從天地的氣化現象，來推知或是驗
證人體的內在規律，因爲氣的運行操縱了人體的各種生化作用。

醫者可以望「頭面」，看臉上各部位以定五行的強弱之法，從一個人精神
的強弱，來判斷他正氣的衰盛。正氣充實則精神不疲、目光有神、語音明朗、
神思不亂；反之正氣衰弱則精神萎靡、目光黯淡、語言低怯、神思不定、呼
吸氣促等。醫者可以望「氣色」，觀察氣色包括人體的面部和全身皮膚，共分
爲五色如赤、黃、白、黑、青，按五行學說分屬於五臟。在察色的同時還必
須察氣，氣分浮沉、清濁、微甚、散博、澤沃五類。說明如下：

> 其色在皮膚間的爲浮，主病在表；隱於皮膚內的爲沉，主病在裏；
> 明朗的爲清，主病在陽；重滯的爲濁，主病在陰；淺淡的爲微，主
> 病輕，深濃的爲甚，主病重；疏散的爲散，主病將癒；凝聚的爲博，
> 主病未已；鮮明的爲澤，主病吉，枯槁的爲沃，主病凶。〔註23〕

由此觀之「觀察氣色」，不僅對於診斷病邪有用，同時與正氣也極其有關，凡
是營養缺乏的病患，顏面上不會有華色，對於疲勞過度的人、久病體弱的更

〔註21〕 李生龍：《占星術》（湖南：海南出版社，1993年），頁51。
〔註22〕 楊利：《中醫運氣學》（北京：北京科學技術出版社，1995年），頁17～26。
〔註23〕 王慶餘、曠文楠編著：《道教窺秘——道教醫學康復術》（台北：大展出版社，
2000年），頁208～209。

不會容光煥發。因此望氣色可以知道病患的體力強弱。

《抱朴子》中與望氣相關的有《抱朴子‧外篇‧自敘》說：

> 晚學風角望氣三元遁甲，六壬太一之法，粗知其旨，又不研精。亦
> 計此輩率是爲人用之事，同出身情，無急以此自勞役，不如省子書
> 之有益，遂又廢焉。〔註24〕

葛洪到了後來還是學了一些風角、望氣、三元、遁甲、六壬、太乙等屬於占卜的法術。風角是古代的占候之法，《後漢書》李《注》：「風角，謂候四方、四隅之風，以占吉凶也。」望氣也是古代的占候之法，觀看雲氣以預測人事的徵兆。《周禮‧春官‧保章氏》：「掌天星，以志星辰日月之變動，以觀天下之遷，辨其吉凶。……以五雲之物，辨吉凶水旱降豐荒之象。」《史記》〈項羽本紀〉范增說項王曰：「吾令人望其氣，皆爲龍虎，成五采，此天子氣也。」由此觀之望氣的人除了可以掌握政治人事的興衰之外，也能望「人體之氣」，從氣息的性質與特色，來占卜吉凶或是探索病因。

筆者將《抱朴子‧內篇》的診療法與「望」有關的資料整理成表 6－1。

表 6－1：診療法與「望」有關的資料

序　　號	內　　　　　容	篇　　目
1	面無光色，皮膚枯臘，唇焦脈白，腠理萎瘁者，血減之證也。	極言
2	夫占天文之玄道，步七政之盈縮，論凌犯於既往，審崇替於將來，仰望云物之徵祥，俯定卦兆之休咎，運三棋以定行軍之興亡，推九符而得禍福之分野，……其根元可考也，形理可求也。	對俗
3	望形得神，聖者其將病諸，況乎常人？	外篇行品
4	抱朴子曰：膚表或不可以論中，望貌或不可以核能。	博喻

人體的健康與疾病，首先反應於五官四肢，皮膚氣色。所以序號 1「面無光色，皮膚枯臘，唇焦脈白，腠理萎瘁者，血減之證也」從「望」診看到臉色黯淡、皮膚枯乾臘黃、嘴唇枯焦、脈象微弱無力，人的肌肉紋理萎縮憔悴，這些症狀都是經由望診得到精血減弱的診斷。序號 2「仰望云物之徵祥，俯定卦兆之休咎」是指仰望天上雲物變化所呈現的徵候祥瑞，俯察卦兆的善惡吉

〔註24〕《抱朴子‧外篇‧自敘》，卷 50，頁 1020。

凶。這些變化是有其現象和理則可以推求而得。序號3「望形得神,聖者其將病諸,況乎常人」是說從觀望形貌而獲得精神,聖者尚有真偽難分的弊病,何況平常人呢?序號4「膚表或不可以論中,望貌或不可以核能」是說有時外表不能反應本質,容貌也不可核察能力。以上所述可以知道「望氣」,不僅對於診斷病邪有用,望氣色可以知道病患的體力強弱,同時也能用來占卜吉凶或是探索病因。

在道教醫療中有「醫」與「相」同源之說,指的是醫術與相術同樣都是建立在對人體外在信息的「望」上。由於古代醫學在長期發展的過程中,形成了一套獨特的「相」術,也就是經由觀形察色而發展出辨證論治的診斷方法。〔註25〕由於人的相貌與神色,是身體的生命表徵,反映出人體的氣質、情緒與健康狀況,故而醫術與相術在原理上有相通之處,都可由表入裏、由微知著,雖然這種診斷方法不符合科學的客觀檢驗,卻有其自身存有的理性,意識到人體內外有著全息對應的統一關係,同時局部與整體也有著不可分割的聯繫關係。

類似相術這一類的命理技術,可視為宗教的心理治療系統,與西方的心理醫學治療相似,經由命運觀念的解說與疏導,來轉移民眾的精神意念,進而緩解或是排除由這些人與超自然的衝突或人與人文的衝突,使得精神意念遭受惡性刺激所造成的病變。〔註26〕所以「望」在醫術與相術的使用上,診斷的不只是人的生物體現象,還包含生命的社會體、象徵體、自覺體與實踐體等文化上的理解。〔註27〕

值得一提的是,葛洪藉由「望診」的觀察,對於沙蝨病的認識,比日本的同類記載早了一千多年,在世界醫學史上佔有領先的地位。沙蝨病又叫「恙蟲病」,是遠東地區特有的一種地方性傳染病。該病是由於沙蝨螫刺人體後,將寄生於體內的微生物恙蟲傳入人體而造成的疾病。葛洪在《抱朴子·內篇·登涉》中做了說明:

〔註25〕鄭小江主編:《中國神秘術大觀》(江西南昌:百花洲文藝出版社,1993年),頁153。

〔註26〕鄭志明:〈民俗醫療的科學性與文化性〉《宗教與科學學術論集》(台北:輔仁大學出版社,2003年),頁83。

〔註27〕潘英海:〈面相與一個中國「人」的觀念〉《人觀、意義與社會》(台北:中央研究院民族學研究所,1993年),頁164。

又有短狐，一名蜮，一名射工，一名射影，其實水蟲也，狀如鳴蜩，
狀似三合杯，有翼能飛，無目而利耳，口中有橫物角弩，如聞人聲，
緣口中物如角弩，以氣為矢，則因水而射人，中人身者即發瘡，中影
者亦病，而不即發瘡，不曉治之者煞人。其病似大傷寒，不十日皆死。
又有沙蝨，水陸皆有，其新雨後及晨暮前，跋涉必著人，唯烈日草燥
時，差稀耳。其大如毛髮之端，初著人，便入其皮裏，其所在如芒刺
之狀，小犯大痛，可以針挑取之，正赤如丹，著爪上行動也。若不挑
之，蟲鑽至骨，便周行走入身，其與射工相似，皆煞人。人行有此蟲
之地，每還所住，輒當以火炙燎令遍身，則此蟲墮地也。〔註28〕

江南的田野有很多的毒蟲惡物，是北方中原地區所沒有的，例如一種短狐的
毒蟲，或叫射工，是一種水生蟲子，聽到人聲，就會把毒氣趁著水勢射向人
的身體，人身上立刻會長出瘡來；射中影子的話，人也會生病，但不會立即
長出瘡來，人被射中，病症就像得了嚴重傷寒，不出十天都會死。柳宗元的
〈嶺南江行〉：「瘴江南去入雲煙，望盡黃茆是海邊。山腹雨晴添象跡，潭心
日暖長蛟涎。射工巧伺游人影，颶母偏驚旅客船。從此憂來非一事，豈容華
髮待流年。」〔註29〕詩中也有提到「射工」，《博物志》：「江南有射工蟲，長
一二寸，口中有弩形，不治則殺人。」陸機疏云：「蜮，一名射影。南人將入
水，先以瓦石投水中令水濁，然後入。」還有一種沙蝨毒蟲，水中、陸地都
有。喜歡在剛下過雨以及清晨和黃昏前出現，此時人跋山涉水必定會附在人
身上。沙蝨的特色是「其大如毛髮之端，初著人，便入其皮裏」，症狀是「其
所在如芒刺之狀，小犯大痛」，治療法是「可以針挑取之，正赤如丹，著爪上
行動也。」或者是「人行有此蟲之地，每還所住，輒當以火炙燎令遍身，則
此蟲墮地也。」1930 年日本學者經過深入研究證實恙蟲病就是由這種沙蝨的
幼蟲——紅恙蟎將寄生體內的病原體——東方立克次氏注入人體，從而引起
了這種急性傳染病。

（二）聞

所謂「聞」，是指醫者以聽覺或是嗅覺去分辨身體器官所傳送出的病態信
息，包含聲音、呼吸、喘息、氣味等，也是以人體的感官規律去追究病因，

〔註28〕《抱朴子‧內篇‧登涉》，卷 17，頁 306。
〔註29〕柳宗元：《柳宗元集二》四部刊要／集部‧別集類（台北縣：鼎淵文化，2002
年），頁 1168～1169。

透過形神之間的共同符號系統，例如形、氣、神，追究患者內外身心相聯的病理狀態。「聞」是指形體以外，經由各種生命符號來進行診斷，主要是形神合一的觀念，來自形神相合的生命整體思想，認爲人體傳達生命訊息，除了具體的「形」之外，還有象徵「神」的各種符號系統，所以身體的形、氣、神等不是個別的孤立存在，而是緊密相互聯繫，共同構成一個有機的生命整體。〔註30〕所以「聞」的診斷法，就是透過「形神之間」的共同符號系統，來追究內外身心相聯的病理狀態。

聞診有兩個方面：一是聽病人語言，聲音的高低、強弱、清濁以及咳嗽、呼吸等；二是用嗅覺來辨別病人的口氣、病氣和大小便的氣味。在聲音方面，語氣低微爲內傷虛症，細語反覆爲神思不安，妄言狂語爲熱盛神昏，高聲罵詈爲癲狂之症。在呼吸方面，微弱爲氣正虛，氣粗爲肺胃有熱，呼多吸少爲痰阻，喉間有拉鋸聲爲痰喘症，時常發出嘆息的，多爲情懷不暢。在咳嗽方面，暴咳聲嘎的爲肺實，久咳聲瘖的爲肺虛，咳時費力無痰的爲肺熱，咳時有痰的爲肺溼。在氣味方面，口內出氣穢臭的，胃有溼熱；噯氣帶酸味的爲有宿食；痰有腥臭氣味的爲肺有熱；大便酸臭溏薄爲腸有積熱，食滯；小便腥臭渾濁爲膀胱溼熱；矢氣奇臭實爲消化不良。葛洪在《抱朴子·內篇·極言》說：「夫奔馳而喘逆，或欬或滿，用力役體，汲汲短乏者，氣損之候也。」〔註31〕他從人在奔跑時的狀態經由「聞診」來判斷，人有時在奔跑時氣喘，有時會咳嗽、有時會胃氣上逆、惡心嘔吐，役用體力的時候會急迫的感到體氣短缺不足，若有這些症狀時就是人體內的元氣已經嚴重受損的徵候了。

道教醫療重「形」也重視「神」，重視生理治療也同時重視心理治療，更加重視靈性治療，追求人的形體與精神的整體和諧，身心要統一，才能維持個人機體的健康。從第四章《抱朴子·內篇》的病因觀說明中，我們可以知道「自然病因觀」中的「形神脫節」是因爲身心的形神失序所造成，人體失去了與宇宙相應的氣化原理，導致人體無法與外在的宇宙能量進行交換，導致各種象徵符號的混亂與錯置，使人產生疾病。「聞」主要在辨明形神之間的各種交際關係，經由聲音、氣味等外顯的形式領悟到內在機體的用神功能。因爲「臟象」是指藏於體內的內臟所表現於外的生理功能和病理現象，臟象學說是傳統醫學的一個基礎理論，關於人體臟腑活動的規律以及其相互關係

〔註30〕蓋建民：《道教醫學導論》（台北：中華大道文化公司，1999年），頁386。
〔註31〕《抱朴子·內篇·極言》，卷13，頁243。

的學說，認爲人體是以心、肝、脾、肺、腎五臟爲中心，與六腑相配合，以氣、血、精、津液爲物質基礎，通過經絡使臟腑密切聯繫，外連五官九竅、四肢百骸，構成一個有機聯繫的整體。

《黃帝內經‧素問‧八正神明論》說：「故養神者，必知形之肥瘦，榮衛血氣之盛衰。血氣者，人之神，不可不謹養。」〔註32〕《靈樞‧營衛生會》說：「血者，神氣也。」均將血氣功能活動稱爲神。人體生命活動的正常及生命活力的旺盛，有賴於體內臟腑經絡氣血的正常功能，因此人體臟腑生理功能的外在表現也屬於「神」的內涵。此外人體內臟精氣的盛衰，通過經絡氣血反映到體表，使目之神色、形之神態、面部五色，肢體官竅以及語言、思維等發生相應變化，也就是「有諸內必形諸外」，人外在的神采即是反映了神的內涵。《靈樞‧大惑論》說：「目者，五藏六府之精也，營衛魂魄之所常營也，神氣之所生也。故神勞則魂魄散，志意亂。」〔註33〕由此可知五臟精氣反映了眼目的「神」。

有時病因的診斷在於形神的傷、損，葛洪在《抱朴子‧內篇‧道意》說：

> 若乃精靈困於煩擾，榮衛消於役用，煎熬形氣，刻削天和，勞逸過
> 度，而碎首以請命，變起膏肓，而祭禱以求痊，當風臥濕，而謝罪
> 於靈祇，飲食失節，而委禍於鬼魅，蕞爾之體，自貽茲患，天地神
> 明，曷能濟焉？〔註34〕

此處說明精神被各種煩惱所圍困，血氣被消耗在各種事務中，形神受到煎熬而脫節，就會導致疾病而變起膏肓。此時若是醫者無法用感官的「聞」去交接領悟以及用「心」的「聞」來診斷病因，以爲祭禱鬼神就可以求得痊癒，就算他烹牛宰羊也於事無補。

「形」有其固定的運行的規律，這種規律是由「神」來主導，所以人若是能掌握到自身生命的存在理性，就必須由「形」的層次通向於「神」，如此才能確立「神」在形體上的作用，使人成爲「有神」之人。所以「形神之間」可以用感官的「聞」去交接領悟以及用「心」的「聞」來診斷病因。這部分已不屬於西方醫學的範疇，屬於傳統的心靈信仰或是宗教信仰，肯定醫者與

〔註32〕 （唐）王冰次注、（宋）林億等校正：欽定《四庫全書》子部三九醫家類《黃帝內經‧素問》，第七三三冊（上海市：上海古籍出版社，1987年），頁94。

〔註33〕 （唐）王冰次注、（宋）林億等校正：欽定《四庫全書》子部三九醫家類《靈樞‧大惑論》，第七三三冊（上海市：上海古籍出版社，1987年），頁426。

〔註34〕 《抱朴子‧內篇‧道意》，卷9，頁171。

病患之間可以經由心靈感通來診斷疾病。因爲「形」與「神」是屬於內在的形上聯繫，「神」則是超越形式的無限存有，是無法用科學來證明其是否存在，傳統社會承續原始宗教相當肯定人類的精神文明，深信「形」是因「神」而產生了運動的能量與價值的展現，是不需要科學的證明，它來自主觀的文化認知。道教醫療認爲「醫心」比「醫身」重要，重視以「心藥」來治心病，這種心病需要以「聞」的方式來進行，找出各種精神疾病的病因，在從形神相合之處找到對治的方法。

（三）問

所謂「問」，是指經由「詢問」或「交談」的溝通方式來追究疾病的來龍去脈，作爲診斷的參考依據。問診是比望診與聞診更進一步，是經由醫者與病患雙方互動而來的診斷行爲，涉及到雙方語言的表述系統與判斷系統。這種「問」是以醫者作爲中心的診斷活動，偏重在醫者對病者的詢問，醫者企圖經由語言的溝通，來掌握病患更多的病理訊息來進行診斷。道教醫療的「問」，可以分爲「問人」與「問神」兩類。「問人」屬於一般的診斷方式，是以「問」的方式對病人的體質、性情、生活習慣等多了解，提供病情的諮詢判斷。

所以問診是指醫者在診病時，必須了解病人的生活習慣、精神狀態、家族病史、個人病史等。詢問之時也有一定的程序，道醫張仲景曾作過十問歌：「一問寒熱，二問汗，三問頭身，四問便，五問飲食，六問胸，七聲八渴俱當辨，九因脈色察陰陽，十從氣味章神見。」此外在診斷中，睡眠的好壞也必須詢問，例如失眠多爲虛弱症，眠短易醒爲神不安，睡中多夢爲火旺，夢中驚呼爲膽氣虛，胸隔氣悶爲痰溼內阻。

有時道教醫療重視的是病患對醫者的詢問，時常以問事的方式向神明請求病因。「問神」則是以神聖的力量對病人進行心理輔導，是以病患爲核心的診斷活動，延續古老巫術而來的醫療行爲，建立在與神明交通的宗教信仰上，認爲人與神的信息是相通的，疾病可能來自於某些超自然力的作祟，必須仰賴某些超自然力，才能對治疾病。此類病情大多與心理或是精神方面的疾病有關。所以「問神」把人放在天地鬼神五位一體的神聖空間中，來探詢可能的超自然病因、自然病因或是人文病因，尋求合則兩利的生存對應之道，當時是由巫或道士來做人神之間溝通的工具。人神之間是以語言或是文字作爲工具，建構出問答的語言診斷體系，雙方的語言溝通相當重要，經由問答的

過程中找到致病的原因，代表「神」的靈媒所使用的語言，有其自成系統的修辭學來建構出診斷與治療的環境。〔註35〕葛洪在《抱朴子‧內篇‧至理》說：「俗人猶謂不然也，寧煞生請福，分著問祟，不肯信良醫之攻病，反用巫史之紛若。」〔註36〕世俗之人寧可殺牲求福、占卜問鬼，生病時也不可相信良醫治病的技術，反而紛紛祈求於巫師，因為巫是人神之間溝通的工具。在《抱朴子‧內篇‧道意》說：

> 若養之失和，伐之不解，百病緣隙而結，榮衛竭而不悟，太牢三牲，曷能濟焉？俗所謂率皆妖偽，轉相誑惑，久而彌甚，既不能修療病之術，又不能返其大迷，不務藥石之救，惟專祝祭之謬，祈禱無已，問卜不倦，巫祝小人，妄說禍祟，疾病危急，唯所不聞，……或偶有自差，便謂受神之賜，如其死亡，便謂鬼不見赦。〔註37〕

此段說明一個人若是調養失當，對自己的身體一直傷害不已，百病就會乘隙入侵，等到氣血枯竭了都還不省悟，那麼就算是用上最隆重的三牲太牢來祭祀，也無法挽回。從第四章《抱朴子‧內篇》的病因觀中我們可以知道，葛洪將病因觀分為超自然病因觀、自然病因觀以及人文病因觀三類，當屬於超自然病因觀時醫者是需要以問事的方式向神明請求病因，若是屬於自然病因觀，則醫者應該加強修療病之術與務藥石之救，而不是專祝祭之謬，妄說禍祟。這是因為「巫醫共軌」的歷史發展，葛洪認為若道士不懂得醫藥，專務方術，就是平庸道士了，他反對民間的符水妖道的「進不以延年益壽為務，退不以消災治病為業」，明確提出為道之人必須兼修醫術的主張。

在宗教醫療中還有一種特殊的「問」，有些超自然力的鬼神會向人討問，有些疾病的形成，是因為祖先有某些特殊需求前來討問，導致後人身體的不適，這不是「超自然病因觀」的「祖先降災」，是另外一種陰陽兩界的溝通模式。病患在久醫無效的情況下，轉向巫師或是道士問神，才發現被祖先問到的病因。這種「問」的診斷方式，涉及到宗教的神聖信仰，把人際關係擴充到人與鬼神的關係上，在通神的儀式過程中，獲得病因的診斷信息，強化了人神之間互動的交際網絡。

〔註35〕 戴思客：〈明德堂靈媒經驗：整體與層次〉《性別、神格與台灣宗教論述》（台北：中央研究院文哲研究所籌備處，1997年），頁293。
〔註36〕 《抱朴子‧內篇‧至理》，卷5，頁113。
〔註37〕 《抱朴子‧內篇‧道意》，卷9，頁172。

（四）切

所謂「切」，是指經由診脈的方式來判斷病患臟腑、經絡、氣血、情志等方面的病情與病狀。「切」是中醫最為傲人的技術，由傳統氣化理論加上經絡學組織而成，根據陰陽消長與五行運化的生命原理，以脈象來反映天人之間同步消長的對應關係，一般來說中醫是以切脈為主，來確定病情。《黃帝內經‧素問‧陰陽應象大論》說：

> 善診者，察色按脈，先別陰陽；審清濁，而知部分；視喘息，聽音聲，而知所苦；觀權衡規矩，而知病所主。按尺寸，觀浮沈滑濇，而知病所生；以治無過，以診則不失矣。〔註38〕

以上包括了望、聞、問、切四種診斷的內容，《黃帝內經》認為從外之內，以象察臟，臟象學說就是以此為基本原理的，其次應該要四診合參，全面診斷，反對獨重某一診的片面作法。

診斷疾病首先審別陰陽，可明確疾病的基本屬性，望、聞、問、切四種診斷，都有陰陽可以分辨。例如色澤的明暗、形態的動靜、聲息的高低、脈力的強弱、徵象的寒熱等，辨證之中以陰陽兩綱為總綱，其中「表、實、熱」屬於陽證，「陰、虛、寒」屬於陰證，陰陽之辨對於切脈尤為重要。《黃帝內經‧素問》說：「病在陽則熱而脈躁，在陰則寒而脈靜。」《靈樞‧邪氣藏府病形》說：「見其色而不得其脈，反得其相勝之脈，則死矣；得其相生之脈，則病已矣。」這裡說明了以望色、切脈作為診斷病情的順逆。

這種「切」的技術是來自長期診斷經驗的累積，有其基本的理論模式，例如南宋崔嘉彥編的《脈訣》，就是以四言歌訣的形式來說明脈診的簡單原理，說明如下：

> 脈診是以「浮」、「沉」、「遲」、「數」等四項為綱，即以浮而有力者為風、浮而無力者為虛、沉而有力者為積、沉而無力者為氣、遲而有力者為痛、遲而無力者為冷、數而有力者為熱、數而無力者為瘡等八項為基本的診斷原理。〔註39〕

脈分為二十八種，一般來說以浮和沉分表裏，尺和數分寒熱，濇和滑分虛實，其餘的脈象均從這六脈中化出，因此浮沉、遲數、濇滑是二十八脈的綱領。

〔註38〕（唐）王冰次注、（宋）林億等校正：欽定《四庫全書》子部三九醫家類《黃帝內經‧素問》，第七三三冊（上海市：上海古籍出版社，1987年），頁30。

〔註39〕楊醫業主編：《中國醫學史》（河北石家莊：河北科學技術出版社，1994年），頁70。

　　道教醫療在「切」的運用上相當普及，延續著原始社會砭、灸、熨、針等物理治療手段，在商代甲骨文中有不少按摩治病的記載，是先民們累積了這些按摩導引等經驗，從而認識到人體的經絡與穴位，發展出一套人體經絡理論。1973 年在馬王堆三號漢墓中出土了大批的帛書和部分竹簡、木箋，經帛書整理小組整理後，發現其中有醫學養生著作十四種，這些是中國現存最早的醫學養生著作，也是極爲珍貴的古代醫學養生文獻。馬王堆出土的醫書共有十四種，其中帛醫書有十種，其中四種醫經分別爲：《足臂十一脈灸經》、《陰陽十一脈灸經》甲乙本〔註40〕、《脈法》、《陰陽脈死候》，可以知道先秦時期經絡學已經有了相當的規模，是西漢《黃帝內經》經絡體系的主要依據。

　　「切」的脈診是建立在經絡學說的基礎上，用手來觸覺體會脈的博動，以脈象作爲分析判斷疾病的依據。〔註41〕筆者將《抱朴子‧內篇》的診療法與「脈、診」有關的資料整理成表6－2。

表6－2：與「脈、診」有關的資料

序　　號	內　　　　　容	篇　　目
1	道養則資玄素二女，精推步則訪山稽力牧，講占候則詢風後，著體診則受雷岐，審攻戰則納五音之策，窮神奸則記白澤之辭，相地理則書青烏之說，救傷殘則綴金冶之術。	極言
2	若覽之而悟者，亦仙藥之一草也，吾何爲哉！不禦苦口，其危至矣，不俟脈診而可知者也。	勤求
3	抱朴子曰：「仰觀天文，俯察地理，占風氣，布籌算，推三棋，步九宮，檢八卦，考飛伏之所集，診訛訛於物類，占休咎於龜筴，皆下術常伎，疲勞而難恃。	雜應
4	蓋診亡者雖存而必亡，猶脈死者雖生而必死也。可勿慎乎！	外篇 擢才
5	蓋勞謙虛己，則附之者眾；驕慢倨傲，則去之者多；附之者眾，則安之徵也；去之者多，則危之診也。	刺驕

〔註40〕有學者認爲馬王堆出土的帛醫書有十五種，但是《陰陽十一脈灸經》甲本和乙本文字基本相同，實爲一種，馬王堆三號漢墓有確切下葬的年代，爲漢文帝十二年（西元前 168 年）。其中出土的都是後世已散的古醫籍，就連《漢書‧藝文志》也未能著錄，這在很大程度上塡補了我國早期醫學史的一段空白。請參閱蓋建民：《道教醫學》（北京：宗教文化出版社，2001 年），頁 28。

〔註41〕周一謀等著：《馬王堆醫學文化》（上海：文匯出版社，1994 年），頁 24。

　　序號 1 的「著體診則受雷岐」是說明黃帝著述有關身體診療的醫術方藥是向雷公和岐伯學習的。序號 2 的「不俟脈診而可知者也」是說正如病患，不必等待切脈的診斷，就可以知道他們的病情了。序號 3 的「診訞訛於物類」是說明診斷物類的妖異變化。序號 4 的「蓋診亡者雖存而必亡，猶脈死者雖生而必死也。可勿慎乎」是說診斷爲死亡的人，雖然存活而必定會死亡，猶如脈搏已死的人，雖活著必定會死去一樣，可以不謹慎嗎？序號 5 的「去之者多，則危之診也」是說散離者眾多，則是危亡的診斷。

　　道教醫療的「切」，不只用來診脈，還包括經絡與穴位的辨證，像是砭、灸、熨、針等各樣的按摩療法，也是建立在「切」的診斷原理上。《黃帝內經》在治療疾病時以砭石針灸爲主，例如《靈樞‧玉版》說：「故其已成膿血者，其唯砭石鐵鋒之所取也。」《黃帝內經‧素問‧血氣形志》說：「形樂志苦，病生於脈，治之以灸刺。形樂志樂，病生於肉，治之以鍼石。形苦志樂，病生於筋，治之以熨引。」灸法常用於補虛和祛寒，例如《靈樞‧官能》說：「鍼所不爲，灸之所宜。……陰陽皆虛，火自當之。……經陷下者，火則當之；結絡堅緊，火所治之。」筆者將《抱朴子‧內篇》的診療法與「針、灸」有關的資料整理成表 6－3。

表 6－3：與「針、灸」有關的資料

序號	內　　　　　　　容	篇目
1	今察諸有此談者，被疾病則遽針灸，冒危險則甚畏死。	勤求
2	又多令人以針治病，其灸法又不明處所分寸，而但說身中孔穴榮輸之名。自非舊醫備覽明堂流註偃側圖者，安能曉之哉？	雜應
3	故誅一以振萬，損少以成多，方之櫛發，則所利者眾；比於割疽，則所全者大。是以灸刺慘痛而不可止者，以痊病也。	外篇 用刑
4	譬若針灸者，術雖殊而攻疾均焉。	百家
5	譬猶疫癘之時，醫巫爲貴，異口同辭，唯論藥石，豈可便謂針艾之伎，過於長生久視之道乎？	仁明

　　序號 1 的「被疾病則遽針灸」是說他們有了疾病就急忙地求醫者做針灸的治療。序號 2 的「又多令人以針治病，其灸法又不明處所分寸，而但說身中孔穴榮輸之名」是說《暴卒備急方》書中有許多是讓人以針灸來治療病症的，可是其書灸法沒有標明身上方位、分寸，只說些人體的穴位、血絡與經

脈的名稱。序號 3 的「是以灸刺慘痛而不可止者，以痊病也」是說明針刺得疼痛而不肯終止，是爲了要使疾病痊癒。序號 4 的「譬若針灸者，術雖殊而攻疾均焉」是說明醫者替人針灸，所用的方法雖然和普通的醫生有別，但治病的功效完全相同。序號 5 的「譬猶疫癘之時，醫巫爲貴，異口同辭，唯論藥石，豈可便謂針艾之伎，過於長生久視之道乎？」是說如同疫病發生時，巫醫之人受到重視，大家異口同聲只談論藥石治療，難道可以說明針灸方法勝過長生不死之道嗎？

「灸刺療法」是一種很重要的療法，可以調脈通氣。灸刺即火灸、針刺，亦即現在我們所稱的針灸，至今仍舊是中醫行之有效的重要部分。「灸刺療法」的關鍵在於正確診脈，把握病因，準確取穴，它要求行灸刺者至少要掌握百分之八十以上療效的技術，纔能爲人治病，否則「不可以治疾也」。爲了有效地判斷病情，確定相應的灸刺部位，葛洪在《肘後救卒方》中所記載的醫方有一百零九條，而其中絕大多數是灸方，有九十多條之多條，書中對灸法的醫療效用、施治方法、宜與禁都有很系統的闡述。

第二節　《抱朴子‧內篇》的生理療法

道教醫療是屬於一種「文化性」的醫療，屬於社會內在價值認知體系的文化操作，這些操作的實踐工夫是深受傳統文化的制約與規範，也是人們世代生活經驗下物質與精神層面的總體綜合而成。道教醫療歸納來說是物質與精神並重，人與萬物的採補體系（藥物養身的生理醫療）是屬於物質層面，在人自身的採補體系（內疾不生的自我醫療）及人與天地鬼神採補體系（外患不入的宗教醫療）方面較偏重在精神層面。

這種治療法是源自於傳統的宇宙觀念所發展出對付疾病的文化體系與操作實踐工夫，這些都離不開觀念化的文化體系，《抱朴子‧內篇》的治療法可以整合出一個完整性的「天人對應」模式，因此本章的治療法主要是透過下列三個管道來完成，分別從一、人與萬物的採補體系、二、人自身的採補體系、三、人與天地鬼神採補體系三方面來說明《抱朴子‧內篇》治療法的內涵。在人與萬物的採補體系方面又分成藥物養身的生理治療法以及金丹的靈性治療法，在藥物養身的生理治療法方面分成：以食配藥、以藥配食、藥藥相配、食食相配以及服藥順序與禁忌來說明。

　　道教醫療在治療上不只仰賴藥物，所謂「藥方」是有「藥」也有「方」，中國傳統醫療較偏重在「藥」的部分，而道教醫療注重的是「方」，比較不屬於「對症下藥」，而是「對症下方」，因而發展出各式各樣的治療手段及方法。學者鄭志明認爲：

　　　　民俗醫療根據治療手段的差別，可以分成五大類，即一、食物與秘方療法，二、保健外功療法，三、生理內功療法，四、巫術與祝由療法，五、神算與命理療法等。〔註42〕

這些治療法根據病因與診斷而來的具體技術，是建立在傳統天、人與萬物之間整體和諧的關係上，依據原始社會「巫醫共軌」所流傳下來的宇宙圖式與氣化生命觀，所建構而成的龐大理論體系。筆者以爲一、食物與秘方療法，屬於「道教醫學同心圓理論」中道教醫學外煉——「藥物養身的生理醫療」，二、保健外功療法，三、生理內功療法則屬於道教醫學內修——「內疾不生的自我醫療」，四、巫術與祝由療法，五、神算與命理療法，屬於道教醫學內修——「外患不入的的宗教醫療」之內容。

　　所謂「人與萬物的採補體系」，是指人的身體保健或是疾病治療，能夠經由對外物的採補來完成，也就是利用可以治療疾病的外在物資，這些外在物資都可以統稱爲「藥」，道教醫療對「藥」的界定比較寬廣，認爲萬物都可以入藥。在遠古時期先民即已開始尋找可以對治疾病的藥物，早期用藥方式是帶有濃厚的巫術色彩，在經驗的累積下，逐漸地認識自然萬物的醫療功效。中國古代的方技是醫藥養生和神仙家說雜揉不分的體系，雖然漢唐以後，醫藥養生與神仙家說逐漸分化，形成二個不同領域，但最初二者是緊密相聯的。〔註43〕特別是醫術中的「藥」這一項與神仙方術關係最大。古代醫術有「內治」與「外治」之別，所謂「毒藥治其內，針石治其外」。「內治」是以內服藥物爲主，與神仙家的服食相似，二者都是在「藥」上做文章，所以「藥」是聯結醫術和神仙家說的主要紐帶。雖然服食與醫術都講服藥，但是道教醫療的服食之藥是以金石爲主，而中國傳統醫學的醫術之藥是以本草爲主，這是道教醫療與中醫的一個基本區別。中醫是以治病爲出發點，進而追求養生

〔註42〕鄭志明：〈民俗醫療的種類與功能〉《華人宗教的文化意識第二卷》（台北：宗教文化研究中心，2003 年），頁 16。

〔註43〕在漢代和隋唐史志之中，醫籍和服食、行氣、導引、房中等方面的內容是結合在一起，自宋以後，服食、行氣、導引、房中的內容往往只在道教內部流傳。

與延年；而道教醫療的服食則是以追求長生、不死和成仙爲目標，退而求其次，才求諸醫藥養生。

《山海經》已有以草木作爲藥物的記載。《黃帝內經》在藥物的內服外用方面，開其先河。例如《黃帝內經》十三方中，多屬於內服方藥，從劑型來看，則有煎劑、丸劑、丹劑、酒劑等不同類型；就其藥物來說，已包括了植物、動物、礦物三大類。許多方士都熟諳本草藥性，方士醫學對本草學的影響及貢獻，可以從現存我國第一部系統的本草學著作《神農本草經》看出其重要性。《神農本草經》並非出自一時一人之手，它總結秦漢以來包括方士醫學在內的藥物學基礎上，經過許多醫家之手，最遲在東漢就已成書。對草木的藥物功效已有相當程度的理解，雖然還是帶有鬼神崇拜的巫術色彩，但是經驗性的成份已佔大部分。載有植物藥二百五十二種，動物藥六十七種，礦物藥四十六種，共三百六十五種。在藥物分類上，首次提出了上、中、下三品分類法。三品分類法是我國傳統醫學最早的藥物分類法，此方法顯然是受方士服食成仙思想的影響。其分類是以各種藥物的藥性能否有助於養性延命和輕身不老作爲劃分標準。這種用藥技術來自長期經驗的傳承，如馬王堆漢墓出土的醫書有《五十二病方》，是現存最早的臨床用藥專著，1972 年在甘肅省武威縣東漢墓出土的漢簡，有《治百病方》，其中記載了約一百種的藥物，其中植物藥六十三種，動物藥十二種，礦物藥十六種，其他藥九種，〔註 44〕對於用藥的方法已有較詳細的記載。

「食藥同源」是道教醫療治療的觀念與技術，起源古老是人類經驗下的自救本能與措施，來自先民飲食採補所積累而成的生存智慧，認爲食物與藥物的吸收，都可以維持人體機能的正常運作，並且對治疾病。服食也叫服餌，主要是一種內服外物，通過口腹與外部自然界進行物質交換的方術。古人服食內容極廣，從植物、動物到礦物和化學制劑無所不包。古代醫家有所謂草（草本植物）、木（木本植物）、蟲（動物）、石（礦物）、穀（糧食）「五藥」。所以「食補」與「藥補」同等重要，古人相信人在與宇宙的氣化對應過程中，宇宙萬物是天人之間重要的滋補材料，經由「服食」讓人利用宇宙萬物的養料來補虛養命與治病護身。有學者認爲：

> 疾病的產生是因爲人體的陰陽失調或氣血不足，對自然界適應能力

〔註44〕高春媛、陶廣正：《文物考古與中醫學》（福建福州：福建科學技術出版社，1993 年），頁 75。

的減弱，容易遭受到外來邪氣的侵襲，經由飲食的調整，可以促進
人體的陰陽平衡與氣血旺盛，適應自然界的各種變化與去除外邪侵
襲的作用，達到防病與治病的目的。〔註45〕

道教醫療在治療上重視「飲食療法」，通過飲食來建構治病護身與延年益壽的
治療方法，這種食療在日常生活的運用，已經成為民俗的重要文化內涵。

　　道教醫療在治療上不僅強調「食藥同源」，主張醫廚相通的治療手段，重
視飲食療法，認為可以運用食物來治療疾病，相信經由飲食能產生種種的藥
物效應，其治療的方法可以分為以食配藥、以藥配食、藥藥相配以及食食相
配四類，傳統中國醫療養生，只是凡人延年益壽的工夫，迎合了人類最基本
的生存願望，〔註46〕屬於成仙的預備修養，筆者嘗試將《抱朴子‧內篇‧仙
藥》中治療的方法分成這四類來加以說明，葛洪在〈仙藥〉中服食治療的草
木藥，主要目的在「治已病」、「救虧損」，是以物質手段來治療身體疾病，還
停留在凡人的階段，故筆者歸類於藥物養身的生理醫療。若是要成為仙人，
就必須要「服金丹」，才能真正地達到「定無窮」的長生境界，故筆者歸類於
金丹的靈性醫療。「草木」與「金丹」在道教醫療中都統稱為「藥」，但是在
作用上是有層次的區別。

　　《抱朴子‧內篇‧仙藥》重點在服藥成仙的內容上，葛洪本《神農四經》
分入藥之物為上、中、下三品，同時說明上藥、中藥、下藥對於人體的效用，
重點放在石芝、木芝、草芝、菌芝一類的植物性藥物上，他所謂的上藥，廣
義上與「還丹金液」相關。葛洪認為成仙的藥稱為「上藥」、或「仙藥」，是
修道者主要追求的藥，其療效有：

　　《神農》四經曰：「上藥令人身安命延，昇為天神，遨遊上下，使役
　　萬靈，體生毛羽，行廚立至。」又曰：「五芝及餌丹砂、玉札、曾青、
　　雄黃、雌黃、雲母、太乙禹餘糧，各可單服之，皆令人飛行長生。」
　　又曰：「中藥養性，下藥除病，能令毒蟲不加，猛獸不犯，惡氣不行，
　　眾妖並辟。」〔註47〕

「中藥」與「下藥」只能達到「養性」與「除病」的功效，可是並不能成

〔註45〕劉波、張文主編：《養生術》（海南：海南國際新聞出版中心，1993 年），頁
　　　　176。
〔註46〕劉松來：《養生與中國文化》（南昌：江西高校出版社，1994 年），頁 208。
〔註47〕《抱朴子‧內篇‧仙藥》，卷 11，頁 196。

仙。道教醫療不排斥「中藥」與「下藥」，也肯定其醫療的功能，最起碼能夠「毒蟲不加」、「猛獸不犯」、「惡氣不行」與「眾妖並辟」，能夠對治各種有形與無形的病害。道教醫療的目的，不在於身體的疾病救助，而是追求靈性的長生不死，完成「昇為天神」、「遨遊上下」與「使役萬靈」的終極生命境界。

葛洪承續《神農本草經》在藥物上的分類，以上、中、下三品作為道教醫療中治療的分類，是我國傳統醫學最早的藥物分類法，此方法顯然是受方士服食成仙思想的影響，是以各種藥物的藥性能否有助於養性延命和輕身不老作為劃分標準。

《神農本草經》云：「上藥一百二十種，為君，主養命以應天，無毒，多服、久服不傷人，欲輕身益氣，不老延年者，本上經。」〔註48〕《神農本草經》將「丹砂」列為上品之藥的第一位，說「丹砂，味甘，微寒，主身體五藏百病，養精神，安魂魄，益氣，明目，殺精魅邪惡鬼，久服，通神明不老，能化為汞，生山谷。」〔註49〕又說：「中藥養性，下藥除病，能令毒蟲不加，猛獸不犯，惡氣不行，眾妖並辟。」《神農本草經》：「中藥，一百二十種為臣，主養性以應人。無毒有毒斟酌其宜，欲遏病補羸者，本中經。」〔註50〕《神農本草經》：「下藥，一百二十五種為左使，主治病以應地。多毒，不可久服，欲除寒熱邪氣，破積聚，愈疾者，本下經。」〔註51〕下藥一般有毒，多用於攻治眾病。但也有例外。由此觀之我們可以知道，他強調上等的仙藥可以使人昇天成仙，重點放在石芝、木芝、草芝、菌芝這一類的植物性藥物上，基本上與「還丹金液」是有差別的，而中等的藥物主要在形體的養護，如此才可達成養生長壽的目的，是成仙的預備修養。下等的藥物可以去除人體內的各種疾病，是道教醫療的最初本意。

筆者將〈仙藥〉中的上藥，按照順序整理成表6-4「上藥的內容」。

〔註48〕（魏）吳普等述、（清）孫星衍、孫馮翼同輯：《神農本草經》卷一（台北：中華書局，1994年3月），頁1。

〔註49〕（魏）吳普等述、（清）孫星衍、孫馮翼同輯：《神農本草經》卷一，頁3。

〔註50〕吳普等述、孫星衍孫馮翼輯：《神農本草經》（一）（台北：中華書局），1994年3月，頁57。

〔註51〕吳普等述、孫星衍孫馮翼輯：《神農本草經》（二）（台北：中華書局），1994年3月，頁95。

表6－4：「上藥的內容」

1 丹砂	2 黃金	3 白銀	4 諸芝	5 五玉	6 雲母	7 明珠
8 明珠	9 雄黃	10 太乙禹餘糧	11 石中黃子	12 石桂	13 石英	14 石腦
15 石飴	16 曾青	17 松柏脂	18 茯苓	19 地黃	20 麥門冬	21 木巨勝
22 重樓	23 黃連	24 石韋	25 楮實	26 象柴（苟杞）	27 天門冬	28 黃精
29 朮	30 桂	31 甘菊	32 松葉	33 松實	34 菖蒲	35 遠志

　　從上表說明可知，葛洪的「仙藥」是以金石礦物為主，首推丹砂、黃金、白銀、諸芝、五玉，其次為序號6的雲母至序號16的曾青，都是礦物，再其次才是草木之藥，包括序號 17 松柏脂至序號 35 的遠志等。在葛洪看來，廣義的服食雖可兼賅五穀以外的所有內服藥餌，但狹義地說，主要是指少數有所謂特殊藥力的「仙藥」，特別是上述礦物質的藥物，不包括一般的「草木之藥」。上品藥一般是指無毒或毒性較小的，多屬於補養類藥物，可久服，能「養命」，甚至「致仙」。

一、以食配藥

　　所謂「以食配藥」是以食物為主料，配合以與食物屬性相適應的藥物，達到以食代藥的治療作用。筆者將《抱朴子·內篇》中的以食配藥，整理成表6－5。

表6－5：「以食配藥」

序號	名　稱	服　法	一般療效	特殊療效
1	桂	1. 以蔥涕合蒸作水 2. 以竹瀝合餌之 3. 以先知君腦，和服之七年	1. 花入藥有散寒破結、化痰生津的功效。 2. 果榨油，可食用。	1. 步行水上 2. 長生不死
2	巨勝（胡麻即黑芝麻）	餌服之	主傷中虛羸，補五內，益氣力，長肌肉，填腦髓。	久服輕身不老
3	桃膠	1. 以桑灰汁漬服之 2. 久服 3. 多服之	和血、通淋、止痢 百病癒 可以斷穀	身輕有光明，在晦夜之地如月出

序號	名　稱	服　　法	一般療效	特殊療效
4	木楮實	餌之一年		1. 老者還少 2. 令人徹視見鬼
5	槐子	1. 以新甕合泥封之，二十餘日，其表皮皆爛，乃洗之如大豆，日服之 2. 久服之	補腦、令人髮不白	長生

　　這些以食配藥的治療法，在醫學理論及臨床經驗上，是通過飲食來建構治病護身與延年益壽的治療方法，一些確實可行的方子，則是本草醫學的知識，例如序號 2 的巨勝，又稱胡麻、黑芝麻，服之，可以有「主傷中虛羸，補五內，益氣力，長肌肉，填腦髓」的療效。

二、以藥配食

　　所謂「以藥配食」是以能食用的中藥爲主料，配以相應的食物，達到以藥代食的治療作用。筆者將《抱朴子·內篇》中的以藥配食，整理成表 6-6。

表 6-6：「以藥配食」

序號	名稱	生長地	服　　法	特殊療效
1	玉	1. 于闐國白玉尤善 2. 其次南陽徐善亭部界中玉及日南盧容水中玉亦佳	1. 烏米酒及地榆酒化之爲水 2. 蔥漿消之爲飴 3. 餌以爲丸 4. 可燒以爲粉，服之一年已上 5. 磨成玉屑服之與水餌之	1. 入水不霑，入火不灼，刃之不傷，百毒不犯。 2. 令人身飛輕舉，不但地仙而已。 3. 然其道遲成，服一二百斤，乃可知耳。 4. 俱令人不死。
2	雄黃	1. 以蒸煮之 2. 以酒餌或先以硝石化爲水乃凝之 3. 以玄胴腸裏蒸之於赤土下 4. 以鬆脂和之，溶解後服食 5. 以三物煉之，引之如布，白如冰	1. 百病除 2. 三尸下、瘢痕滅 3. 白髮黑，墮齒生	1. 皆令人長生 2. 千日則玉女來侍，可得役使，以致行廚。

3	銀	1. 以麥漿化之 2. 以朱草酒餌之 3. 以龍膏煉之 4. 日三服，輒大如彈丸者	1. 銀雖不及金、玉的療效，有很強的殺菌能力 2. 用銀片作外科手術的良藥、用銀煮水治病。 3. 服之可以地仙，但非清貧道士所能得。
4	雲母		

名稱	特　性	服　法	服　法	功　效
雲英	五色並具而多青者	宜以春服之	1. 以桂蔥水玉化之以為水	1. 服之一年，則百病除
雲珠	五色並具而多赤者	宜以夏服之	2. 以露於鐵器中，以玄水熬之為水	2. 三年久服，老公反成童子
雲液	五色並具而多白者	宜以秋服之	3 以硝石合於筒中埋之為水	3. 五年不闕，可役使鬼神，入火不燒，入水不濡，踐棘而不傷膚，與仙人相見
雲母	五色並具而多黑者	宜以冬服之	4 以蜜搜為酪	
雲沙	但有青黃二色者	宜以季夏服之	5. 以秋露漬之百日，韋囊挻以為粉	
磷石	晶晶純白	四時長服之		

名稱	特　性	服　法	服　法	功　效
			6. 以無巔草樗血合餌之	4. 服之十年，雲氣常覆其上，服其母以致其子，理自然也

　　序號1玉是古人追求「金石之壽」、「假外物以自堅固」的「仙藥」之一，除了常常佩玉，還常常餌玉，或化其屑而為漿，或摶其粉而為丸。如和鏡銘文屢見「上有仙人不知老，渴飲玉泉饑食棗」，「玉泉」就是用玉屑製成的飲料，能令人「不饑渴」，同時具有防腐的功效。玉器與防腐的觀念有關，到漢代才比較明朗，學者多已承認應與當時認為玉能防腐的信仰有關。〔註52〕序號1的服玉之風，源於先秦。玉亦仙藥，但難得耳。《山海經》在西山經部分，凡產玉地區都強調玉可以服食。《抱朴子》佚文說：「昆崙及蓬萊，其上鳥獸飲玉井，皆長生不死」這是古來的服玉之說。葛洪引《玉經》曰：「服金者壽如金，服玉者壽如玉也。」又曰：「服玄真者，其命不極。」玄真者，玉之別名也。服玉的禁忌為「不可用已成之器，傷人無益」因為「有吳延稚者，志欲服玉，得玉經方不具，了不知其節度禁忌，乃招合得珪璋環璧，及校劍所

〔註52〕王仲殊：《漢代考古學概論》（北京：中華書局，1984年），頁91。

用甚多，欲餌治服之，後余爲說此不中用，乃歎息曰：事不可不精，不但無益，乃幾作禍也。」〔註 53〕所以只有當得璞玉，乃可用也。凡用於墓葬皆可稱爲「斂玉」，古代以玉器斂屍，新石器時代的良渚文化最有代表性，學者稱爲「玉斂葬」，學者推測是巫師溝通天人的法器。〔註 54〕服玉的例證有二，一爲赤松子以玄蟲血漬玉爲水而服之，故能乘煙上下也。二爲董君異嘗以玉體與盲人服之，目旬日而愈。服玉的缺點爲：「所以爲不及金者，令人數數發熱，似寒食散狀也。若服玉屑者，宜十日輒一服雄黃丹砂各一刀圭，散發洗沐寒水，迎風而行，則不發熱也。」〔註 55〕從上所述可以知道服玉的反應，與魏晉盛行服食寒食散相似，這應與其所含的藥性有關。葛洪強調只有當得璞玉，並且指明地區如于闐國白玉，與《山海經》的產玉地區相似，這是因爲新出的玉具有礦物藥的特性，但是需要經過指點始可服食，如同五石散一樣，服食都有禁忌與良法，如此始可達到以藥代食的治療效用，到六朝時期服五石散者多，服玉之風已日漸減少。

序號 2 雄黃葛洪認爲由武都山所出者，純而無雜；才可以使用。但是其純黃似雄黃色，特徵是「其赤如雞冠，光明曄曄者」，無赤光者，不任以作仙藥，可以合理病藥耳。《神農本草經》將「雄黃」列爲中品之藥的第一位，說：「雄黃，味苦平寒，主寒熱，鼠廔惡創疽痔死肌」。中品藥一般是補養而兼有攻治疾病作用的藥物，服食雄黃的特殊療效有「千日則玉女來侍，可役使，以致行廚」他有提到如何辨別是否爲玉女的方法，例如「玉女常以黃玉爲志，大如黍米，在鼻上，是真玉女也，無此志者，鬼試人耳。」序號 3 服食銀則可以成爲地仙。

序號 4 雲母凡有五種，爲雲英、雲珠、雲液、雲母、雲沙，屬於礦物藥，因其顏色不同，所以服食者宜按照季節所屬的顏色來服用，是來自氣化生命觀中的「五行生剋觀」的具體運用。人多不能分別也，方法是「當舉以向日，看其色，詳占視之，乃可知耳。正爾於陰地視之，不見其雜色也」。這些雲母石具有不敗不朽的屬性，服食五雲之理爲：「又他物埋之即朽，著火即焦，而五云以納猛火中，經時終不然，埋之永不腐敗，故能令人長生也。」這是來自巫術性的思考。服食禁忌爲：一「又向日看之，晻晻純黑色起者，不中服，

〔註 53〕《抱朴子・內篇・仙藥》，卷 11，頁 204。
〔註 54〕張光直：〈談「琮」及其在中國歷史上的意義〉《文物與考古論集》（北京：文物出版社，1986 年）。
〔註 55〕《抱朴子・內篇・仙藥》，卷 11，頁 204。

令人病淋發瘡。」二「雖水餌之，皆當先以茅屋霤水，若東流水露水，漬之
百日，淘汰去其土石，乃可用耳。」例證有一、中山衛叔卿服之，積久能乘
云而行，以其方封之玉匣之中，仙去之後，其子名世。二、及漢使者梁伯，
得而按方合服，皆得仙去。

三、藥藥相配

所謂「藥藥相配」是將幾味藥性相似，相補互促的藥材配合在一起，強
化其治療的功能。

（一）經方

筆者將《抱朴子·內篇》中的藥藥相配經方，整理成表 6-7。

表 6-7：「藥藥相配經方」

經　方	治療效果	說　明
通明腎氣之丸	皆致肥丁	通明腎氣的藥丸
內補五絡之散	皆致肥丁	內補五種經絡的藥散
骨填苟杞之煎	皆致肥丁	藥性平和，味道甘美，具有養肝明目，補腎益精的功效。
黃蓍建中之湯	皆致肥丁	黃蓍、建中都是湯劑，藥藥相配可用來增強人的中氣，專治中氣不足的現象。
華佗「漆葉青蘘」藥	樊阿服之，得壽二百歲，而耳目聰明，猶能持針以治病。	樊阿向華佗求可服食益人的藥方，佗授以漆葉青蘘散，「漆葉屑一斗，青蘘十四兩，以是為率。言久服，去三蟲、利五臟、輕體、使人頭不白。」

用多種藥物配成的處方，稱為方劑，方劑是用單味藥物治療的進一步
發展。它的特點是：具有綜合作用，治療範圍較廣，並能調和藥物的毒性，
減少或是避免不良的反應。〔註56〕中醫所用的劑型，有丸、散、煎、湯、
藥等幾種。將藥物制成什麼樣的劑型，是由藥物的性質、療效和毒副作用
等條件所決定的。湯劑是將中藥直接加水煎取的藥液，是醫療臨床最常用
的劑型。丹劑是由數種藥物用升華或熔合等方法制成。丸劑是按規定處方，
將一種或多種藥物粉碎成細末，加適宜的黏合劑做成圓球形制品，有蜜丸、

〔註56〕秦伯未：《中醫學概論——醫學入門捷徑》（台北：文光圖書有限公司，2007
　　　　年），頁127。

水丸、糊丸等。散劑是由一種或數種藥物粉碎成細粉混合而成的乾燥藥粉，按照醫療用途可以分為內服散和外用散。酒劑是指將藥物浸泡於酒中所得的液體。〔註57〕

　　有關調裡身體內部，使之順暢，可以救治霍亂等疾病。筆者將《抱朴子・內篇・至理》所提及的藥藥相配之方整理成表6－8。

表6－8：「藥藥相配之方」

藥　　方	治療效果	藥理說明
理中、四順	可以救霍亂	此二者為晉代中成藥理中丸和四順湯。〔註58〕
款冬、紫苑	可以治欬逆	這二種中藥，可以祛痰止咳，治療慢性咳嗽多痰。欬逆是因為肝火犯肺，引起氣逆作咳
萑蘆、貫眾	煞九蟲	萑蘆屬蘆類植物，可作藥用，貫眾中藥名，二者可以殺去體內的寄生蟲。
當歸、芍藥	止絞痛	當歸根可入藥，可以補血活血，止痛治傷。芍藥根塊入藥，主治血虛腹痛、脅痛。
秦膠、獨活	除八風（除去各種風疾）	秦膠中藥名，獨活植物名，根入藥，可以祛風濕，止身痛，治外感風寒及風濕痛。
菖蒲、乾薑	止痺濕	菖蒲根狀莖作藥，芳香健胃，寧神開竅。乾薑，溫中回陽，治腹瀉及四肢冰冷等症狀。
菟絲、蓯蓉	補虛乏	菟絲，溫補肝腎，安胎，治陽萎及腰膝冷痛。蓯蓉，滋腎滑腸，治陽萎及虛人便秘等。
甘遂、葶歷	逐痰癖	甘遂，根入藥，治水腫脹滿及痰飲積聚鄧症。葶歷，瀉肺平喘，治咳嗽痰喘及胸水等。
括樓、黃連	愈消渴	括樓，中藥名。黃連根狀莖入藥，瀉火燥濕，清心解毒，治心煩、癰腫、泄痢、目赤、口瘡等疾病。
薺苨、甘草	解百毒	薺苨，中藥名。甘草根狀莖入藥，清熱解毒，且能調和藥性，解藥毒。
蘆如、益熱	護眾創	蘆如即桔梗，根入藥，止咳祛痰，利咽排膿，治咽痛、肺膿腫等疾病。

〔註57〕李紹燦編著：《中藥拾趣》（廣西：廣西科學出版社，2011年），頁7～8。
〔註58〕《肘後備急方》中治卒霍亂諸急方第十二云：「余藥乃可難備，而理中丸、四順、厚樸諸湯，可不預合，每向秋月常買自隨。」

藥　　方	治療效果	藥理說明
麻黃、大青	主傷寒	麻黃,莖枝入藥,發汗平喘,治風寒重症、咳喘、水腫、風疹塊等。 大青,根葉入藥,清熱解毒降火,治偏頭痛等。

從以上說明可以知道,魏晉時期我國醫藥學已有相當高的水平,葛洪在醫藥學史上也具有重要的地位。道教醫藥學是一個值得我們繼續開發、了解和研究的寶庫。

（二）石芝類

表6－9：「石芝類」

序號	名稱	生長地	形　狀	特　徵	服　法	特殊療效
1	石象芝	生於海隅名山。 島嶼之涯有積石者。 附於大石,喜在高岫險峻之地。	如肉象有頭尾四足者,良似生物也。 或卻著仰綴也。 大者十餘斤,小者三四斤。	赤者如珊瑚 白者如截肪 黑者如澤漆 青者如翠羽 黃者如紫金 而皆光明洞徹如堅冰也。 晦夜去之三百步,便望見其光矣。	擣之三萬六千杵,服方寸匕,日三,盡一斤 服十斤亦可分人服	得千歲 則萬歲
2	玉脂芝	生於有玉之山,常居懸危之處	玉膏流出,萬年已上,則凝而成芝,有似鳥獸之形	色無常彩,率多似山玄水蒼玉也。 亦鮮明如水精	得而末之,以無心草汁和之,須臾成水,服一升	得千歲
3	七明九光芝	皆石也。 生臨水之高山石崖之間。	狀如盤碗,不過徑尺以還,有莖蒂連綴之,起三四寸	有七孔者,名七明,九孔者名九光,光皆如星,百餘步內,夜皆望見其光,其光自別,可散不可合也。常以秋分伺之得之	擣服方寸匕,盡一斤	1. 則得千歲 2. 令人身有光,所居暗地如月,可以夜視也。

序號	名稱	生長地	形　狀	特　徵	服　法	特殊療效
4	石蜜芝	生少室石戶中。戶中便有深谷，不可得過，以石投谷中，半日猶聞其聲也。	去戶外十餘丈有石柱，柱上有偃蓋石，高度徑可一丈許，望見蜜芝從石戶上墮入偃蓋中。	良久，輒有一滴，有似雨後屋之餘漏，時時一落耳。然蜜芝墮不息，而偃蓋亦終不溢也。	日服石蜜芝一斗者	壽萬歲。
5	石桂芝	生名山石穴中似桂樹而實石也。	高尺許，大如徑尺。	光明而味辛有枝條。	擣服之一斤	得千歲。
6	石中黃子	所在有之，沁水山為尤多。	在大石中，赤黃溶溶，如雞子之在其殼中也。	其在大石中，則其石常潤濕不燥。打其石有數十重，乃得之。	法正當及未堅時飲之，既凝則應末服也。破一石中，多者有一升，少者有數合，可頓服也。雖不得多，相繼服之，共計前後所服，合成三升但欲多服，唯患難得耳。	壽千歲。
7	石腦芝	生滑石中，亦如石中黃子狀，但不皆有耳。	打破大滑石千許，乃可得一枚。	初破之，其在石中，五色光明而自動	服一升	得千歲
8	石硫黃芝	五岳皆有，而箕山為多。			許由就此服之	長生
9	石硫丹者	皆浸溢於崖岸之間		石之赤精，蓋石硫黃之類也。	其濡濕者可丸服，其已堅者可散服	

　　石芝類有九種，大抵為石珊瑚、鐘乳石和石筍一類的礦物，葛洪把石芝類列為五芝的第一類，描述最詳，可見他仍是推崇礦物藥物。記載於《太乙玉策》及《昌宇內記》中，從葛洪的敘述中可以推知石芝仍然屬於礦石類。序號 2 的玉脂芝即為玉脂，序號 4 的石蜜芝即為石鐘乳，而序號 6 石中黃子

是破大石中所得的赤黃溶溶的石漿，《晉書本傳》提到嵇康與王烈入山，見山石裂開而有石髓，未飲而凝爲石。葛洪在服法也說「法正當及未堅時飲之，既凝則應末服也」。這九種石芝在特殊療效方面，都是千歲至萬歲或長生，這也是葛洪之所以列爲上藥的主因。

（三）木芝類

表6-10：「木芝類」

序號	名稱	生長地	形　狀	特　徵	服　法	特殊療效
1	木威喜芝		狀似蓮花	松柏脂淪入地千歲，化爲茯苓，茯苓萬歲，其上生小木。 夜視有光，持之甚滑，燒之不然	從生門上採之，於六甲陰乾之，百日，末服方寸匕，日三，盡一枚。	1. 帶之辟兵〔註59〕 2. 則三千歲。
2	千歲之栝木			其下根如坐人，長七寸	末之，服盡十斤	1. 則千歲。 2. 刻之有血，以其血塗足下，可以步行水上不沒。 3. 以塗人鼻以入水，水爲之開，可以止住淵底也。 4. 以塗身則隱形，欲見則拭之。 5. 又可以治病〔註60〕
3	飛節芝		狀如龍形，大者重十斤	又松樹枝三千歲者，其皮中有聚脂	末服之，盡十斤	得五百歲

〔註59〕以帶雞而雜以他雞十二頭其籠之，去之十二步，射十二箭，他雞皆傷，帶威喜芝者終不傷也。

〔註60〕病在腹內，刮服一刀圭。其腫痛在外者，隨其所在刮一刀圭，即其腫痛所在以摩之，皆手下即愈，假令左足有疾，則刮塗人之左足也。

序號	名稱	生長地	形　狀	特　徵	服　法	特殊療效
4	樊桃芝	生於名山之陰，東流泉水之土	其木如昇龍，其花葉如丹羅	其實如翠鳥，高不過五尺。以立夏之候伺之	末服之，盡一株	得五千歲
5	參成芝		赤色有光，扣之枝葉，如金石之音	折而續之，即復如故。	末服之	白日昇天
6	木渠芝	寄生大木上	如蓮花	九莖一叢，其味甘而辛。	末服之	白日昇天
7	建木芝	實生於都廣	其皮如纓蛇，其實如鸞鳥		末服之	白日昇天
8	黃盧子尋木華玄液華	此三芝生於泰山要鄉及奉高			得而服之	令人壽千歲
9	黃蘗檀桓芝		千歲黃蘗木下根，有如三斛器	去本株一二丈，以細根相連狀如縷	末服之，盡一枚	成地仙不死

　　木芝類有十一種，圖上共有百二十種。其中建木芝傳說出於《山海經》，為上下於天的通天大樹，因此說服之可以「白日昇天」，其餘均與時間的久遠有關，包含括木千歲、松樹枝三千歲、黃蘗千歲，服食這些千歲神木所生的芝菌，可傳達其神秘力。至於木威喜芝則是萬歲茯苓所生，也是久壽之物。《玄中記》說：「松脂淪入地中，千歲為茯苓，伏神。」序號 2「千歲之栝木」特殊療效為「刻之有血，以其血塗足下，可以步行水上不沒。以塗身則隱形，欲見則拭之。」有學者進行對於有迷幻作用植物所作考察，認為古代宗教和哲學中影響精神過程的物質作用，有一種菌類，是教徒用來引發宗教儀式上的狂歡，幻想的飛行，靈魂的自發行為，以及到神前謁見等。〔註61〕序號 5、6、7 的木芝服食之後，特殊療效可以「白日昇天」，屬於葛洪三品仙中最高仙品的天仙。

〔註61〕李約瑟著、陳立夫主譯：《中國之科學與文明》節本第十四冊（台北：商務印書館，1985 年），頁 53。

（四）草芝類

表6-11：「草芝類」

序號	名稱	生長地	形　狀	特　徵	服　法	特殊療效
1	獨搖芝〔註62〕	生高山深谷之上，其所生左右無草。	其莖大如手指，赤如丹，素葉似莧，其根有大魁如斗	無風自動，有細者如雞子十二枚，周繞大根之四方，如十二辰也，相去丈許，皆有細根，如白髮以相連。	1. 得其大魁末服之 2. 可以分他人也	1. 盡則得千歲 2. 懷其大根即隱形，欲見則左轉而出之。
2	牛角芝	生虎壽山及吳阪上	狀似蔥，特生如牛角	長三四尺，青色	末服方寸七，日三，至百日	得千歲
3	龍仙芝		狀如昇龍之相負也	以葉爲鱗，其根則如蟠龍	服一枚	得千歲
4	麻母芝		似麻而莖赤色	花紫色	陰乾服之	1. 令人與天地相畢 2. 得千歲二千歲。
5	紫珠芝		其花黃，其葉赤，其實如李而紫色	二十四枚輒相連，而垂如貫珠也。	陰乾服之	1. 令人與天地相畢 2. 得千歲二千歲。
6	白符芝		高四五尺，似梅	常以大雪而花，季冬而實。	陰乾服之	1. 令人與天地相畢 2. 得千歲二千歲。
7	朱草芝		九曲	曲有三葉，葉有三實也。	陰乾服之	1. 令人與天地相畢 2. 得千歲二千歲。
8	五德芝		狀似樓殿，莖方	其葉五色各具而不雜，上如偃蓋，中常有甘露，紫氣起數尺矣。	陰乾服之	1. 令人與天地相畢 2. 得千歲二千歲。

〔註62〕抱朴子云，按仙方中有合離草，一名獨搖，一名離母，所以謂之合離。離母者，此草爲物下根如芋魁，有游子十二枚，周環之，去大魁數尺，雖相須而實不相連，但以氣相屬耳，別說云。今醫家見用天麻，即是此赤箭根。赤箭味辛溫，主殺鬼，精物蠱毒惡氣，久服益氣力長陰，肥健，輕身，增年。頁22。

序號	名稱	生長地	形 狀	特 徵	服 法	特殊療效
9	龍銜芝		下根如坐人	常以仲春對生，三節十二枝	陰乾服之	1. 令人與天地相畢 2. 得千歲二千歲。

　　序號 1 獨搖芝的特殊療效「懷其大根即隱形，欲見則左轉而出之。」就好比人有「隱身之法」，鬼神有「現形之方」，純粹是類比而來的信仰，是無法用科學的方法來檢驗的，是延續著原始社會神話思維而來的信仰模式。草芝類凡載有九種，而圖上也有百二十種，皆陰乾服之，則令人與天地相畢，或得千歲二千歲。序號 3 的龍仙芝描述與南朝宋顧歡《道迹經》所錄大體相同：「第一芝名龍仙芝，似交龍之相負也，以葉爲麟，其根如蟠龍，得而食之，拜爲太極仙卿。」《道迹經》依太清藥品、太極藥品等，列爲太極仙卿所服用之物。

（五）菌芝類

表 6－12：「菌芝類」

名稱	生長地	形 狀	特 徵	服 法	特殊療效
菌芝	生深山之中或生大木之下或生泉之側	或如宮室或如車馬或如龍虎或如人形或如飛鳥	五色無常	陰乾末服方寸匕	令人昇仙中者數千歲下者千歲

　　菌芝類：亦百二十種，自有圖也。要用禹步採取，服用上者可昇仙，至少可千歲。

　　由於神芝類可入藥，是可以不死成仙的上藥，故服芝是葛洪在《抱朴子‧內篇‧仙藥》中的要法，共有五大類，分別爲石芝、木芝、草芝、肉芝、菌芝、每一類有一百二十種，「如此有百二十，皆石芝也，事在《太乙玉策》及《昌宇內記》，不可具稱也。」其中詳述了芝的形狀產地以及服用方法，在〈遐覽〉中著錄有木芝圖、菌芝圖、肉芝圖、石芝圖、大魄雜芝圖，有圖所以容易辨識與採取。木芝、草芝、菌芝是屬於「長壽型」木本、草本和菌類植物，由於芝的形狀、顏色以及其中所含的特殊成分，方士、道士早就從實際經驗中有所驗證，因而塑造了「靈芝」的形象。芝的靈驗性與神秘化，表現在道士採芝的行爲上，例如《抱朴子‧內篇‧仙藥》說：

非久齋至精，及佩老子入山靈寶五符，亦不能得見此輩也。凡見諸芝，
且先以「開山卻害符」置其上，則不得復隱蔽化去矣。徐徐擇王相之
日，設醮祭以酒脯，祈而取之，皆從日下禹步閉氣而往也。〔註63〕

若不是長期的齋戒，極其至精至誠，以及佩帶「老子入山靈寶五符」，是無法
見到此仙草的。所以看到各種芝類，先要將「開山卻害符」放在它們上面，
這樣芝類才不會再隱蔽幻化離去了。然後要選擇王相吉日，陳列酒肉，設置
道場祭祀，祈禱後將它取下，時間要在太陽下山時，踏著禹步，閉住氣息前
往行事。又說：

欲求芝草，入名山，必以三月九月，此山開出神藥之月也，勿以山
佷日，必以天輔時，三奇會尤佳。出三奇吉門到山，須六陰之日，
明堂之時，帶靈寶符，牽白犬，抱白雞，以白鹽一斗，及開山符檄，
著大石上，執吳唐草一把以入山，山神喜，必得芝也。又採芝及服
芝，欲得王相專和之日，支乾上下相生為佳。此諸芝名山多有之，
但凡庸道士，心不專精，行穢德薄，又不曉入山之術，雖得其圖，
不知其狀，亦終不能得也。山無大小，皆有鬼神，其鬼神不以芝與
人，人則雖踐之，不可見也。〔註64〕

從以上所述有關求芝、採芝、服芝，都需要擇日入山、帶靈符、禮物以及配
合時日，由此觀之可見芝的神秘性。所以靈芝在神仙服食傳說中的地位，與
道士對於芝的信仰密切相關。學者李約瑟指出芝菌類，可能具有迷幻作用，
這些迷幻物質在宗教儀式、或是個人修為中曾被使用。〔註65〕

（六）丹砂汁

表6－13：「丹砂汁」

名　稱	生長地	特　徵	服　法	功　效
丹砂汁	臨沅令，有廖氏家	其井水殊赤，乃試掘井左右，得古人埋丹砂數十斛，去井數尺，此丹砂汁因泉漸入井	飲其水	世世壽考，或出百歲，或八九十

〔註63〕《抱朴子・內篇・仙藥》，卷11，頁197～198。
〔註64〕《抱朴子・內篇・仙藥》，卷11，頁202。
〔註65〕李約瑟：《中國之科學與文明》（台北：商務印書館，1985年），頁226～231。

　　古代墓葬使用朱砂，從新石器時代到戰國秦漢極為普遍。〔註66〕屬於龍山文化陶寺類型的墓葬，幾乎都有朱砂，它是古代最有傳統的屍體防腐劑。在葛洪的服食之物中，他認為「仙藥之上者丹砂，次則黃金」，丹砂為天然礦物，功效奇特，因此丹砂汁也有妙用。

四、食食相配

　　所謂「食食相配」是把具有食用價值與藥用價值的食物，相互搭配，達到既可以飽腹又可以治病的目的。〔註67〕說明如下

（一）普通食物

　　筆者將《抱朴子‧內篇》所提及普通食物相配療效整理成表6－14。

表6－14：「普通食物相配療效」

名稱	功效	一般療效	特殊療效
椒薑	禦濕	乾薑味辛溫，主胸滿欬逆上氣，溫中止血，出汗，逐風，溼痺，腸避，下利，生者尤良，久服去臭氣。〔註68〕	通神明
菖蒲	益聰	味辛溫，主風寒溼痺，欬逆上氣，開心孔，補五藏，通九竅，明耳目，出聲音，久服輕身，不忘不迷，或延年。	久服輕身，不忘不迷，或延年
巨勝	延年	胡麻一名巨勝，味甘平，主傷中虛羸，補五內，益氣力，長肌肉，填精益髓。	久服輕身不老
威喜	辟兵	又名木威喜芝，夜視有光，持之甚滑，燒之不然。	帶之可辟兵

從一般療效中可以知道這些將食用價值與藥用價值的食物，相互搭配，可以達到治病的目的，特殊療效中的通神明、久服輕身不老等都是屬於仙人的生命形態，帶之可辟兵則是生於亂世，人們企求能藉由服食仙藥，可以助人有效地趨吉避凶。

藥名	別　名	一般療效	特殊療效
象柴	托盧、仙人杖、西王母杖、天精、卻老、地骨、苟杞	味苦寒，主五內邪氣，熱中，消渴，周痺，久服堅筋骨。	輕身不老

〔註66〕李零：《中國方術考》（北京：東方出版社，2001年），頁310。

〔註67〕萬建中：《飲食與中國文化》（江西南昌：江西高校出版社，1994年），頁144～146。

〔註68〕吳普等述、孫星衍孫馮翼輯：《神農本草經》（一）（台北：中華書局），1994年3月，頁62。

藥名	別　名	服　法	一般療效	特疏療效
天門冬	地門冬、萲門冬、顛棘、淫羊食、管松、楚人呼爲百部	1. 服之百日 2. 入山可蒸，煮啖之	1. 味苦平，主諸暴風濕偏痹，強骨髓，殺三蟲。	1. 去伏尸 2. 久服輕身，益氣延年。

藥名	別　名	服　法	一般療效	特疏療效
		若有力可餌之，可作散， 3. 並及絞其汁作酒，以服散尤佳	2. 以治欬，喜令人下氣，爲益尤遲也。 3. 皆丁壯倍駛於朮及黃精 4. 取足可以斷穀	

（二）肉芝類

在五種芝之中，以「肉芝」最爲奇特，雖然名爲芝，其實是指長壽的動物，例如：萬歲蟾蜍、千歲蝙蝠、千歲靈龜、風生獸、千歲燕等，圖上也有百二十種。

表 6－15：「肉芝類」

序號	名　稱	形　狀	特　徵	服　法	特殊療效
1	萬歲蟾蜍	頭上有角，頷下有丹書八字再重		以五月五日日中時取之，陰乾百日末服之	1. 以其左足畫地，即爲流水。 2. 帶其左手於身，辟五兵 3. 若敵人射己者，弓弩矢皆反還自向也。 4. 令人壽四萬歲
2	千歲蝙蝠	色白如雪	集則倒縣，腦重故也	陰乾末服之	令人壽四萬歲
3	千歲靈龜	五色具焉	其雄額上兩骨起似角	以羊血浴之，乃剔取其甲，火炙搗服方寸七，日三，盡一具	壽千歲

序號	名　稱	形　狀	特　徵	服　法	特殊療效
4	風生獸	似貊，青色，大如狸	1. 張網取之，積薪數車以燒之，薪盡而此獸在灰中不燃，其毛不焦，斫刺不入，打之如皮囊。 2. 以鐵鎚鍛其頭數十下乃死，死而張其口以向風，須臾便活而起走。 3. 以石上菖蒲塞其鼻即死。	取其腦以和菊花服之，盡十斤	得五百歲
5	千歲燕	其色多白而尾掘	其窠戶北向	取陰乾，末服一頭	五百歲

　　古人相信服食長壽之物，可以成仙，這是來自巫術思維中的「屬性傳達原理」。序號 1、2 的的服法為陰乾研成粉末服之，序號 3 的服法「以羊血浴之，乃剔取其甲，火炙搗服方寸匕，日三，盡一具」具有非常濃厚的巫術色彩。序號 4 的服法「取其腦以和菊花服之，盡十斤」序號 5 的服法「取陰乾，末服一頭」，都是具有玄秘的特色。在特殊療效方面，長壽是其共同的特徵，最少的是五百歲，最多的是四萬歲，除此之外特別的療效還有「以其左足畫地，即為流水，帶其左手於身，辟五兵，若敵人射己者，弓弩矢皆反還自向也。」此實為古巫術的遺說，故視其形狀奇特之物，具有巫術作用，純粹是類比而來的信仰，是無法用科學的方法來檢驗的。要特別說明這些特別的療效都不是科學的範疇，是延續著原始社會神話思維而來的信仰模式，這也反應了道教醫學在藥物治療中具有包羅宏富、多樣性的特徵。道教醫療的目的，不在於身體的疾病救助，而是追求靈性的長生不死。序號 4 的風生獸，是異常之物，普遍流傳於當時的筆記小說中，如《述異記》。因為「以鐵鎚鍛其頭數十下乃死，死而張其口以向風，須臾便活而起走」，因風而活，故得其名，風即氣息代表的是生命力，因此相信服用此物也可傳達其旺盛的生命力。

（三）辟穀食物

表 6－16：「辟穀食物」

藥　名	別　名	服　法	一般療效	難　處
黃精	白及、兔竹、救窮、垂珠	服之日可三合 服黃精僅十年	服其花勝其實，服其實勝其根，但花難多得。 乃可大得其益，俱以斷穀不及朮。	按《本草》藥之與他草同名者甚多，唯精博者能分別之，不可不詳也。 得其生花十斛，乾之纔可得五六斗耳，非大有役力者不能辨也
朮	一名山薊，一名山精，人不能別之，謂為米脯	1. 餌之 2. 林子明服十一年	1. 令人肥健，可以負重涉險，身輕欲跳，登高履險，歷日不極。 2. 不及黃精甘美易食，凶年可以與老小休糧	1. 行冰雪中了不知寒 2. 耳長五寸，身輕如飛，能超逾淵谷二丈許 3. 長生 4. 見仙人博戲

　　服朮傳說，也是採自南陽地區，文氏先祖在漢末避難山中，在饑困欲死時，有人教以食朮，遂不饑，達數十年，乃來還鄉里，顏色更少，氣力勝故。葛洪在〈仙藥〉中提到仙人八公中的林子明也服朮：「林子明服朮十一年，耳長五寸，身輕如飛，能超逾淵谷二丈許。」〔註69〕黃精和朮在饑荒歲月的年代裏，這些都是可以食用的野生植物。在神仙傳說中有些修道者是識得藥草效用而服食的，所以採用食食相配的方式，把具有食用價值與藥用價值的食物，相互搭配，達到既可以飽腹又可以治病的目的。

（四）菊花水

表 6－17：「菊花水」

名　稱	生長地	特　徵	服　法	一般療效
甘谷水	南陽酈縣山中		飲食此甘菊水	所患的風痺及眩暈，得以痊癒。無不老壽，高者百四五十歲，下者不失八九十，無夭年人。

〔註69〕《抱朴子‧內篇‧仙藥》，卷11，頁208。

菊花	生於水側，緱氏山與酈縣最多	菊花與薏花相似，直以甘苦別之耳，菊甘而薏苦	菊花酒	散風清熱，平肝明目。用於風熱感冒，頭痛暈眩，目赤腫痛，眼目昏花。

甘谷水為南陽地區的傳聞，《抱朴子‧內篇‧仙藥》說：

> 南陽酈縣山中有甘谷水，谷水所以甘者，谷上左右皆生甘菊，菊花墮
> 其中，歷世彌久，故水味為變。其臨此谷中居民，皆不穿井，悉食甘
> 谷水，食者無不老壽，高者百四五十歲，下者不失八九十，無夭年人，
> 得此菊力也。故司空王暢太尉劉寬太傅袁隗，皆為南陽太守，每到官，
> 常使酈縣月送甘谷水四十斛以為飲食。此諸公多患風痺及眩冒，皆得
> 愈，但不能大得其益，如甘谷上居民，生小便飲食此水者耳。〔註70〕

菊可服食，漢魏以下，菊花亦為服食品之一。葛洪引用「仙方所謂日精、更
生、周盈，皆一菊；而根莖花實異名，其說甚美。」又說「今所在有真菊，
但為少耳。而近來服之者略無效，正由不得真菊也。」

漢末時陽九與菊服以聯結成為民俗，其別名也稱「日精」，其食法為甘菊
水、菊花酒。《西京雜記》說：「九月九日佩茱萸，食蓬餌，飲菊花酒，令人
長壽。菊花舒時並採莖葉雜黍、米釀之，至來年九月九日始熟，就飲焉，謂
之菊花酒。」魏文帝認為菊花「含乾坤之純和，體芬芳之淑氣」，引用「屈平
悲冉冉之將老，思餐秋菊之落英」為例證，說明其可「輔體延年，莫斯之貴，
謹奉一束，以助彭祖之術。」服食菊花傳達純和、淑氣，為一種巫術性思維，
然而菊花本身也具有藥效。在漢晉之際有關菊花的各種服食，又增添了「仙
道意象」，所以菊的服食成為歲時節日中極富詩情畫意的節日。

從以上所述可以知道，葛洪一生飽覽前代的醫藥圖籍，並且有能力批判
其優缺點，因此自己撰述整理多種醫書，他在醫學理論及臨床經驗上，具有
非常豐富的經驗，因能深知藥性，在論藥物養身的生理治療法上，雖然「草
木」與「金丹」在道教醫療中都統稱為「藥」，但是在作用上是有層次的區別。
他特別偏重於奇特藥類的「特殊療效」，不論藥物的採集與服食，都脫離不了
「通神」的巫術性思考原則，這是因為道教醫療是希望藉由「人與萬物的採
補體系」來交通人神二者，達到驅邪、除魔、治病的一般目的。除此之外還
希望藉由藥物的「特殊療效」，從肉體淨化達到了心靈淨化的終極目標，而獲

〔註70〕《抱朴子‧內篇‧仙藥》，卷11，頁205～206。

得與天地鬼神相同的形上生命，也就是「仙人」的生命。草木之藥，仙經曰：「雖服草木之葉，已得數百歲，忽怠於神丹，終不能仙。」葛洪認為草木之藥具有延年的功能，並非長生之藥。但是在「未得作丹，且可服之，以自支持耳。」六朝人士所撰寫的筆記小說，有關服食傳說，成為仙道文學的表徵。

五、服藥順序與禁忌

有人問服食藥物，是否有因前後不同的時間次序，而有不同的效果呢？抱朴子認為：「服治病之藥，以食前服之；養性之藥，以食後服之。」說明如下：

筆者將藥物種類與服法整理成表6－18。

表6－18：「藥物種類與服法」

藥之種類	服 法	藥性之理	結 果
服治病之藥	食前服之	欲以藥攻病，既宜及未食，內虛，令藥力勢易行	若以食後服之，則藥但攻穀而力盡矣
服養性之藥	食後服之	若欲養性，而以食前服藥，則力未行，而被穀驅之下去不得止	無益也

若是神丹大藥，則無此限制。此說法符合藥性之理，與醫學有關。此外葛洪認為服用藥物，也必須按照個人本命的五行特質，以規分服藥的限制。有人問：「人服藥以養性，云有所宜，有諸乎？」服食藥物來養性，有所謂適宜與不適宜的道理嗎？抱朴子答曰：「按《玉策記》及《開明經》，皆以五音六屬，知人年命之所在。」子午屬庚，卯酉屬己，寅申屬戊，醜未屬辛，辰戌屬丙，巳亥屬丁。與五行相配，是漢朝人的說法，以五行生剋、五音六屬來解說人年命之所在，作為服藥之依據，屬於笛卡兒「機械論」之說法。筆者將五音六屬排列表整理成表6－19。

表6－19：「五音六屬排列表」

五音	六　　　　　　　　　　屬
一言宮	庚子庚午，辛未辛丑，丙辰丙戌，丁亥丁巳，戊寅戊申，己卯己酉
三言徵	甲辰甲戌，乙亥乙巳，丙寅丙申，丁酉丁卯，戊午戊子，己未己丑
五言羽	甲寅甲申，乙卯乙酉，丙子丙午，丁未丁丑，壬辰壬戌，癸巳癸亥
七言商	甲子甲午，乙丑乙未，庚辰庚戌，辛巳辛亥，壬申壬寅，癸卯癸酉
九言角	戊辰戊戌，己巳己亥，庚寅庚申，辛卯辛酉，壬午壬子，癸丑癸未

六屬與五音中的其中一宮相配，從這個類比來說，在一言中得到的，從五音上說是宮，五行上是土；在三言中得到的則是徵與火，在五言中得到的則是羽和水，在七言中得到的則是商與金，在九言中得到的則是角與木。

表6－20：「五音六屬與服藥之禁忌」

五音	相應之五行	不宜服何色藥物	五行相剋之理
一言宮	土	青色藥	木剋土
三言徵	火	黑色藥	水剋火
五言羽	水	黃色藥	土剋水
七言商	金	紅色藥	火剋金
九言角	木	白色藥	金剋木

因為若本命屬土，不宜服青色藥，因為木剋土；屬金，不宜服赤色藥，因為火剋金；屬木，不宜服白色藥，因為金剋木；屬水，不宜服黃色藥，因為土剋水；屬火，不宜服黑色藥，因為水剋火。但是金丹大藥，就不復論宜與不宜也。由此觀之葛洪的服藥理論和他的道教神學體系相輔相成，採五芝有一套宗教儀式，服食藥物也有許多禁忌，反映道教醫學中的神秘特色。

葛洪認為成仙的藥稱為「上藥」、或「仙藥」，是修道者主要追求的藥，有三類一為金石礦物類藥，丹砂優於黃金優於白銀，表現出其金丹思想，二為五芝，三為有滋補作用的草木藥。「中藥」與「下藥」只能達到「養性」與「除病」的功效，可是並不能成仙。道教醫療不排斥「中藥」與「下藥」，也肯定其醫療的功能，最起碼能夠「毒蟲不加」、「猛獸不犯」、「惡氣不行」與「眾妖並辟」，能夠對治各種有形與無形的病害。道教醫療的目的，不在於身體的疾病救助，而是追求靈性的長生不死，完成「昇為天神」、「遨遊上下」與「使役萬靈」的終極生命境界。在特殊療效方面，古代的輕身益力、疾行善趨之方都與飛行有密切關係，由於道教醫療的最終目的是成仙，而戰國秦漢時期所說的「仙人」或「神仙」，是人經由特殊修煉，除病、養生、延年，漸覺身輕力健，然後才終於飛昇。所以一個人如果體生長毛、疾行善趨都和「飛行」的概念有直接的關係。〈仙藥〉較諸〈金丹〉、〈黃白〉尤具巫術色彩，這是因為古代有「巫醫共軌」的情況，醫巫與薩滿即以其秘傳的醫術治病。〈仙藥〉雖已及於平常的本草植物等，卻仍偏重於奇特的藥類，不論藥物的採集與服食，都脫離不了「通神」的巫術性思考原則，有些則與醫學有關，這是

因為巫醫同源，人們希望藉由「人與萬物的採補體系」來交通人神二者，達到驅邪、除魔、治病的目的。肉體的治療只是一種階段性的手段與方法，最終目的是超出「凡人」的形體限制，成就「仙人」的生命境界，從肉體淨化達到了心靈淨化的終極目標，此時人就可以獲得了與天地鬼神相同的形上生命，也就是「仙人」的生命。所以不論人體的醫療與養生，是為了成仙的目的而來的，不是停留在肉體的生理治療上，追求的是永恆不朽的生命終極價值。他最強調的是上藥，因為與他「金丹道」的主張一致，但是他採「博參主義」，不捨棄其他的道法，所以他在中國本草醫學史上也佔有一席之地。

第三節　《抱朴子‧內篇》的靈性療法

　　生死是凡人肉體存有的最大限制，有著不少貫穿生死的苦難與疾病，所以不論是「治已病」的「醫療」或是「治未病」的「養生」，若只是停留在功利性質的身體保全上，追求短暫的現實利益，這並不是道教醫療的終極目的。道教的根本內涵是建立在宇宙論與生命觀上，肯定在人的有形生命之上，有著與之對應至高無上的終極實體，在《抱朴子‧內篇》中此終極實體稱為仙人，特別重視此終極實體與人相互交感的神聖經驗，神仙與長生的問題，也是醫學的問題，因為人們面對來自死亡的威脅，所以對自我生命有較為深刻的理解，期望能藉由各種與神聖交感的神聖力量（術數）、神性物（金丹），來達到延續生命長度的渴望。

　　道教醫療和西方的主流醫學最大的不同是來自其特有的生命觀念的延續，重視人體存有的宇宙圖式與形而上學，重視人與天地的自然關係以及人與鬼神的超自然關係交感對應下的地位與存在價值，建立在以人作為主體的精神活動上，所以除了有形肉體的生理醫療外，更加重視無形精神靈性的終極安頓，肯定永恆無限的生命形式，是以「不死」作為道教醫療的宗旨。道教將人的生命形式分成「凡人」與「仙人」兩種形態，二者的關係不是對立的，而是一體相承與彼此聯繫的，在有限的生命歷程中，努力地將「凡人」的生命轉變提昇到「仙人」的修道境界中。凡人的生命包含形（有形有限的肉體）與神（精神性的心靈），所以肉體的醫療養生，只是道教醫療中階段性的手段與方法，目的在肉體淨化；精神性的心靈則在追究其自身存有的神聖性與不朽性，目的在心靈淨化；將生命推向終極的超越境界。那是個與天地鬼神相同的形上生命，是「成仙的生命」，也是永恆不朽的心靈與形上宇宙合

一的生命本質，或者稱為人最圓滿的生命形態，是人修道的主要目的，也是醫療的終極生命關懷。長生成仙是道教追求的最高目標，也是《抱朴子‧內篇》道教醫療的核心思想。

道教醫療認為在「人與萬物的採補體系」中藥物的採補與滋潤上，對於凡人生命形態的轉變是有幫助的，至少有助於身體的延年益壽，可以達到去疾養身的現實利益，也是成仙必修的功課之一。葛洪認為「藥物養身」和「術數延命」是仙人主要的二種生命修持的工夫，「養身」與「延命」是成仙的主要途徑，道士仰賴「藥物」和「術數」的協助，來維持人體內外的個體系統、自然系統及人際關係系統的整體和諧，就能達到「內疾不生」與「外患不入」，追求人體生命力的自我提升，排除各種內外在的傷損，獲得自身醫療的蓄積能量，達到「成仙的生命」境界，所以道教醫療的目的，不在於身體的疾病救助，而是追求靈性的長生不死，完成「升為天仙」、「遨遊上下」與「使役萬靈」的生命終極境界。

《抱朴子‧內篇》的生命醫療特別重視信仰的神聖體驗，以及人與終極實體（仙人）相遇或合一的生命修持工夫。可以分成修道與金丹兩部分，金丹部分屬於方術，是屬於「靈性醫學」的部分，也就是「終極醫療」，是把靈性的安頓視為醫學的一部分，這是很前衛的醫學概念，因為是包含了身、心、靈的全人醫學。在此已經突破西方傳統醫學的概念，所以道教醫療是不同於其他醫學的生理醫療，這種醫療體系是建立在宗教醫療的「永生需求」上，來自人主動創造的生活智慧，從經驗中建構出藥物醫療的理論與運用體系，這已超越人生物本能的層次，進入心靈開發的自性覺醒，領悟到藥物養生與醫療的特殊療效。因而「藥物養身」只是入門工夫而已，其最終目的在於「服金丹」或「服仙藥」。

「成仙」究竟只是宗教理想性的願望，還是生命醫療的自我實現呢？在《抱朴子‧內篇》中醫療、養生與成仙是三位一體的關係，也說明了道教醫學的特色，亦即生命、醫學與宗教是密切相關的；它展現的是人體的存有是為了修道成仙而來，所以生命是掌握在人自己的手中，不是被外在的天地鬼神所決定的，即「壽命在我者」，「我」才是「形骸」與「壽命」的主體，取決於自身修道的意志與實踐的法術，而「金丹」只是成仙的方便法門而已。由此可知道教成仙的修煉，是建立在醫療的知識基礎上，服藥的目的除延年外，更渴望長生，特別重視金丹術，此為道教醫療的主要內涵。葛洪最重視還丹和金液。

一、金丹的變化思想

「藥物養身」的功能可以分爲二個層次：一是身體的長壽延年，二是生命的長生不死，道教醫療就是要從第一個層次提昇到第二個層次，也就是從「服草木之藥」體悟到「服神丹」的妙用。服藥的目的除了延年之外，更渴望長生，追求還丹金液爲仙道之極，[註71]特別重視金丹術，是神仙道教的主要內涵。「神丹」是高於「草木之藥」的，它是屬於生命的「靈性治療」，可將凡人的生命直接轉變成「升爲天仙」、「遨遊上下」與「使役萬靈」的生命終極境界。

葛洪所謂的「長生」，實際上是在於追求生命的變化法則，也就是終極生命的境界，他認爲人體服用金丹後的生命變化，是類同於大自然中天地萬物的變化，是根據宇宙的運行法則而來，例如他在《抱朴子·內篇·黃白》說：

> 夫變化之術，何所不爲。蓋人身本見，而有隱之之法。鬼神本隱，而有見之之方。能爲之者往往多焉。水火在天，而取之以諸燧。鉛性白也，而赤之以爲丹。丹性赤也，而白之而爲鉛。云雨霜雪，皆天地之氣也，而以藥作之，與眞無異也。至於飛走之屬，蠕動之類，稟形造化，既有定矣。及其倏忽而易舊體，改更而爲異物者，千端萬品，不可勝論。人之爲物，貴性最靈，而男女易形，爲鶴爲石，爲虎爲猿，爲沙爲黿，又不少焉。至於高山爲淵，深谷爲陵，此亦大物之變化。變化者，乃天地之自然，何爲嫌金銀之不可以異物作乎？[註72]

葛洪認爲「變化者，乃天地之自然」，來說明凡人與仙人之間是要經過一場生命靈性的變化，這種變化是經由金丹來促成的。

金丹是要經過多次的修煉才能變化而成，這種「變化之術」雖然神奇，是對應宇宙原有的氣化現象，顯示天地萬物之間原本就存在相互變化的規律。這種變化的生命觀，主要是延續著古代的神話思維，來自於對天地萬物存在的主觀感受，是以「類比方式」去推衍出生命的存有法則。學者鄧啓耀認爲：

> 這種神話的類比思維，雖然與現代科學的認知是有出入的，但卻是人類最早自成邏輯的思維模式，建立出想像性的推理法則，意識到事物之間有些共通的相似屬性。[註73]

就好比人有「隱身之法」，鬼神有「現形之方」，純粹是類比而來的信仰，是

[註71] 藍秀隆：《抱朴子研究》（台北：文津出版社，1989年），頁25。
[註72] 《抱朴子·內篇·黃白》，卷16，頁284。
[註73] 鄧啓耀：《中國神話的思維結構》（重慶：重慶出版社，1992年），頁160。

無法用科學的方法來檢驗的。從萬物「稟形造化」到「更改而爲異物」，推理
出人也具有「男女易形」的變化能力，要特別說明這些都不是科學的範疇，
是延續著原始社會神話思維而來的信仰模式。

「變化者，乃天地之自然」，這是主觀的價值認知，認爲人與天地萬物都
要順應著自然的變化，所以丹砂變化成金，也是一種自然的法則，這顯示出
萬物之間是有著互相滲透與轉化的可能性，人經由服食金丹或靈芝等仙藥而
成仙，就是來自這種自然的類化原則。例如他在《抱朴子・內篇・黃白》說：

> 又化作之金，乃是諸藥之精，勝於自然者也。仙經云，丹精生金。
> 此是以丹作金之說也。故山中有丹砂，其下多有金。且夫作金成則
> 爲眞物，中表如一，百煉不減。故其方曰，可以爲釘。明其堅勁也。
> 此則得夫自然之道也。故其能之，何謂詐乎？詐者謂以曾青塗鐵，
> 鐵赤色如銅；以雞子白化銀，銀黃如金，而皆外變而內不化也。夫
> 芝菌者，自然而生，而仙經有以五石五木種芝，芝生，取而服之，
> 亦與自然芝無異，俱令人長生，此亦作金之類也。〔註74〕

化煉出來的黃金，乃是各種藥物的精華，勝過自然生成的黃金，所以《仙經》
上說：「丹砂的精華生成了黃金」，因此山中有丹砂，那丹砂下面大多有黃金。
葛洪認爲：「小丹之下者，猶自遠勝草木之上者也。凡草木燒之即燼，而丹砂
燒之成水銀，積變又還成丹砂，其去凡草木亦遠矣。故能令人長生，神仙獨
見此理矣。」〔註75〕他之所以貴金石而賤草木，最主要的原因就是草木一經
焚燒立即化爲灰燼，而丹砂經過燒煉後，就變成水銀，這種化學變化就是「丹
砂燒之成水銀」，繼續再行燒煉，就會積聚變化而還原爲原本的丹砂，這種化
學變化就是「積變又還成丹砂」，所以丹砂能使人長生，乃是來自一種機械推
理，認爲吃什麼就變什麼或以形補形。另外他還說「草木之藥，埋之即腐，
煮之即爛，燒之即焦，不能自生，何能生人乎？」因此在天地萬物的類化原
理中，金丹的「神聖性」就被建立起來，視爲「諸藥之精」，比其他自然的藥
材更有著長生的功效。草木之藥是會腐朽的，金丹有如自然界的金子一般「百
煉不減」，可以治療人體的靈性、精神，幫助人從直接從凡人昇華爲仙人。

丹藥服食，之所以具有度世、長生的奇效，乃是基於煉丹的巫術性思考
原則，此原則近於類推法；但更近於巫術的屬性傳達原理，學者弗雷澤（James

〔註74〕《抱朴子・內篇・黃白》，卷16，頁286〜287。
〔註75〕《抱朴子・內篇・金丹》，卷4，頁72。

Frazer）在其著作《金枝》中所論的巫術：

> 交感巫術中的「模擬巫術」與「接觸巫術」，此二者都根據交感原則
> 而運作。模擬巫術基於「類似律」或「象徵律」，能夠同類相生或同
> 類相治；接觸巫術則是基於「接觸律」或「傳染律」，可以傳達兩種
> 不同物之間的屬性，威伯司特（Webster）在「巫術」中，稱為「屬
> 性傳達原理」。〔註76〕

由於煉丹初期尚多籠罩在神秘的氣氛中，其複雜而劇烈的化學變化，鮮艷而
奇特的丹藥成品，的確容易與巫術相混，因而有巫術性的思維方式。葛洪就
是根據同類相輔的模擬巫術，作為金丹服食的基本原則。這不只是外在形式
的轉變，同時也是內在本質的更易，生命經由金丹的靈性治療，確實獲得轉
化，不是「外變而內不化」的類似性假冒，與自然而生的仙藥效果是一致的，
金丹和仙藥都有助於生命的長生變化。道教的煉金術不是為了黃金，而是從
黃金的屬性中類比出生命的不朽，認為丹砂與黃金的藥效成分，有助於人體
的長生久視。〔註77〕

　　道教的金丹繼承了中國古代的冶金術與煉丹術，將冶金與煉丹加以類
化，也把金丹與醫藥同流，金丹被視為醫術的一種，〔註78〕成為神仙道教最
重要的長生醫術，例如《抱朴子‧內篇‧黃白》說：

> 又曰：「朱砂為金，服之昇仙者，上士也；茹芝導引，咽氣長生者，
> 中士也；餐食草木，千歲以還者，下士也。」又曰：「金銀可自作，
> 自然之性也，長生可學得者也。玉牒記云：天下悠悠，皆可長生也，
> 患於猶豫，故不成耳。凝水銀為金，可中釘也。」銅柱經曰：「丹沙
> 可為金，河車可作銀，立則可成，成則為真，子得其道，可以仙身。」
> 黃山子曰：「天地有金，我能作之，二黃一赤，立成不疑。」龜甲文
> 曰：「我命在我不在天，還丹成金億萬年。」古人豈欺我哉？但患知
> 此道者多貧，而藥或至賤而生遠方，非亂世所得也。〔註79〕

〔註76〕 弗雷澤著、汪培基譯：《金枝：巫術與宗教之研究》（台北：久大桂冠圖書公
司，1991年），頁76。

〔註77〕 約翰生著、黃素封譯：《中國煉丹術考》（上海：上海文藝出版社，1992年），
頁55。

〔註78〕 張覺人：《中國古代煉丹術──中醫丹藥研究》（台北：明文書局，1985年），
頁41。

〔註79〕 《抱朴子‧內篇‧黃白》，卷16，頁287。

「金銀可自作」，是基於自然變化的理論，這不同於科學的實驗，不是眞假的問題，而是一種信仰，相信「丹砂可爲金」，更相信「我能作之」，不只是主張人可以冶金，並且強調人可以煉成金丹，對於凡人成仙的生命轉變是有所助益的，更是一種成仙的方便法門。這種生命的轉變與淨化是可以掌握在修道者「我」自己的手中，即「我命在我不在天，還丹成金億萬年」，這是一種信仰力量下的靈性醫療，肯定生命可以經由服餌成仙，也是一種「自然之性」下的生命更新。在唐代以前，道教對於金丹是深信不已的，篤信金丹服食之術，煉丹理論曾有廣度與深度的操作實踐。〔註80〕

在道教醫學中一直相信天地之間是有「上品的神藥」，葛洪的神仙道教對於人服食金丹的長生作用是非常肯定的，例如《抱朴子‧內篇‧金丹》說：

> 夫五穀猶能活人，人得之則生，絕之則死，又況於上品之神藥，其益人豈不萬倍於五穀耶？夫金丹之爲物，燒之愈久，變化愈妙。黃金入火，百煉不消，埋之，畢天不朽。服此二物，煉人身體，故能令人不老不死。此蓋假求於外物以自堅固，有如脂之養火而不可滅，銅青塗腳，入水不腐，此是借銅之勁以扞其肉也。金丹入身中，沾洽榮衛，非但銅青之外傅矣。〔註81〕

所謂「假求於外物以自堅固」，爲古來相傳的道理，他說「煉入身體」、「銅青塗腳」都是以冶金術爲比喻，代表丹鼎服食派的想法。

古代服食家以服食外物來追求與天地齊一。在葛洪看來，人四周壽且久者莫過於天地，其次爲金石，又其次爲鍾靈天地之氣的某些動植物，年壽越久之物服之越能延年。葛洪認爲用鉛汞等物燒制「金丹」、「黃白」，不但原料是天地精華，生成物也超過自然之物，更在眾藥之上。所以服食金丹的長生觀念與科學無關，是建立在神仙可成的宗教理論上以及建立在「假求於外物以自堅固」的需求上，可以「令人不老不死」，這是把人攝取藥物的認知，作機械性的推理與延伸，或許從現代西方主流醫學的立場來看，是荒謬無稽的，但是在葛洪「寓道於術」的成仙理論中，有其自成系統的觀念體系，深信「金丹入身」的特殊靈性醫療作用。

〔註80〕金正耀：《道教與鍊丹術論》（北京：宗教文化出版社，2001年），頁67。
〔註81〕《抱朴子‧內篇‧金丹》，卷4，頁71～72。

二、金丹的種類

　　最早的煉丹文獻，則是傳世的《黃帝九鼎神丹經》、《太清金液神丹經》等書，據考證約出現於兩漢之際。〔註82〕古代外丹術以服食「金丹」、「黃白」為至要大道，服食「金丹」、「黃白」與古人對人體和生命的特殊理解有關。這種理解來源很古老，煉丹（包括煉金）要靠複雜的化學技術，在古代這算是「高科技」。學者認為中國的煉丹術可能是發軔於戰國和秦代燕齊方士求的「不死之藥」，其內容到底是什麼？若是從《鹽鐵論‧散不足》說「仙人食金飲珠，然後壽與天地相保」去推敲，這些藥大概與「金丹」、「黃白」有一定關係。

　　古人重視丹砂，《神農本草經》說：「主身體五臟百病，養精神，安魂魄，益氣明目，殺精魅邪惡鬼，久服通神明。」〔註83〕丹砂具有養神益氣和驅邪等特殊療效，還有一個原因是丹砂對治療癰瘡有效，例如《周禮‧天官‧瘍醫》說「凡療瘍，以五毒攻之」，所謂「五毒」，其中就有丹砂。古人認為癰瘡屬於人體腐敗、衰老、死亡是同類現象，推而廣之，也把丹砂當「活人防腐劑」，以為即使服食無效，最後死亡，也能起預先防腐的作用。學者李零認為：

> 在古人心目中，丹砂、金玉都是既可用於活人服食，有可用於死屍
> 防腐的「通用」藥物。〔註84〕

他們服食這類藥物，心態方面上者是求不老成仙，次者是求却病延年，下者是求死後不朽，整個是一個連續的過程。

　　葛洪在靈性治療上認為金丹與金液是成仙最重要的服食之物，《抱朴子‧內篇‧微旨》說：「九丹金液，最是仙主。」《抱朴子‧內篇‧金丹》說：「長生之道，不在祭祀事鬼神也，不在道引與屈伸也，昇仙之要，在神丹也。」由此可知昇天成仙的要旨，在於神丹的服用。但是要製作神丹，實在是一件非常困難的事情，如果你能製作神丹，就可以長生不死了。所謂的「還丹金液」，還丹又稱神丹、仙丹，採用火法，金液則採用水法。火法主要的是帶有

〔註82〕陳國符：〈《道藏經》中外丹黃白法經訣出世朝代考〉《中國古代化學史研究》（北京：北京大學出版社，1985年），頁67。

〔註83〕吳普等述、孫星衍孫馮翼輯：《神農本草經》（一）（台北：中華書局，1994年），頁3。

〔註84〕李零：《中國方術考》（北京：東方出版社，2001年），頁318。

冶金性質的無水加熱法，葛洪的九丹法、太清神丹、九光丹以及其他丹，多屬於火法。他在長期的金丹實驗和濟世行醫的活動中，十分重視「五金八石」等礦物性藥物，和以此爲主要原料煉制的丹藥，對這些礦物性藥效做了專門的研究。

（一）九丹法

表6－21：「九丹法」

序號	丹名	成仙日數	黃金及其化合物	火之日成	服　　法	特殊療效
1	丹華	七日	1. 當先作玄黃（用雄黃水、礬石水、戎鹽、鹵鹽、礜石、牡蠣、赤石脂、滑石、胡粉各數十斤，以爲六一泥） 2. 又以玄膏丸此丹，置猛火上，須臾成黃金。 3. 又以二百四十銖合水銀百斤火之，亦成黃金。	火之三十六日成		成仙
2	神丹，亦曰神符	百日			服之三刀圭	1. 服之仙也 2. 行度水火，以此丹塗足下，步行水上。 3. 三屍九蟲皆即消壞，百病皆愈也。
3	神丹	百日			服一刀圭	1. 服之仙也 2. 以與六畜吞之，亦終不死。 3. 能辟五兵 4. 仙人玉女，山川鬼神，皆來侍之，見如人形。

序號	丹名	成仙日數	黃金及其化合物	火之日成	服　法	特殊療效
4	還丹		以一刀圭合水銀一斤火之，立成黃金。		服一刀圭	1. 百日仙也 2. 朱鳥鳳凰，翔覆其上，玉女至傍。 3. 以此丹塗錢物用之，即日皆還。 4. 以此丹書凡人目上，百鬼走避。
5	餌丹	三十日				1. 服之仙也 2. 鬼神來侍，玉女至前。
6	煉丹	十日	又以汞合火之，亦成黃金。			服之仙也
7	柔丹	百日	與鉛合火之，即成黃金。		1. 服一刀圭 2. 以缺盆汁和服之	1. 服之仙也 2. 九十老翁，亦能有子。
8	伏丹	即日				1. 服之仙也 2. 以此丹如棗核許持之，百鬼避之。 3. 以丹書門戶上，萬邪眾精不敢前，又辟盜賊虎狼也。
9	寒丹	百日			服一刀圭	1. 服之仙也 2. 仙童仙女來侍 3. 飛行輕舉，不用羽翼。

　　中國古代的煉丹術是藥物學和冶金術的混合物，它所用的原料，像丹砂、雄黃、白帆、曾青、慈石等，本來都是兼有提神、美容和治外傷效果的「毒藥」，但是古人不滿足於這些自然狀態的藥物，想把它們配伍成方，從中提煉所謂「金液還丹」一類的化學制劑。古代煉丹一向重視鉛的使用，有些藥金、藥銀也是屬於銅合金，煉丹是以「抽砂煉汞」，用汞來製造金汞齊和藥金、藥銀為主要內容。九丹就是指序號 1～9 的九種仙丹，第一種丹名叫丹華，要先製作「玄黃」，指的是水銀和鉛精的合液。其中「以為六一泥，火之三十六日成」，將不同的礦物共熱，產生複雜的變化，其化合物就成為當時丹家心目中

的「黃金」，其實是一種汞劑。以上九種丹藥共同的特殊療效，就是服之成仙。凡此九丹，但得一丹便仙，不在悉作之，作之在人所好者耳。「凡服九丹，欲昇天則去，欲且止人間亦任意，皆能出入無間，不可得之害矣。」從此處說明可以知道服食九丹後的終極生命形態為上品天仙，它是屬於生命的「靈性治療」，故可將凡人的生命直接轉變成「飛行輕舉，不用羽翼」、「行度水火、辟五兵」，「以此丹塗錢物用之，即日皆還」與鬼神來侍，玉女至前等「使役萬靈」的生命終極境界。

（二）太清神丹

太清神丹的製作方法是出於元君，元君就是老子的老師。他的《太清觀天經》有九篇，分爲上、中、下三部分：其上部三篇，不可教授於他人；其中部三篇，世間不足以流傳，當沉埋於三泉之下；其下部三篇，正是《丹經》共有上、中、下三卷。東漢末年的陰長生，就是合煉太清神丹而得以成仙的。作此太清神丹，比合煉九鼎神丹稍微困難，但是這是「白日昇天之上法」。

表6－22：「太清神丹」

序號	丹名	成仙日數	製作之法	服法	特殊功效
1	太清丹		合之當先作華池、赤鹽、艮雪、玄白、飛符三五神水，乃可起火進行製作。		白日昇天之上法
	一轉之丹	三年	把三五神水封塗之於土釜中，糠火，先文後武。		得仙
	二轉之丹	二年			得仙
	三轉之丹	一年			得仙
	四轉之丹	半年			得仙
	五轉之丹	百日			得仙
	六轉之丹	四十日			得仙
	七轉之丹	三十日			得仙

序號	丹名	成仙日數	製作之法	服法	特殊功效
	八轉之丹	十日			得仙
	九轉之丹	三日			得仙
2	太清還丹		取九轉之丹，內神鼎中，夏至之後，爆之鼎熱，內朱兒一斤於蓋下。伏伺之，候日精照之。須臾翕然俱起，煌煌輝輝，神光五色，即化爲還丹。	服一刀圭	白日昇天

　　序號 1 的「太清丹」從一轉之丹到九轉之丹，成仙遲速各有日數，例如一轉之丹成仙需要三年，而九轉之丹成仙只需要三日，所以「九轉者」是言其變化數次極多，煉丹士相信金丹的燒煉，愈能多燒多轉，愈有奇效。原因是「其轉數少，其藥力不足，故服之用日多，得仙遲也。其轉數多，藥力盛，故服之用日少，而得仙速也。」序號 2 的「太清還丹」製法是拿九轉之丹放在神鼎中，夏至後在熱鼎中用猛火燃燒，再在鼎蓋之下放入一斤「朱兒」，恭敬的等候太陽光芒照射，一會兒「朱兒」就會呼啦一下一同起來，輝煌奪目發出五色的神光，即化爲「還丹」。以上所述有關神丹煉成的景象，正是化學變化的現象，由於硫磺等物具有猛毒，需要一再加火伏之，轉數多自可降低其毒性，此丹功效只提及成仙，未詳述其「神通」表現，較爲簡要。

（三）九光丹

　　九光丹雖與九轉丹法略有不同，但大致相近，其法俱在《太清經中卷》，即《太清丹經》上、中、下三卷之中卷。

表 6－23：「九光丹」

序號	丹名	製　法	服　法	特殊療效
1	九光丹	作之法，當以諸藥合火之，以轉五石。五石者，丹砂、雄黃、白礬、曾青、慈石也。一石輒五轉而各成五色，五石而二十五色，色各一兩，而異器盛之。		

序號	丹名	製　法	服　法	特殊療效
2	青丹		1. 取青丹一刀圭和水，以浴死人，又以一刀圭發其口內之	欲起死人，未滿三日者，死人立生也。
3	黑丹		取黑丹和水，以塗左手	欲致行廚
4	黃丹		服黃丹一刀圭	1. 欲隱形及先知未然方來之事 2. 住年不老，長生不老 3. 及坐見千里之外，吉凶皆知，如在目前也。（人生宿命，盛衰壽夭，富貴貧賤，皆知之也）

九光丹是九種色彩的神丹，序號 3 的「黑丹」特殊療效是「欲致行廚」，即其所求如口所道皆自至，可致天下萬物也。九光丹的特殊療效非常多樣並且豐富，除了「長生不老」外，還有：「死人立生」、「隱形及先知未然方來之事」、「坐見千里之外，吉凶皆知，如在目前」等，這是源於原始社會人的生命觀建立在靈性的精神實踐上，重視在人的精神與神靈相互交通的超越境界，人有通神的需求，重視與神性或人性相通的精神性靈魂，是直接從靈性的相互感通來實現自我生存的保障。

（四）其他丹

筆者將《抱朴子‧內篇》其他丹整理成表 6－24。

表 6－24：「其他丹」

序號	丹　名	製　法	丹成之日	服　法	特殊功效
1	五靈丹	用丹砂、雄黃、雌黃、石硫黃、曾青、礬石、慈石、戎鹽、太乙餘糧，亦用六一泥，及神室祭醮合之	三十六日	用五帝符，以五色書之服食	1. 令人不死 2. 但不及太清及九鼎丹藥耳
2	岷山丹	1. 其法鼓冶黃銅，以作方諸，以承取月中水，以水銀覆之，致日精火其中	二十日	1. 長服	1. 不死

序號	丹 名	製 法	丹成之日	服 法	特殊功效
		2. 取此丹置雄黃銅燧中，覆以汞曝之		2. 以井華水服如小豆，百日	2. 盲者皆能視之，百病自愈，髮白還黑，齒落更生。
3	務成子丹法	用巴沙汞置八寸銅盤中以土爐盛炭，倚三隅墊以枝盤，以硫黃水灌之，常令如泥。		服之百日	不死
4	羨門子丹法	以酒和丹一斤，用酒三升和，曝之四十日		1. 服之一日 2. 服之三年	1. 三蟲百病立下 2. 仙道乃成，必有玉女二人來侍之，可役使致行廚。 3. 此丹可以厭百鬼，及四方死人殃註害人宅，及起土功妨人者，懸以向之，則無患矣。
5	立成丹	1. 取雌黃雄黃燒下其中銅，鑄以爲器，覆之三歲淳苦酒上，百日，此器皆生赤乳，長數分，或有五色琅玕。 2. 此丹和以朱草，刻之汁流如血，以玉及八石金銀投其中，立便可丸如泥，久則成水，以金投之，名爲金漿，以玉投之，名爲玉醴。		1. 取理（下料加工）而服之 2. 和菟絲，菟絲是初生之根，其形似菟，掘取剋其血，以和此丹 3. 和以朱草，一服之 4. 服金漿、玉醴	1. 令人長生 2. 立變化，任意所作也。 3. 能乘虛而行雲 4. 皆長生
6	伏丹	天下諸水，有名丹者，有南陽之丹水之屬也，其中皆有丹魚，當先夏至十日夜伺之，丹魚必浮於水側，赤光上照，赫然如火也，網而取之可得之，得之雖多，勿盡取也。		割其血，塗足下	可步行水上，長居淵中矣。

序號	丹　名	製　法	丹成之日	服　法	特殊功效
7	赤松子丹	取千歲藝汁及礬桃汁淹丹，著不津器中，練蜜蓋其口，埋之入地三尺。	百日	絞檸木赤實，取汁和而服之	令人面目鬢髮皆赤，長生也。
8	石先生丹法	取烏轂之未生毛羽者，以真丹和牛肉以吞之，至長，其毛羽皆赤，乃煞之。	陰乾百日	並毛羽搗服一刀圭，服百日	得壽五百歲
9	康風子丹法	用羊烏鶴卵雀血，合少室天雄汁，和丹內鵠卵中漆之，內雲母水中	百日化為赤水	1. 服一合 2. 服一升	1. 益壽百歲 2. 千歲也
10	崔文子丹法	納丹鶩腹中蒸之		1. 服之 2. 長服	1. 延年 2. 不死
11	劉元丹法	以丹砂內玄水液中，百日紫色，握之不污手，又和以雲母水，內管中漆之，投井中	百日化為赤水	1. 服一合 2. 久服	1. 得百歲 2. 長生也
12	樂子長丹法	以曾青鉛丹合汞及丹砂，著銅筩中，乾瓦白滑石封之，於白砂中蒸之	八十日	服如小豆	三年仙矣
13	李文丹法	以白素裹丹，以竹汁煮之，名紅泉，乃浮湯上蒸之，合以玄水		服之一合	一年仙矣
14	尹子丹法	以雲母水和丹密封，致金華池中	一年出	服一刀圭，盡一斤	得五百歲
15	太乙招魂魄丹法	所用五石，及封之以六一泥，皆似九丹也		折齒內一丸，與硫黃丸，俱以水送之，令入喉即活	1. 起卒死三日以還者 2. 見使者持節召之
16	採女丹法	以兔血和丹與蜜蒸之	百日	服之如梧桐子者大一丸，日三至百日	有神女二人來侍之，可役使
17	稷丘子丹法	以清酒麻油百華醴龍膏和，封以六一泥，以糠火熅之	十日	服如小豆一丸，盡劑	得壽五百歲
18	墨子丹法	用汞及五石液於銅器中，火熬之，以鐵匕撓之	十日，還為丹	1. 服之一刀圭 2. 長服	1. 萬病去身 2. 不死

序號	丹 名	製 法	丹成之日	服 法	特殊功效
19	張子和丹法	用鉛汞曾青水合封之，蒸之於赤黍米中	八十日成	以棗膏和丸之，服如大豆，百日	壽五百歲
20	綺裏丹法	先飛取五石玉塵，合以丹砂汞，內大銅器中煮之	百日變五色	服之	不死
21	玉柱丹法	以華池和丹，以曾青硫黃末覆之薦之，內筩中沙中，蒸之	五十日	服之百日	1. 玉女六甲六丁神女來侍之，可役使 2. 知天下之事也
22	肘後丹法	以金華和丹乾瓦封之，蒸八十日，取如小豆，置盤中，向日和之，其光上與日連	八十日	服如小豆	長生矣
23	李公丹法	用真丹及五石之水各一升，和令如泥，釜中火之	三十六日	和以石硫黃液，服之十年	與天地相畢
24	劉生丹法	用白菊花汁、地楮汁、樗汁和丹蒸之	三十日	研合服之，一年	1. 得五百歲 2. 老翁服更少不可識，少年服亦不老。
25	王君丹法	巴沙及汞內雞子中，漆合之，令雞伏之三枚		以王相日服之	1. 住年不老 2. 小兒不可服，不復長矣 3. 與新生雞犬服之，皆不復大，鳥獸亦皆如此驗
26	陳生丹法	用白蜜和丹，內銅器中封之，潘之井中	一年	1. 服之經年 2. 盡一斤	1. 不飢 2. 壽百歲
27	韓終丹法	漆蜜和丹煎之		服之	延年久視，立日中無影
28	小神丹方	用真丹三斤，白蜜六斤攪合，日暴煎之，令可丸		1. 旦服如麻子許十丸，未一年 2. 長服之	1. 髮白者黑，齒落者生，身體潤澤 2. 老翁成少年，長生不死矣
29	小丹法	丹一斤，搗篩，下淳苦酒三升，漆二升，凡三物合，令相得，微火上煎令可丸		1. 服如麻子三丸，日再服，三十日 2. 服之百日 3. 千日	1. 腹中百病愈，三屍去 2. 肌骨強堅 3. 司命削去死籍，與天地相畢，日月相望，改形易容，變化無常，日中無影，乃別有光也。

　　序號6的「伏丹」，將丹與其他物一同服食，形成不可思議的奇效。就像南陽的丹水一樣，「其中皆有丹魚，當先夏至十日夜伺之，丹魚必浮於水側，赤光上照，赫然如火也，網而取之可得之」，割其血，塗足下，特殊療效為「可步行水上，長居淵中」。基於巫術性思考原因，神丹具有奇效，因而類推「赤光上照，赫然如火」的丹魚，也應當有特殊的療效。序號7「赤松子丹」以及24「劉生丹法」是將丹與植物汁液混合服食。序號8「石先生丹法」是「取烏轂之未生毛羽者，以真丹和牛肉以吞之，至長，其毛羽皆赤，乃煞之」，序號9「康風子丹法」是「用羊烏鶴卵雀血，合少室天雄汁，和丹內鵠卵中漆之，內雲母水中，百日化為赤水」，序幕10「崔文子丹法」是「納丹鷟腹中蒸之」，這三種是不直接服丹，而將丹先餵食動物再服食的方法，其中的童雞、卵及鷟，乃因其具有生命力之物，在巫術性的思考中，本就可以傳達其神奇的生命力。序號15「太乙招魂魄丹法」特殊療效為「折齒內一丸，與硫黃丸，俱以水送之，令入喉即活，起卒死三日以還者，見使者持節召之」，葛洪認為普通的醫藥，就有讓人活命的奇效，何況是金丹上藥，當然能讓以死三日之內的亡者復活，也能使受驚的魂回到它們甫行離開的身體。序號29「小丹法」的特殊療效中有關三蟲、三尸，當時醫學已有華陀所配的藥散為「草木方」，葛洪則相信「金丹方」，運用丹藥的服食來驅除人身中的寄生蟲，這在當時已是相當進步的醫療觀念，他在此基礎上進一步神化金丹，強調服丹可以去三尸，由司命削去死籍，進而成仙，這反映了「金丹道派」的說法。

　　基於神仙家對於服丹尸解的觀點，由於丹藥構成元素其中所含的化學成份，在服食之後對於人類的生理、心理會產生一定的反應。學者李約瑟曾經根據近代的化學知識，對照煉丹家流傳的說法，闡說砷、汞、鉛、銅、錫、鎳、鋅等金屬化合物，對於人體會產生特殊的反應：

> 像砷會產生短暫安寧感，汞、鉛具有刺激唾液分泌的作用，它使生理上產生錯誤的引導，讓人以為具有特效。根據汞與鉛之相互關係，可以看出在區分外丹與內丹以前，汞齊在早期煉丹士心中的地位。正如陽中必含有陰，黑色的鉛在五行中代表水和北方：白色的汞則代表金及西方。鉛和汞形成的汞齊，使其原有性質產生了不可思議的改變，成為修煉自身丹田內精氣而獲得長生之模式。長期服食這些過量的金屬進入人體，在體內沉積後，使服食者死後形成一些迥異於常人的特殊現象，例如屍體有不同的味道、不腐不爛，以及各種木乃伊現象，為道士及當時人士所難以解釋，因而將尸解賦予神

秘而宗教化的說法。〔註85〕

這些丹屬於神仙道教以及道教醫療中的神聖醫學部分，可以治療靈性，同時治療永恆的生命，目的是「成仙」。宗教產生於「人」與「天地鬼神」的靈感交通上，追求的是直接服食金丹可與靈體相應的神聖體驗，這種靈感的神聖體驗是道教醫療核心的信仰，顯示人們渴望與超自然靈體能相互感通與合而為一，從與靈性交感的神聖經驗中來安身立命。

三、金液

　　葛洪雖然認為九鼎神丹是仙藥中的上法，但是在煉製過程中，一來因為所用到的各種藥材相當的多，如果此時全國平靜道路通暢，則很容易可以購買齊所需的藥材，但是若全國動亂，道路阻隔，此時若要集聚各種的藥材就不容易了。二來因為合煉九轉神丹時，必須起火燃燒連續數十晝夜的時間，並且要在一旁觀察，不能使火力有所閃失，既辛苦，成功機會也少，不如合製金液來的容易。

　　有關金液的製作，《抱朴子‧內篇‧金丹》說：

> 古稱金一斤於今為二斤，率不過直三十許萬，其所用雜藥差易具。
> 又不起火，但以置華池中，日數足便成矣，都合可用四十萬而得一
> 劑，可足八人仙也。〔註86〕

合製金液就是黃金難以獲得罷了，大致要三十多萬錢，其他的各種藥材差一些，也容易辦到，同時不用起火燃燒，只要放在華池中天數足夠了，就會合製成金液，製作過程所須的耗費，大約是用四十萬錢就可以得到一劑，可以足夠供八人服食而成仙。筆者將《抱朴子‧內篇》有關金液的製法整理成表6－25。

表6－25：「金液的製法」

序號	名　稱	製　法	藥成之日	服　法	特殊療效
1	金液	合之用古稱黃金一斤，並用玄明龍膏、太乙旬首中石、冰石、紫游女、玄水液、金化石、丹砂，封之成水	百日	1. 服一兩 2. 服半兩 3. 更服一兩	1. 便仙 2. 長生不死，萬害百毒，不能傷之 3. 若復欲昇天者，乃可齋戒，便飛仙矣

〔註85〕李約瑟：《中國之科學與文明》（台北：商務印書館，1985年），頁98～102。
〔註86〕《抱朴子‧內篇‧金丹》，卷4，頁84。

序號	名　稱	製　法	藥成之日	服　法	特殊療效
2	金液爲威喜巨勝之法	取金液及水銀一味合煮之，三十日，出，以黃土匭盛，以六一泥封，置猛火炊之，皆化爲丹	六十時	服如小豆	便仙
3	餌黃金法	1. 以豕負革肪及酒煉之 2. 以樗皮治之 3. 以荊酒磁石消之 4. 有可引爲巾 5. 立令成水服之		1. 服食金液 2. 雄黃雌黃合餌之 3. 可引之張之如皮服食 4. 銀及蚌中大珠，皆可化爲水服之。	1. 皆地仙法 2. 須長服不可缺，故皆不及金液
4	小餌黃金法	煉金內清酒中，約二百過，出入即沸矣，握之出指間令如泥，若不沸，及握之不出指間，即削之，內清酒中無數也 銀亦可餌之，與金同法		1. 服如彈丸一枚 2. 亦可一丸，分爲小丸，服之三十日 3. 服此二物（金銀）	1. 無寒溫，神人玉女侍之 2. 居名山石室中者，一年即輕舉矣 3. 止人間服亦地仙
5	兩儀子餌黃金法	豬負革脂三斤，淳苦酒一升，取黃金五兩，置器中，煎之土爐，以金置脂中，百入百出，苦酒亦爾		1. 食一斤 2. 食半斤 3. 五兩無多少，便可餌之	1. 壽蔽天地 2. 壽二千歲 3. 壽千二百歲

　　序號 1 的「金液」服半兩就可以地仙，若要昇爲天仙，就再服半兩即可。序號 3 的「餌黃金法」服食後即爲地仙，序號 4 的「小餌黃金法」是服食金銀二物，能使居住在名山石室的修道者一年即昇天成仙，留在人間的服食者也會成爲地仙。金丹大藥雖能成爲最高的天仙，但是不容易在短時間內置辦妥當，所以其他的黃白術及服食仙藥之法也不可不知，從此處更可以顯示出「金丹道派」的特色，及葛洪生命修煉的內秘世界是豐富的，身體煉養的方法是多樣性的。特別值得注意的是金丹道派的特色，在服用金丹大藥藥劑的分量時，可以靈活運用，自己據此來決定何時止於人間爲地仙，或升騰紫宮爲天仙，葛洪的金丹道派將服丹成仙說與三品仙說相結合，上藥金丹可以爲地仙與天仙的自由去留，是葛洪心中的理想生活方式。序號 5「兩儀子餌黃金

法」可以服一斤、半斤、五兩等這種自由服食以節行止是葛洪心中理想的服
丹方式。葛洪受地仙觀念的啓發，又將隱逸思想貫注於他所撰寫的三品仙說
之中。〔註87〕他將尋求「個體自由」與「金丹服食」巧妙結合的神奇說法，
就是金丹道派的「地仙之說」。

　　葛洪在《抱朴子‧內篇》所整理的煉丹資料，大多是他的老師左慈、鄭
思遠實際操作的經驗，並非是他自己所實踐而得的。因爲金丹的燒煉需要眾
多資財，葛洪當時貧苦無財，又兼以道路梗塞，許多藥物不可得，直到晚年
入羅浮山才展開較具規模的煉丹。他從冶金術、化學的實驗研製藥用的人造
黃金或白銀，利用各種金屬和礦物，經化學處理來製作長生之藥。他曾經廣
泛詳細說明煉製的準備情形、理論依據，以及煉製方法與結果，可視爲中古
世紀珍貴的煉丹史料。

四、煉丹的禁忌與醮祭

　　煉丹、煉金之術雖是中古世紀的化學操作，其中由於複雜的化學變化是
非人力所能控制的，在此情況下需要借助宗教、法術等的幫忙，用來滿足煉
丹士心理的需要。葛洪之前的煉丹士就以神聖的、愼重的態度展開試煉，傳
承到他的手中更進一步與其他方術配合，博採眾要，形成一套繁複且具有神
秘色彩的冶煉過程。

（一）禁忌

　　煉金丹在煉丹士的觀念中是一項神聖的作業，故講究其儀式性。從事煉
丹除了需要用錢外，還要「又宜入名山，絕人事」。爲何要如此愼重其事呢？
這是出於巫術性的思考原則，將煉丹視爲神秘、潔淨的儀式行動。煉丹的禁
忌主要有二種：一爲不可以輕傳給不相信仙道的人，二爲煉製丹藥必須要在
名山之中，方有善神的幫助，能不爲邪氣精怪所破壞。煉丹首先要遠離俗人，
進入名山的原因在於修道煉丹常會有異於常人常事之處，容易讓普遍人覺得
怪誕，因而招徠一些不必要的麻煩，「仙道遲成，多所禁忌」，禁忌爲煉丹作
業消極方面需知之事。《抱朴子‧內篇‧金丹》說：

> 第一禁，勿令俗人之不信道者，謗訕評毀之，必不成也。鄭君言所
> 以爾者，合此大藥皆當祭，祭則太乙元君老君玄女皆來鑒省。作藥

〔註87〕　余遜：〈早期道教之政治信念〉《輔仁學志》，第 12 卷 1～2 期，1943 年。

> 者若不絕跡幽僻之地，令俗閒愚人得經過聞見之，則諸神便責作藥
> 者之不遵承經戒，致令惡人有謗毀之言，則不復佑助人，而邪氣得
> 進，藥不成也。〔註88〕

此處說明修煉金丹的第一禁忌是不能讓不信仙道的人毀謗、譏笑金丹，忤逆諸神，這樣金丹必定是煉不成功的。合煉金丹都應該祭祀，祭祀時太乙神、元君、老子、九天玄女都會來監督。假若煉丹之人沒有到「絕跡幽僻之地」，而讓俗閒愚人得經過聞見煉丹的情形，此時諸神變會「責作藥者之不遵承經戒」，不再佑助煉丹者，邪氣入侵丹藥就煉不成了。

左慈告訴鄭思遠說：

> 言諸小小山，皆不可於其中作金液神丹也。凡小山皆無正神爲主，
> 多是木石之精，千歲老物，血食之鬼，此輩皆邪炁，不念爲人作福，
> 但能作禍，善試道士，道士須當以術辟身，及將從弟子，然或能壞
> 人藥也。〔註89〕

小山嶺都不可以製作金液神丹，因爲小山沒有正神守護作主，作主的都是木石之精，千歲老物，血食之鬼這些精怪，他們稟受邪氣只會製造災難。並且很容易試探道士，道士必須要懂得辟邪惡、度不祥的方術來避身，但是容易使丹藥壞掉。葛洪舉了例子「今之醫家，每合好藥好膏，皆不欲令雞犬小兒婦人見之」，以及「染採者惡惡目者見之，皆失美色」，又提到：

> 合丹當於名山之中，無人之地，結伴不過三人，先齋百日，沐浴五
> 香，致加精潔，勿近穢污，及與俗人往來，又不令不信道者知之，
> 謗毀神藥，藥不成矣。成則可以舉家皆仙，不但一身耳。〔註90〕

此處說明合煉神丹應在名山之中，名山爲合煉神藥之所，是葛洪煉丹術的中心思想之一，煉丹人結伴不能超過三人，煉丹之前要先齋戒沐浴讓身體潔淨，不可靠近污穢的東西，不可讓不信仙道之人知道，若是批評詆毀了神丹，仙藥就會無法煉成。

在煉丹家的信仰中，煉丹是神聖而潔淨的作業，自然需要配合一些儀式性行爲，例如齋戒是一種潔淨的過度儀式，從俗轉入聖的階段，可以淨化身心，肅穆從事。〔註91〕不讓不淨者有所接觸，以免傳達惡氣，由此觀之可知

〔註88〕《抱朴子・內篇・金丹》，卷4，頁84。
〔註89〕《抱朴子・內篇・金丹》，卷4，頁85。
〔註90〕《抱朴子・內篇・金丹》，卷4，頁74。
〔註91〕李豐楙：《不死的探求──抱朴子》（海南省：三環出版社，1992年），頁303。

神仙大藥的合作技術是非常困難的，因此禁忌特別多，這是消極的避犯禍害。宗教行法時所應履行的「齋潔禁忌之勤苦」，可以說是身心的試煉；類此禁忌，實在是因為早期的煉丹技術有非人力所能控制的因素，需要借助宗教儀式的動作來增加信心，這與原始社會的咒術性思考原則相近，就是借用巫術的超自然力，來輔助煉丹技術的操作。

（二）醮祭

禱祭的祭拜行為，在煉丹之前及事後都要舉行，具有護持與答謝之意，與盟誓同樣是與神靈存有契約的微妙關係。在金丹大道的傳統說法中，「合此大藥皆當祭，祭則太乙元君、老君、玄女皆來鑒省」，在《抱朴子·內篇·黃白》也說：

> 凡作黃白，皆立太乙、玄女、老子坐醮祭，如作九丹法，常燒五香，香不絕。又金成，先以三斤投深水中，一斤投市中，然後方得恣其意用之耳。〔註92〕

所祭拜的主神元君，就是老子的老師，也是傳太清神丹法之人。「元君者，大神仙之人也，能調和陰陽，役使鬼神風雨，驂駕九龍十二白虎，天下眾仙皆隸焉」，玄女也是黃帝神話中役使神力消除風伯雨師大風雨的女魁，煉丹時醮請這些大神仙，大概是因為他們的法力高強，在深山燒煉中，這是煉丹士頗為亟需的法力。

在《抱朴子·內篇·金丹》也說：

> 金液經云，投金人八兩於東流水中，飲血為誓，乃告口訣，不如本法，盜其方而作之，終不成也。凡人有至信者，可以藥與之，不可輕傳其書，必兩受其殃，天神鑒人甚近，人不知耳。〔註93〕

《金液經》說明在合神藥之前，必須先投八兩重的金人在向東流逝的河水裏，並且歃血為盟，才可以告知製作金液的口訣，若是沒有依循此法，盜取丹方私自燒煉，是絕對不會成功的。凡人若是相信神丹的，可以將丹藥分給他，但是不可以輕易傳授經書，否則天神必會使雙方同受災殃。

神丹煉成之後，也有酬祭與分人的規矩。《抱朴子·內篇·金丹》說：「金成，取百斤先設大祭。祭自有別法一卷，不與九鼎祭同也。祭當別稱金各檢署之。」黃金煉成後，要取出一百斤先設大祭。祭法自有別法一卷，與燒煉

〔註92〕《抱朴子·內篇·黃白》，卷16，頁292。
〔註93〕《抱朴子·內篇·金丹》，卷4，頁83。

九鼎神丹之法不同，在祭祀時應當另外稱好黃金斤兩，各自繫上標籤署名。
又說：

> 禮天二十斤，日月五斤，北斗八斤，太乙八斤，井五斤，竈五斤，
> 河伯十二斤，社五斤，門戶閭鬼神清君各五斤，凡八十八斤。餘一
> 十二斤，以好韋囊盛之，良日於都市中市盛之時，嘿聲放棄之於多
> 人處，徑去無復顧。凡用百斤外，乃得自恣用之耳。不先以金祀神，
> 必被殃咎。〔註94〕

此處詳細說明祭天的禮節要二十斤，祭日月的禮節要五斤，祭北斗星的禮節
要八斤，祭太乙星的禮節要八斤，祭井公的禮節要五斤，祭竈神的禮節要五
斤，祭河伯的禮節要十二斤，祭社神的禮節要五斤，祭門、戶、閭鬼神及清
君的禮節要五斤，共計八十八斤，剩餘的十二斤，要用皮帶裝起來，選擇吉
日在市集正盛的時候，默默放在人多的地方，讓有仙道之緣的人能獲此黃金。
在上述祭禮用的一百斤以外的黃金，煉金者就可以留在自己身邊，可供自己
任意使用。但是〈金丹〉篇有特別提醒煉金者，「不先以金祀神，必被殃咎」，
若是不先用黃金祭祀鬼神，必定會遭遇到災難。在〈黃白〉篇也有提到類似
的說法：「又金成，先以三斤投深水中，一斤投市中，然後方得恣其意用之耳。」
這些酬謝諸神以及分惠他人的醮祭，事實上是具有宗教的意義的。

　　為什麼危險的金丹混合物會對如此多人產生吸引力？有學者認為其原因
有三：一為最初的興奮，二為《道經》的造神運動，三為為何要託死尸解？
這其中是有濃厚的道教信仰色彩，修道者認為有人因為丹毒而死，是因為沒
有得到丹道真諦所致，等自己出現中毒現象時，又深信這是「服金丹應驗候」
一類的說法，種種中毒的症狀，道教金丹學說解釋為「丹動」，是丹藥的神力
驅除體內諸病、宿疾以及三尸的證驗，待丹藥畢其功，就必定能成仙。〔註95〕
況且丹藥能滿足人們食與色的兩項慾望，服食金丹會導致饑餓的喪失，會使
體重減少，此種「輕身」又與「羽化昇仙」的概念相同，容易讓人誤以為修
煉有所進展，丹要奏效。在色方面，服食金丹會增進慾望，有加強性能力的
效果，可以斷定在上古及中古時期中國丹藥的金屬和礦物成分中，部分可能
確曾有益於修道之士的身體和精神，以達到長生不老，特別在營養不良和寄
生蟲感染流行下。

〔註94〕《抱朴子・內篇・金丹》，卷4，頁76〜77。
〔註95〕李約瑟：《中國之科學與文明》（台北：商務印書館，1985年），頁226〜231。

　　道教煉丹術是以經驗事實為基礎來建構其自己的理論體系，丹砂（包括汞）和鉛本身化學變化的豐富性，加上由採礦、冶礦實踐中積累的關於丹砂和金、鉛、銀關係的經驗認識，使它們成為中國煉丹術主要關心的物質，可以說煉丹術的所有重要理論，幾乎都是圍繞它們展開的。道教煉丹術實踐的具體內容有方法、器具設備、藥物等，今天我們仍然難以完全明白，原因有二：一是丹書多用隱語記載不明，或文獻闕如。二是有些方法本身具有宗教神秘主義，詭譎怪誕而不可解。這對丹經的流傳和正確理解不利，像葛洪就認為劉向作金不成，是因此沒有得到明師口授秘訣而弄懂丹經丹方。在藥物方面，道教煉丹術帶給醫學的影響是雙重性質的，在追求長生不死強烈願望的推動下，人們在廣泛的範圍內進行煉餌實踐，它擴大了醫學的視野，發現了新的藥物以及藥物的新藥性等等，豐富了道教醫學的內容。煉丹術士積累關於物質變化的具體知識，是不容忽視的，中國煉丹術中有關礦物、冶金的內容十分豐富，值得專門總結。

第四節　《抱朴子‧內篇》的方術療法

　　道教醫療是屬於一種「文化性」的醫療，屬於社會內在價值認知體系的文化操作，這些操作的實踐工夫是深受傳統文化的制約與規範，也是人們世代生活經驗下物質與精神層面的總體綜合而成。道教醫療歸納來說是物質與精神並重，在人與天地鬼神採補體系（外患不入的宗教醫療）方面較偏重在精神層面。這種治療法是源自於傳統的宇宙觀念所發展出對付疾病的文化體系與操作實踐工夫，這些都離不開觀念化的文化體系，因此本節的治療法主要是透過人與天地鬼神採補體系方面來說明《抱朴子‧內篇》外患不入的宗教醫療內涵。分成：聲音法術、文字法術、肢體法術、法器法術、經圖法術來說明，宗教醫療的神聖面有其深層的文化意義，是以體驗的宗教感情，來滿足社會群體的生存需求。精神性的神聖醫療，屬於解厄、祈福的精神功利，發展出心理上超物質形態的精神功利。人們渴望有神聖力量的加入，來獲得肉體與心靈的安寧，以溝通陰陽，來參與宇宙天地的造化，獲得神聖力量的護持來消災與祈福。是以信仰的真實感情與體驗，來追求自我的價值實現，成就淨化心靈的終極目標。

　　所謂「人與天地鬼神的採補體系」，是說人的身體保健與疾病治療，必須要仰賴宇宙中天地鬼神的神聖力量來加以滋潤，屬於外患不入的宗教醫療，建立在天人合一的思想體系之中，認為人的生理與病理是對應著超自然的法則，與形而上的天地鬼神是可以相互聯繫的。道教醫療認為人與天地鬼神是同源與同理的存

有，故人可以經由天地鬼神的神聖力量來對治疾病，同樣地天地鬼神也可以經由對治、解除人的疾病來展現其神聖力量。道教醫療對天地鬼神的認知是人的物質生活與精神生活是合而為一的，「人道」是對應「天道」而來的生存秩序。所謂「天」是泛指天地鬼神等超越的存有，對其基本態度是「盡人事而聽天命」，在「盡人事」上包含了疾病的治療，要求人的行為要適應自然氣候的變化，「聽天命」是建立在「道中庸」與「致中和」的生命工夫上，認為疾病的產生是由於偏執一端，破壞了和諧的秩序，主張從兩端的衝突與矛盾中重建統一的調和關係，故人與天地鬼神不是對立的，而是互相依存與互相滲透的。〔註96〕

　　所以人的生命存有，是可以從天地鬼神處來獲得滋補的養分，疾病的治療可以建立在人與天地鬼神的交通感應上。「通天地」的術數醫療與「通鬼神」的宗教醫療是道教醫療的兩大文化內涵，強調人要與天地相通，也要能與鬼神交感，主要表現在術數醫療中的藥物養身的生理治療、金丹的靈性治療上以及各種能辟邪惡、度不祥的宗教醫療上。人的生命是有限的，可以經由體內的精、氣、神來交通天地鬼神，人們渴望獲得來自天地鬼神的信息來擴充自我生命的價值，經由精神上的無限超越來安頓有形的身軀。因為不是每個人都能具有通天地鬼神的能力，必須經由與某些神聖力量的交通來進行治療，其管道有透過占卜推知或是經由靈媒巫或道士的傳達。宗教醫療認為天人之間存在著各種交感的訊息，溝通這些訊息的方法，稱為方術。原本作為預測命運的技術，以便趨吉避凶，運用到治療疾病上，將命理和病理結合起來，滿足人們消災解厄的生存需求，運用方術來醫治各種生理與心理的病痛。學者張榮明認為：

> 方術這一類的宗教醫療，本質上是一種精神治療，是運行術數的變化規律，以掌握到宇宙與人事對應的法則，人們相信運用這些技術可以超越生死的限制，改造自己的命運與疾病。〔註97〕

也許人們執著術數的靈驗性，渴望獲得神聖交感下的生命安頓，這種渴望雖然不是科學的，但也不是迷信的，是運用傳統的術數文化所發展出來的宗教治療，追求人與宇宙的整體和諧均衡。巫術與祝由的方術療法，是將生命形式安頓在神明崇拜下的儀式操作之中，儀式的操作是信仰觀念下的經驗傳承，是集體意識的文化傳達，以神靈的超驗體證來解釋病因與治病的因果關

〔註96〕 林殷：《儒家文化與中醫學》（福建福州：福建科學技術出版社，1993 年），頁 33。

〔註97〕 張榮明：《方術與中國傳統文化》（上海：學林出版社，2000 年），頁 55。

係，以超自然的力量來輔助人體形式的運作原理，將人體形式在信仰中獲得精神性的解放，以達到個人機體和諧的生存目的。

葛洪認爲凡人生活在天地宇宙的生活空間中，會面臨到各種有形的疾病侵害，同時也會面臨到各種無形的鬼神侵害，所以修道者也必須要能熟悉與掌握這些能「辟邪惡」、「度不祥」的「延命術數」。從人的修道來說，「延命術數」有著增強補益的效果，可以幫助人有效地趨吉避凶，來擴充修道的作用與功能，使人可以避免各種有形與無形的災難，以「方術」的神聖力量來完成「終其天年」的生命目標。古代各種醫藥與方術的流行，是面對人間各種毒害所興起的對應技術，〔註98〕因此修道之人對這些「藥物養身」的「生理醫療」、「內疾不生」的「自我醫療」與「外患不入」的「宗教醫療」都要有相當程度的掌握。

就宗教信仰來說，苦難災禍是由於邪魔鬼怪的暗中作祟，以沖、犯、煞、附身等理由與現象來解釋災厄的原因，因而發展出因應的防衛系統來驅邪鎮煞，以神聖的力量來化凶爲吉，並且要擴充人體自身的元氣與能量，經由相關的儀式操作，讓人從厄運中解脫出來，教導信徒在惡劣的生存環境中取得最佳的對應地位。所以葛洪是重視「醫藥」也重視「方術」的，他在《抱朴子・內篇・道意》中說：

> 然思玄執一，含景環身，可以辟邪惡，度不祥，而不能延壽命，消體疾也。任自然無方術者，未必不有終其天年者也，然不可以值暴鬼之橫枉，大疫之流行，則無以卻之矣。夫儲甲胄，蓄蓑笠者，蓋以爲兵爲雨也。若幸無攻戰，時不霈陰，則有與無正同耳。若矢石霧合，飛鋒煙交，則知裸體者之困矣。洪雨河傾，素雪彌天，則覺露立者之劇矣。不可以薺麥之細碎，疑陰陽之大氣，以誤晚學之散人，謂方術之無益也。〔註99〕

精思玄一之道，含著天地的景氣可以保護身體、辟除邪惡，預測不祥的災難。尋常時人若是不用方術，也可以終享天年，但是碰到「值暴鬼之橫枉」與「大疫之流行」的特殊情況時，就無法抵擋了。他認爲方術可以協助或擴充人自身的醫療能力，使人可以勇於面對「暴鬼之橫枉」與「大疫之流行」的惡劣環境，此時若有方術在身，不會產生如「裸體者」與「露立者」的生存危機，能對治各種病患與災難的挑戰，以方術來強化天人之間的對應法則，人可以

〔註98〕李零：《中國方術續考》（北京：東方出版社，2000年），頁38。
〔註99〕《抱朴子・內篇・道意》，卷9，頁177。

在「天人相應」的過程中避禍求福。〔註100〕外患不入的宗教醫療包括：文字法術、肢體法術、法器法術、聲音法術、經圖法術，大概已將古來法術包羅殆盡，而後世道士的作法，實在也無法逾越其範圍，只是更爲繁複而有規模而已。這些人體外各種交感鬼神的法術，都是通神的媒介，屬於通靈之人、通靈之物或是通靈之術，在具體行爲的操作過程中，能將人們的願望與敬意傳達給神靈，並且以神靈的超自然力來護持人間，藉由感通鬼神來驅除病魔與救人性命。因爲人神是互通的，神的對治鬼，是超自然界和諧的象徵，人們企圖經由儀式來通神達靈，獲得來自超自然界的和諧保證。

一、聲音法術

所謂咒法，是指施用咒語以行法術的觀念。咒的起源極早，乃出於古時巫師祭神時的祝辭。祝、咒有關：祝爲古代掌祭之官，從「示」是標識崇拜的象徵，與巫、史同爲古代的祭司，其分布地區很廣，影響及於吳楚之地。最初的咒語，是要求神明懲罰惡人或向神明發誓時的祝辭。此外人們對自己無法制裁的惡勢力和暗中加害於人的鬼魅行爲進行詛咒，也是咒語的起因。後來咒語發展爲一種巫術，並經巫師和方士轉入道教。一般所說的咒，則是指咒文。道教的咒語，則深有漢風，一般所用咒語，當泛指具有咒術功能的祝辭，多以韻語的形式爲主。道士在作法時往往符咒並用，符爲內外神氣相合之感應，咒爲精誠所至之心聲。筆者將《抱朴子‧內篇》與「咒語」有關的內容整理成表6－26。

表6－26：與「咒語」有關的內容

序　號	內　　　　容	篇　目
1	鄭君云，但誦五兵名亦有驗。刀名大房，虛星主之；弓名曲張，氐星主之；矢名彷徨，熒惑星主之；劍名失傷，角星主之；弩名遠望，張星主之；戟名大將，參星主之也。臨戰時，常細祝之。	雜應
2	往山林中，當以左手取青龍上草，折半置逢星下，歷明堂入太陰中，禹步而行，三祝曰，諾皋大陰，將軍獨聞，曾孫王甲，勿開外人；使人見甲者，以爲束薪；不見甲者，以爲非人。則折所持之草置地上，左手取土以傅鼻人中，右手持草自蔽，左手著前，禹步而行，到六癸下，閉氣而住，人鬼不能見也。	登涉

〔註100〕張榮明：《方術與中國傳統文化》（上海：學林出版社，2000年），頁162。

序　號	內　　　　　容	篇　目
3	入山宜知六甲秘祝。祝曰，臨兵鬥者，皆陣列前行。凡九字，常當密祝之，無所不辟。要道不煩，此之謂也。	登涉
4	或問涉江渡海辟蛇龍之道。……又法，臨川先祝曰：卷蓬卷蓬，河伯導前辟蛟龍，萬災消滅天清明。	登涉
5	山林多虎狼之害也，何以辟之？……又法，以左手持刀閉炁，畫地作方，祝曰，恆山之陰，太山之陽，盜賊不起，虎狼不行，城郭不完，閉以金關，因以刀橫旬日中白虎上，亦無所畏也。	登涉

　　《抱朴子·內篇》有許多祝辭，其法術信仰實是借助超自然外力以行法術，如序號 1 的星辰之力，就是因為星辰信仰而產生的神聖力量。而祝辭則因語言聲音法術，借反覆祝誦一些具有靈威的事物，傳達其神秘的威力，所以它運用語言的巫術原理，實與符、印相通，只是形式有別而已。「臨戰時，常細祝之」，細祝為聲音施法，所謂誦五兵名，即假借五星靈力之故，上戰場時可以施用。序號 2 的咒需要配合禹步，為《遁甲中經》所記載的咒法。序號 2 是屬於手持隱身草、念咒語，以奇門遁甲隱形的法術。「諾皋」是太陰神名，需邁著禹步前行，口中唸咒語三次說：「諾皋，太陰神，太陰將軍！唯獨為曾孫王甲開山門，不為外人開；使人看見曾孫王甲的，以為是一束柴薪；看不見曾孫王甲的，以為他不是人。」序號 3 的「臨兵鬥者，皆陣列前行」這九個字的咒語，也載於《靈寶五符序》卷下，當是《古靈寶經》法，葛洪這九個字的咒語為其熟知的「禁咒音辭」，也是「世間共知」的法術，可知其流行的普遍，凡面臨戰鬥之人，都應該列陣前進，經常秘密念誦，無論什麼災禍就都能避開了。序號 4「卷蓬卷蓬，河伯導前辟蛟龍，萬災消滅天清明」的咒語可以涉江渡海辟蛇龍，面臨河川時可以先念此咒語。序號 5 的咒語可以辟虎狼，咒術中持刀閉炁或臨川而咒，重在喚靈威力以辟猛虎、龍蛇、虎狼、蛟龍等。從以上所述可知魏晉道教方術中咒語應用很廣，道士以為神咒有辟妖和禁邪的作用。學者胡孚琛認為：「葛洪的咒語，並無絲毫梵文譯音，皆中國道教之本色，這也是治道教史者所應注意的。」〔註101〕對於祝辭的運用，後來大量出現於上清經派的道經中，也保存於北周編的《無上秘要》，其中使用最多的是傳經授訣，用祝辭作為訓告之用。相較之下葛洪保存於書中的，較為素樸，純粹作為反覆誦念，借以感應天地之間的神秘力，近於漢晉初期的文字法術。

〔註101〕胡孚琛：《魏晉神仙道教》（北京：人民出版社，2089 年），頁 170。

二、文字法術

符者,道教秘術的一種。能防身卻害、守形防禁,符與劍同具有法術功能,是屬於文字巫術,與符性質相近者則有圖、章等。凡是符、印、節、策等,皆陽間官府的權威之物,依象徵律,自可傳達其靈威,影響於精怪。

(一)名字法術

葛洪在《抱朴子‧內篇》中保存了自然精怪的厭勝法,大多是依據漢代的緯書而立說,傳說夏禹鑄鼎,其中作用之一為辟邪,乃「夏鼎志」、「九鼎記」命名之所由。古圖或古代方書圖繪圖形及記載精怪,《山海經》及《山海圖》就是此類具有巫術、旅行等功能的奇書。巫師或登涉山川的旅行者能誦知此類圖籍,就可辟邪。此類方士秘笈至道教形成之後,成為道士登涉術。筆者將《抱朴子‧內篇》與「名字法術」有關的資料整理成表6-27。

表6-27:與「名字法術」有關的資料

序　號	內　　　　容	篇　目
1	昔黃帝生而能言,役使百靈,⋯⋯道養則資玄素二女,精推步則訪山稽力牧,講占候則詢風後,著體診則受雷岐,審攻戰則納五音之策,窮神奸則記白澤之辭,相地理則書青烏之說,救傷殘則綴金冶之術。	極言
2	其次則論百鬼錄,知天下鬼之名字,及白澤圖九鼎記,則眾鬼自卻。	登涉

序號1的「窮神奸則記白澤之辭」,是說窮究鬼神之事就記下了白澤神獸所說的種種。傳說黃帝巡授,東至海濱,得到白澤神獸,能言。因問天下鬼神之事,自古精氣為物,遊魂為變者,凡萬一千五百二十種,白澤言之,帝令以圖寫之。白澤圖為古讖緯書之一,其作為辟邪的圖籍,流行於六朝社會,是流傳南方的精怪圖籍。白澤圖的運用,乃是依據巫術思考方式中的「剋治原理」:呼名辟邪。從圖象中熟悉其形狀、特徵與名稱,一見之後立加辨識,呼喚其真名,識破其原形,就可以剋治之,是近於名字巫術。道教中人重視白澤圖、夏鼎記等精怪圖籍,除作為登涉辟邪之用,並且成為其法術之一,指導人們驅妖辟邪。

(二)符

中國最初的象形文字,本來就有藝術價值和某種神秘性,之後有《河圖》、《洛書》和《周易》八卦、《洪範》九疇的出現,更加強了古人的文字

崇拜，神仙方士流傳的符圖和印章，便源於這種古老的文字崇拜。清代余正燮《癸巳存稿》云：「符：漢時有印文書名，道家襲之。」可知符於漢代在社會上流行起來，被道士襲用爲方術。其文或爲《河圖》《洛書》的符號，或如《太平經》中的複文，或如漢時印章的篆字，還有模仿雲氣繚繞形狀的雲篆天書，所組成一種文字和圖畫的神秘構形。〔註102〕早期道教將符圖吸取進來，成爲道教法術的組成部分，又造出代表道教神仙權威的印章，在道士作法時一併應用。符圖和印章的功能有二：一在消災祈福，二在厭劾鬼神妖怪諸物。

　　道教中的畫符理論，我們可以從《道法會元》的說法來明瞭。《道法會元》卷一云：「符者，陰陽契合也。唯天下至誠者能用之，誠苟不至，自然不靈矣。故曰：以我之精合天地萬物之精，以我之神合天地萬物之神。精精相附，神神相依，所以假尺寸之紙，號召鬼神，鬼神不得不對。」《道法會元》卷四「書符筆法」云：「符者，合也，信也。以我之神合彼之神，以我之氣合彼之氣，神氣無形而形於符。此作而彼應，此感而彼靈。」筆者將《抱朴子‧內篇》與「符術」有關的資料整理成表6-28。

表6-28：與「符術」有關的資料

序　號	內　　　　　容	篇　目
1	今道引行氣，還精補腦，食飲有度，興居有節，將服藥物，思神守一，柱天禁戒，帶佩符印，傷生之徒，一切遠之，如此則通，可以免此六害。	至理
2	要於防身卻害，當修守形之防禁，佩天文之符劍耳。祭禱之事無益也，當恃我之不可侵也，無恃鬼神之不侵我也。	道意
3	及佩老子入山靈寶五符，亦不能得見此輩也。凡見諸芝，且先以開山卻害符置其上，則不得復隱蔽化去矣。	仙藥
4	出三奇吉門到山，須六陰之日，明堂之時，帶靈寶符，牽白犬，抱白雞，以白鹽一斗，及開山符檄，著大石上，執吳唐草一把以入山，山神喜，必得芝也。	仙藥
5	或不曉帶神符，行禁戒，……若卒有惡鬼強邪，山精水毒害之，則便死也。或不得入山之法，令山神爲之作禍，則妖鬼試之，猛獸傷之，溪毒擊之，蛇蝮螫之，致多死事，非一條也。	極言

〔註102〕胡孚琛：《魏晉神仙道教》（北京：人民出版社，2089年），頁167。

序　號	內　　　　容	篇　目
6	老子篇中記及龜文經,皆言兵之後,金木之年,必有大疫,萬人餘一,敢問辟之道。」抱朴子曰:「仙人入瘟疫秘禁法,思其身為五玉。……或用射鬼丸、赤車使者丸、冠軍丸、徐長卿散、玉函精粉、青年道士熏身丸、崔文黃散、草玉酒、黃庭丸、皇符、老子領中符、赤鬚子桃花符,皆有良效者也。」	雜應
7	上士入山,……其次即立七十二精鎮符,以制百邪之章,及朱官印包元十二印,封所住之四方,亦百邪不敢近之也。其次執八威之節,佩老子玉策,則山神可使,豈敢為害乎?	登涉
8	或問涉江渡海辟蛇龍之道。抱朴子曰:「道士不得已而當游涉大川者,皆先當於水次,破雞子一枚,以少許粉雜香末,合攪器水中,以自洗濯,則不畏風波蛟龍也。又佩東海小童符、及制水符、蓬萊札,皆卻水中之百害也。又有六甲三金符、五木禁。	登涉
9	抱朴子曰:「有老君黃庭中胎四十九真秘符,入山林,以甲寅日丹書白素,夜置案中,向北斗祭之,以酒脯各少少,自說姓名,再拜受取,內衣領中,辟山川百鬼萬精虎狼蟲毒也。何必道士,亂世避難入山林,亦宜知此法也。	登涉
10	抱朴子曰:「上五符,皆老君入山符也。以丹書桃闆上,大書其文字,令彌滿闆上,以著門戶上,及四方四隅,及所道側要處,去所住處,五十步內,辟山精鬼魅。戶內梁柱,皆可施安。凡人居山林及暫入山,皆可用,即眾物不敢害也。三符以相連著一闆上。意謂爾非葛氏。	登涉
11	若但服草木及小小餌八石,適可令疾除命益耳,不足以禳外來之禍也。或為鬼所冒犯,或為大山神之所輕凌,或為精魅所侵犯,唯有守真一,可以一切不畏此輩也。次則有帶神符。若了不知此二事以求長生,危矣哉。	地真
12	鄭君言符出於老君,皆天文也。老君能通於神明,符皆神明所授。	遐覽

　　序號 1 的「柱天禁戒,帶佩符印」,是指以交感鬼神的力量來消災解厄。序號 7 的「七十二精鎮符」指的是鎮伏各路精靈的符籙。序號 11「或為鬼所冒犯,或為大山神之所輕凌,或為精魅所侵犯」,此時若是有帶「神符」,就可以「不畏此輩」了。序號 11 說明如果只是服食草木藥物及小餌八石之類,只可以消除疾病、增益壽命而已,不足以禳除外來的災禍。有時會被鬼怪所冒犯、大山的神靈所欺凌、妖精山怪所侵犯,只要持守真一,就可以不畏懼這些山神鬼怪,其次就是佩帶神仙符籙。道士常帶的符有:天水符、及上皇竹使符、老子左契。序號 12 在說明符書的源流,「鄭君言符出於老君」依託於老君,是天師道尊崇

老君的說法。這些符的形式，多由「日」字形或星象形所組成。葛洪在〈登涉〉篇保存的十八種符，也是帶有日、月以及星辰圖像者，可確知爲一脈相承的畫法。類此日、月以及星辰圖形，承如鄭君所言，「皆天文也」。原始宗教信仰中，崇拜日、月及星辰，具有神秘的威力，因而書寫其文字，自會傳達其神秘的靈威之力，正可剋治超自然的精怪，這種辟邪、鎮魔的作用，完全基於巫術性的思考原則。序號 9 的「丹書白素」序號 10 的「以丹書桃闓上」，可知除了作爲符的主體，是具有神秘的天文，連用以書寫的顏色及物件也需要講究。丹書書符是緯書傳統，硃砂書字，丹紅的朱砂本身就具有巫術性，這是紅色在巫術中所特有的血液之色的聯想，血紅的鮮明色彩也易於具巫術性。葛洪強調以丹書桃板或丹書白絹上，桃木本身就具有辟邪的作用，桃木的辟邪性再加上符之後，才更有辟邪的功效。葛洪所強調的桃符，是組合丹色、天文、桃木而凝聚其靈威之力，自可依巫術性思考原則，類推其不可思議的奇效。從東漢的巫術衍變爲晉世的法術，這是具體之例。葛洪所搜羅的符就已「五百餘卷」，且多大符，小符不可具記，道教的符法，成爲道士的專長。

（三）印

印、章的法術與符術相類，因人間官府組織的觀念施用於精怪世界。葛洪在〈登涉〉篇說：或問：「爲道者多在山林，山林多虎狼之害也，何以辟之？」葛洪以印術應之。印章的靈威力可以辟虎狼、去物魅。筆者將《抱朴子‧內篇》與「印術」有關的資料整理成表 6－29。

表 6－29：與「印術」有關的資料

序　號	內　　　　　容	篇　目
1	今道引行氣，還精補腦，食飲有度，興居有節，將服藥物，思神守一，柱天禁戒，帶佩符印，傷生之徒，一切遠之，如此則通，可以免此六害。	至理
2	其次即立七十二精鎮符，以制百邪之章，及朱官印包元十二印，封所住之四方，亦百邪不敢近之也。	登涉
3	此符是老君所戴，百鬼及蛇蝮虎狼神印也。以棗心木方二寸刻之，再拜而帶之，甚有神效。仙人陳安世符矣。	登涉
4	爲道者多在山林，山林多虎狼之害也，何以辟之？」抱朴子曰：「古之人入山者，皆佩黃神越章之印，其廣四寸，其字一百二十，以封泥著所住之四方各百步，則虎狼不敢近其內也。行見新虎跡，以印順印之，虎即去；以印逆印之，虎即還；	登涉

序　　號	內　　　　　　　　容	篇　目
	帶此印以行山林，亦不畏虎狼也。不但祇辟虎狼，若有山川社廟血食惡神能作福禍者，以印封泥，斷其道路，則不復能神矣。昔石頭水有大黿，常在一深潭中，人因名此潭爲黿潭。此物能作鬼魅，行病於人。吳有道士戴昺者，偶視之，以越章封泥作數百封，乘舟以此封泥遍擲潭中，良久，有大黿徑長丈餘，浮出不敢動，乃格煞之，而病者並愈也。又有小黿出，羅列死於渚上甚多。	

　　序號 4 的「黃神越章之印」，其功能像靈符，依據象徵律可以產生超自然的力量，以役用超自然物，仙傳頗記其事。「黃神越章之印」的具有威靈力，是漢人的巫俗觀念，在傳世的漢代文物中，有黃神印；上有天帝師、黃神之印、黃神越章、黃神使者印章、黃神越章天帝神之印、天帝使者、天帝殺鬼之印等字樣。又有鎮墓文，上有天帝使者告丘丞墓伯、天帝使者黃神越章、天帝神師黃越章、天帝神師使者。此爲東漢時劾鬼文的實物材料，從上述所說可以推知漢人的宇宙觀，天帝可派遣使者指令地下冥吏作事，或驅逐精鬼等不祥之物，使者就是「黃神」。黃神是五嶽的神靈，或即天帝之孫的泰山神，所以黃神越章之印，是驅鬼鎮邪的神靈之物。印章具有法力，來自人間官府聲勢喧赫的官威，象徵地運用於地下的幽冥世界，也運用於地下的精怪世界。它原先是方士及巫師作法所用的法物，道教興起之後，繼續保存下來作爲法物。葛洪所錄的就是前代道士的遺法，早期道派如天師道所用「天師」二字，就是「天帝神師」的簡稱，而且已經襲用黃神越章作爲劾鬼之用，故可以持之登涉山林，驅獸去魔。

三、肢體法術

　　禹步是道士作法時的一種特殊步伐，傳說大禹治水時有所關聯，《道藏‧洞神八帝元變經》禹步致靈章說「夏禹所爲術，召役神靈之行步，以爲萬術之根源，玄機之要旨。」禹步的靈感，來自觀「南海之濱，見鳥禁咒，能令大石翻動。此鳥禁時，常作是步。禹遂模寫其行，令之入術。自茲以還，術無不驗。因禹制作，故曰禹步。」禹步之初實際上不過是古代巫覡的舞蹈步伐而已，道士加以吸收運用；後來成爲步綱蹋紀之法，可依八卦方位或北斗七星等而行，運用於步虛、齋醮之中。筆者將《抱朴子‧內篇》與「禹步」有關的資料整理成表 6－30。

表 6-30：與「禹步」有關的資料

序　號	內　　　　　　　容	篇　目
1	凡見諸芝，且先以開山卻害符置其上，則不得復隱蔽化去矣。徐徐擇王相之日，設醮祭以酒脯，祈而取之，皆從日下禹步閉氣而往也。	仙藥
2	菌芝，……皆當禹步往採取之，禹步法：前舉左，右過左，左就右。次舉右，左過右，右就左。次舉右，右過左，左就右。如此三步，當滿二丈一尺，後有九跡。	仙藥
3	仙人入瘟疫秘禁法，……或禹步呼直日玉女，或閉氣思力士，操千斤金鎚，百二十人以自衛。	雜應
4	又禹步法：正立，右足在前，左足在後，次復前右足，以左足從右足並，是一步也。次復前右足，次前左足，以右足從左足並，是二步也。次復前右足，以左足從右足並，是三步也。如此，禹步之道畢矣。凡作天下百術，皆宜知禹步，不獨此事也。	登涉
5	介先生法，到山中住，思作五色蛇各一頭，乃閉炁以青竹及小木閶屈刺之，左徊禹步，思作吳蚣數千閶，以衣其身，乃去，終亦不逢蛇也。	登涉

　　道士在道法施行中，步罡是基本的肢體動作。稱為踏罡步斗，又稱為步罡躡紀。罡指魁罡，斗指北斗。道士假十尺大小的土地，鋪設罡單，作為九重之天，腳穿雲鞋，隨著道曲，存思九天，按斗宿之象、九宮八卦之圖步之，以為即可以神飛九天，送達奏章；禁制鬼神，破地召雷。因此道士行法修煉，步罡斗，是一種基本功，也是基本的肢體動作。這種踏罡步斗之術來自兩方面，一是中國人對於北斗崇拜的表現，二是起於南方巫術中的禹步。序號 2 與序號 4 有明確說出禹步的走法，只是二者的內容不太一樣，序號 2 的「如此三步，當滿二丈一尺，後有九跡」，這九跡與步斗有何關係呢？有學者認為：

　　　　從葛洪記載來看，禹步九跡是排在一條直線上，並無斗折之形。但是
　　　　後來它與步斗匯合為一，匯合之後，復在禹模仿鳥跡的基礎上，添上
　　　　鳥跡為北斗的內容，將禹步致靈的觀念與北斗崇拜融合為一。〔註103〕

反映出當時道書對禹步記錄各異，多為先舉左足，三步九迹，迹成離坎卦。踏罡步斗的步伐，比較基本的為斗罡，後來發展出許多形式和內容不一的罡法，例如三步九跡法、步十二跡禹步法、三五跡禹步法、十五跡禹步法，天

<hr />

〔註103〕劉仲宇：《道教的內秘世界》（台北：文津出版社，1997 年），頁 95。

地交泰禹步法、交乾禹步法、未濟禹步法等。

四、法器法術

鏡與劍作爲法器，實有遠古的歷史傳統，先秦兩漢古墓以鏡作爲副葬之物，六朝風尚亦沿習。鏡與劍爲道教法器中最具威力的器物，其所以能發揮超自然的能力，剋治精怪的變化，是基於巫術原理中「同類相治」的法則，因此將鏡、劍等人間常用的器物法術化、神秘化，可依據象徵的律則，類推其威力，借以厭伏違反常態的怪異之氣。鏡與劍在前道教時期本就具有特異的作用，道教中人將其吸取作爲法器，可以說是精緻化巫師所用器物的例證之一，爲道教法術與巫祝巫術合流的具體表現。

（一）鏡

明鏡在神仙道教的方術中，頗具有神秘性，道士煉丹和作法都離不開它。可以由鏡飾上的星象、四獸等靈異事物，自具有靈異的力量，傳達於鏡的本身，再類推其光明鑑物的實用功能，自可以產生明鑑精怪的原形的靈威力。這裏主要在說明道士以明鏡辟妖怪之術。筆者將《抱朴子‧內篇》與「鏡」有關的資料整理成表6-31。

表6-31：與「鏡」有關的資料

序號	內　　　　　容	篇目
1	夜臥，忽見屋間有光大如鏡者，以問左右，皆云不見，久而漸大，一室盡明如晝日。又夜見面上有採女二人，長二三寸，面體皆具，但爲小耳，游戲其口鼻之間，如是且一年，此女漸長大，出在其側。	仙藥
2	或用明鏡九寸以上自照，有所思存，七日七夕則見神仙，或男或女，或老或少，一示之後，心中自知千里之外，方來之事也。明鏡或用一，或用二，謂之日月鏡。或用四，謂之四規鏡。四規者，照之時，前後左右各施一也。用四規所見來神甚多。或縱目，或乘龍駕虎，冠服彩色，不與世同，皆有經圖。欲修其道，當先暗誦所當致見諸神姓名位號，識其衣冠。不爾，則卒至而忘其神，或能驚懼，則害人也。	雜應
3	萬物之老者，其精悉能假託人形，以眩惑人目而常試人，唯不能於鏡中易其眞形耳。是以古之入山道士，皆以明鏡徑九寸已上，懸於背後，則老魅不敢近人。或有來試人者，則當顧視鏡中，其是仙人及山中好神者，顧鏡中故如人形。若是鳥獸邪魅，則其形貌皆見鏡中矣。又老魅若來，其去必卻行，	登涉

	行可轉鏡對之，其後而視之，若是老魅者，必無踵也，其有踵者，則山神也。	
4	四規經、明鏡經、日月臨鏡經	遐覽

序號 2 說明可用直徑九寸以上的明鏡照著自己，若是心有所冥想，經過七天七夜就會看見神仙來，並且一旦得到神仙指示後，心中自會知曉千里之外及未來的事。明鏡或用一面，或用兩面，稱為日月鏡，或用四面，稱為四規鏡。所謂四規，就是在照鏡時前後左右各放一面四規鏡，可以看到前來的神仙很多，有眼睛直豎著的，有乘龍駕虎，冠帽衣服都是溢光流彩的，以上都繡有仙經上的圖案。序號 3 說明古代道士入山，都會將直徑九寸以上的明鏡懸掛在背後，如此一來，精怪老魅就不敢靠近人了。若是有東西來試探人，就應當回頭察看鏡中，若來的是仙人鏡中會依然如同人的形狀；若是鳥獸邪魅的精怪，那麼它們真正形貌就會完全呈現在鏡子裏面。這來自中國古人對長壽得神秘感，產生出人老成仙，獸老成妖，物老成精的思想，因此鳥獸等動植物年齡超過一定限度，便會假變人形成精作怪的傳說，這些物老成精的傳說和佩鏡辟妖的法術，便形成後世神魔小說中照妖鏡的原型。魏晉時期的神仙道教對當時乃至後世的文學影響很大，道教中一些有關神仙的故事，本身就是神話傳說。例如《抱朴子‧內篇‧登涉》說：

> 昔張蓋蹋及偶高成二人，並精思於蜀雲臺山石室中，忽有一人著黃練單衣葛巾，往到其前曰，勞乎道士，乃辛苦幽隱！於是二人顧視鏡中，乃是鹿也。因問之曰：汝是山中老鹿，何敢詐為人形。言未絕，而來人即成鹿而走去。林廬山下有一亭，其中有鬼，每有宿者，或死或病，常夜有數十人，衣色或黃或白或黑，或男或女。後郅伯夷者過之宿，明燈燭而坐誦經，夜半有十餘人來，與伯夷對坐，自共樗蒲博戲，伯夷密以鏡照之，乃是群犬也。伯夷乃執燭起，佯誤以燭燼爇其衣，乃作燋毛氣。伯夷懷小刀，因捉一人而刺之，初作人叫，死而成犬，餘犬悉走，於是遂絕，乃鏡之力也。〔註104〕

古鏡的靈威力，道教以象徵律解說。道士入山修煉，登涉山林，需要以靈感之物自隨，古鏡即為其中要物。因為鏡為照明之物，形真影真，應而不藏；若為精怪幻象，則不能隱其真形，必為鏡的威力所懾。葛洪的寶鏡辟除精怪，乃依巫術性思考原則類推得此厭勝法則。這就是一段情節優美的神話，凡是

〔註104〕《抱朴子‧內篇‧登涉》，卷17，頁300。

成熟的宗教都包括一套神話體系，道教神話對提高道教的藝術素質和加強宣教的效果，有著重要的作用。六朝寶鏡傳說，道教理論整頓爲「明鏡之道」，其一即外照精怪的法術性，其二爲內思守一、分形變化的「內視鏡道」，此處所說的爲「外照鏡道」。

（二）劍

劍所具有的靈威象徵較鏡爲早，是古墓中習見的陪葬之物。銅劍爲帝王服御之物，象徵權勢，故爲副葬明器之類；惟寶劍特具巫術性，爲權貴階級的葬儀中，厭勝邪魔的巫術信仰的一種表現。寶劍傳說，早期與冶煉巫術有密切的關係。寶劍的飾物，多飾以靈威之物，以增益其巫術功能，及其作爲殺人的凶物，帝王服御的威權象徵，類推其以凶物治凶物的道理。劍飾上的北斗七星，來自古代的星辰信仰，具有靈威，緯書即盛傳其神秘的力量，因而類推劍的辟邪功能，其後文士結合道家思想、占星術、讖緯說，成爲寶劍哲學。筆者將《抱朴子・內篇》與「劍」有關的資料整理成表 6－32。

表 6－32：與「劍」有關的資料

序 號	內　　　　容	篇　目
1	或問涉江渡海辟蛇龍之道。抱朴子曰：「道士不得已而當游涉大川者，皆先當於水次，破雞子一枚，以少許粉雜香末，合攪器水中，以自洗濯，則不畏風波蛟龍也。又佩東海小童符、及制水符、蓬萊札，皆卻水中之百害也。又有六甲三金符、五木禁。又法，臨川先祝曰：卷蓬卷蓬，河伯導前辟蛟龍，萬災消滅天清明。又金簡記云，以五月丙午日日中，搗五石，下其銅。五石者，雄黃、丹砂、雌黃、礬石、曾青也。皆粉之，以金華池浴之，內六一神爐中鼓下之，以桂木燒爲之，銅成以剛炭煉之，令童男童女進火，取牡銅以爲雄劍，取牝銅以爲雌劍，各長五寸五分，取土之數，以厭水精也。帶之以水行，則蛟龍巨魚水神不敢近人也。欲知銅之牝牡，當令童男童女俱以水灌銅，灌銅當以在火中向赤時也，則銅自分爲兩段，有凸起者牡銅也，有凹陷者牝銅也，各刻名識之。欲入水，以雄者帶左，以雌者帶右。但乘船不身涉水者，其陽日帶雄，陰日帶雌。又天文大字，有北帝書，寫帛而帶之，亦辟風波蛟龍水蟲也。	登涉
2	凡爲道士求長生，志在藥中耳，符劍可以卻鬼辟邪而已。	遐覽

序號 1 說明了「鑄劍之說」的過程以及寶劍「帶之以水行，則蛟龍巨魚水神不敢近人也」的特殊功能。《金簡記》應爲古傳的冶煉集團的秘籍，表現神秘的巫術儀式。中古乃至上古時期，劍的冶煉技術需與巫術配合，肇因於

技術非人力所能控制時，始需借助治煉巫術。當時南方吳越集團困於「金鐵之類不銷」，因此採取「建設性巫術」——即夫妻入冶或斷髮剪爪的犧牲，與童男女的裝炭，乃以巫術性行為獲致成功鑄劍的效果。因此所鑄之劍能分其陰陽者，在序號 1 中具體說明分辨牡、牝銅之法，至於鑄劍的擇日、佩法，均以戰國之後流行的陰陽、五行為據。葛洪雜輯方術圖籍，說明寶劍的靈威力，渡江涉海，因劍本身具有蛟龍變化的特性，因此「利用凶物可以辟除邪怪」的同類相治巫術，可「辟風波蛟龍水蟲也」。這就是葛洪所宣稱的「防身卻害，當修守形之防禁，配天文之符劍」。道教神化劍、鏡之後，成為必備的法器，葛洪強調的符劍，可以防身卻害，其後成為道士常有的形象。

五、氣功法術

在中國文化的包容下，巫術醫療、道教醫療相互融攝，以其神聖的精神感通，來滿足人們治病養生的生存目的，發展出氣功的「治病養生」法術。也就是人除了「醫藥保健」與「靈感治病」外，人自身可以經由體能的開發，讓人進入到氣功狀態，以精、氣、神為核心，達到天人合一的精神境界，這是宗教的神聖目的。學者認為：

> 一般民眾則追求神人合一下的治病功能，發展出民間共有的健身療
> 疾的醫療體系，成為現實生活中健身延命、卻病療疾、濟世救人等
> 主要方法。〔註105〕

這樣的宗教醫療是帶有濃厚的神聖目的，追求超越解脫的生命境界，同時重視人主體的生命價值。當它擺脫宗教的交感作用，則成為世俗作用的醫學與養生學。肉體的治病養生與精神的悟道解脫，將人體的延年益壽與宇宙的同體永生聯結在一起，認為氣功修煉下可以獲得生理與心理的防病療疾功能。

「氣功」是道教最精華的部分，它使人身之氣與宇宙之氣相結合，藉由「呼吸」的鍛鍊，使個人機體能進入到宇宙氣流的波動中，由此獲得生生不息的能量。服宇宙之氣來滋潤個人機體，這樣的氣功修煉是道教醫療的精彩之處。這種鍛鍊呼吸、服氣、透過氣來變化自己身體、生命的形態，既可以保持修煉者自身五臟六腑的穩定，進一步還可以用「氣功」來幫人治病，這是道教留傳下來寶貴的宗教醫療遺產。

〔註105〕卿希泰、詹石窗主編：：《道教文化新典》（台北：中華道統出版社，1996 年），頁 513。

（一）特殊地位的氣與炁

中國古宇宙哲學認為萬物乃是道、氣的變化，漢代的子書也多闡釋氣的生成原理，神仙道教即基於宇宙氣化論的哲學，形成其「養氣論」與「禁氣術」。《抱朴子‧內篇‧至理》中說：「夫人在氣中，氣在人中，自天地至於萬物，無不須氣以生者也。善行氣者，內以養身，外以卻惡，然百姓日用而不知焉。」〔註106〕依據巫術定律：同類相生，故可因氣補氣，因血益血；同類相治，故可以因氣禁氣，因物治物，禁氣之術最早來自巫祝者流，根據此神秘思維方式所產生的超自然力。

道家保真全生、治病療疾，所賴者，神氣而已。所以道教醫家修持，首在煉氣與養氣。因為煉氣有成，養氣有方，不但能讓自己全真延年，還可以幫助他人治病療疾，所以煉氣與養氣可以說是道教醫家中的基礎工夫。所謂「上藥三口，神與氣、精」，而三者之中，以氣為最關鍵、核心。因為天地的生化之機在於「氣」，而人體的生命之機，也在於「氣」。精為氣母、神為氣子，故氣乃是修攝煉化的樞紐。細究道教的各種延命術數，例如吐納、存思、守一、內視、胎息、服氣、採氣、以至於道教最上乘的功法內丹等，都與氣機密切相關，實質內容均為煉氣、養氣，只是方法有所差別而已。所以煉氣與養氣，首先應該要知道氣有先天之氣與後天之氣。

道家與中國傳統醫學，關於氣的許多理論中，對「氣」字的運用有多種意義，大致上分成，先天之氣與後天之氣。所謂先天之氣，指元始之氣，又稱為「真氣」、「元氣」或「祖氣」，指的是萬物本始之氣，道書多寫為「炁」。所謂後天之氣，指呼吸之氣，為元氣在人體中物化之氣，包括口鼻呼吸之氣，人體營氣、衛氣以及五臟之氣等。道家認為，先天真氣於人受胎之時，與後天之氣融合以成生命，故先天之氣與後天之氣，都存在於一身之中。而且先天之氣與後天之氣，聯繫緊密，故道家煉氣，必須先從後天之氣著手，自有形而達於無形。

先天之氣與後天之氣相互作用，構成了人體性命的基礎。這一先天之氣與後天之氣的理論，是道家修煉學說的主要根據，同時也是中國傳統醫學生理、病理及治療學說的主要根據。先天之氣，亦寫作「炁」，以示與後天之氣相區別。《雲笈七籤‧元氣論》云：

> 元氣無號，化生有名。元氣同包，化生異類。同包無象，乃一氣而稱元。異居有形，立萬名而認表，……一含五氣，是為同包；一化

〔註106〕《抱朴子‧內篇‧至理》，卷5，頁114。

萬物，是謂異類也。……夫一含五氣，軟氣爲水，溫氣爲火，柔氣
爲木，剛氣爲金，風氣爲土。〔註107〕

這裡詳細說明了先天之氣如何化生成萬物，以及萬物蘊含多種後天之氣的道
理。在《道樞‧元氣篇》也云：

夫人稟天地元氣而生者也，一呼一吸，內外之氣應矣。氣有六，曰
心曰肺曰肝曰脾曰腎曰三焦，爲之主焉。〔註108〕

呼吸之氣以及五臟諸氣，即爲先天元氣變化而來的後天之氣，所以道教修煉，
主要在修「先天眞一之氣」。道家煉氣，常用的功法有胎息法，此法在早期道
教時即開始流行。所謂「胎息」，指的是胎兒於母親子宮中以臍帶隨母親呼吸，
而不用口鼻。

道門所使用「炁」字，是指經由修煉之後，引發出的一種內在的氣能。葛
洪在《抱朴子‧內篇》嚴格遵守這種不同的用法，凡是描述大自然的氣都用「氣」
字，一旦指修煉所成的氣，則一定寫成「炁」，毫無例外，由此觀之當時道士已
體驗出人身上所發出的特殊的能量，因此特意突出。此「炁」是當時的煉氣士
特別創造一「炁」字，表明先天之氣發動之後的狀態，以便與一般之「氣」有
所區別。筆者將《抱朴子‧內篇》有關以炁治病的內容整理成表6－33。

表6－33：「以炁治病的內容」

序　號	內　　　　容	篇　目
1	故行炁或可以治百病，或可以入瘟疫，或可以禁蛇虎，或可以止瘡血，或可以居水中，或可以行水上，或可以辟飢渴，或可以延年命。其大要者，胎息而已。	釋滯
2	又中惡急疾，但吞三九之炁，亦登時差也。	釋滯

序號1中我們知道行炁可以治療百病、或讓人進入瘟疫的病區不受感染、
或可以禁止毒蛇老虎的侵害、或可以療瘡止血、或可以免除饑渴、延長年命。
行氣最重要的就是胎息的道理。序號2說明如有人身患惡症，只要吞下多至
後第二十七天中的寒氣，就會立刻病癒。道醫運用內煉元氣之神奇功能與人
治病，稱爲「佈氣」，即今人所謂「外氣治病」。「佈氣」在早期道教中就已出

〔註107〕（宋）張君房輯、蔣力生等校注：《雲笈七籤》（北京：華夏出版社，1996年），
頁472。

〔註108〕《正統道藏》41冊（台北：藝文印書館，1977年），頁33154。

現，《抱朴子‧內篇‧雜應》說：

> 吳有道士石春，每行氣爲人治病，輒不食，以須病者之愈，或百日，
> 或一月乃食。吳景帝聞之曰，此但不久，必當飢死也。乃召取鎖閉，
> 令人備守之。春但求三二升水，如此一年餘，春顏色更鮮悅，氣力
> 如故。……今時亦有得春之法者。〔註109〕

由此看來在三世紀的道家煉氣可以達到辟穀不食，也可以佈氣治病。道醫佈
氣治病能有神奇療效，全賴體內元氣的作用，所以佈氣療疾的先決條件爲施
氣者必須達到內氣修煉較高的程度。氣功療法是一種呼吸運動與精神鍛鍊，
主要在於呼吸的吐納行氣上，進行內氣外息的交流與轉換，強調的是內外、
動靜與身心的整體和諧，並且配合陰陽五行學說，使體內精氣神充固盈盈，
以排除各種疾病。氣功療法是建立在精氣神的生命修煉上，是一種強調內因
的整體療法與自我療法，經由鬆弛身體、寧靜思想與調節氣息等，改善人整
個身體功能，達到自我鍛鍊的醫療方式。〔註110〕

（二）氣禁之術

　　魏晉時期道士不僅流傳著行氣的奇異效應，還流傳著一種把行氣和道教
法術中的禁咒結合起來的氣禁之術。氣禁之術是道門中極爲特殊的功法，漢
晉之際就已經出現，是道士在行氣即氣功修煉的基礎上發展起來的一種方
術。葛洪在《抱朴子‧內篇》所保存的是較爲完整的一部分，值得特別注意。
例如依道教靜坐調息之法，由放鬆、入靜、精神集中等程序，進入靜坐忘我
的狀態，這是道家承自巫師秘傳的精神修養之法，且將之提昇至一種哲學層
次。道教有關氣禁之術的理論，《莊子》和《後漢書‧方術傳》俱有記載，是
一種古老的氣功巫術，被方仙道傳承下來。其大部分的方法應該屬於古巫以
及戰國以下方士之流的秘傳，像是導引、行氣等修煉方法，盛行於兩漢社會，
而不只有方士行之而已。但是後來傳至道士手中，被精純化爲一套養氣、煉
氣的經驗科學，披上了宗教、法術的外衣，成爲道教中人的特殊養生之法，
其實只是一套完整而自成體系的氣功修煉，在印度瑜珈術之外獨立發展而
成。〔註111〕

〔註109〕《抱朴子‧內篇‧雜應》，卷15，頁269。
〔註110〕張和：《中國氣功學》（台北：五洲出版社，1984年），頁9。
〔註111〕李豐楙：《不死的探求——抱朴子》，頁447。

關於道教煉氣的功夫，葛洪《抱朴子‧內篇》可以說是早期道教經典中煉氣的集大成，在〈釋滯〉、〈雜應〉、〈至理〉以及〈登涉〉等篇一再說明行炁的方法。胎息、龜息以及導引、行炁，就是煉氣士所說的修煉方法，當時在道士間流傳著行炁有許多奇異效應的說法，而其理想就是希望通過氣的修煉來突破時間、空間的大限，使人的精神可以臻於絕對自由、逍遙的神仙境界。其表現出來的煉氣方法，方式不同，有禁術、噓法等，這二者常可以同時修煉，因爲同屬基於行炁的內修法門。筆者將《抱朴子‧內篇》與「禁法」有關的資料整理成表 6－34。

表 6－34：與「禁法」有關的資料

序　號	內　　　　　　　容	篇　目
1	仙人入瘟疫秘禁法，思其身爲五玉。五玉者，隨四時之色，春色青，夏赤，四季月黃，秋白，冬黑。又思冠金巾，思心如炎火，大如斗，則無所畏也。又一法，思其發散以被身，一發端，輒有一大星綴之。又思作七星北斗，以魁覆其頭，以罡指前。又思五臟之氣，從兩目出，週身如云霧，肝青氣，肺白氣，脾黃氣，腎黑氣，心赤氣，五色紛錯，則可與疫病者同床也。	雜應
2	未入山，當預止於家，先學作禁法，思日月及朱雀玄武青龍白虎，以衛其身，乃行到山林草木中，左取三口炁閉之，以吹山草中，意思令此炁赤色如云霧，彌滿數十里中。若有從人，無多少皆令羅列，以炁吹之，雖踐蛇，蛇不敢動，亦略不逢見蛇也。若或見蛇，因向日左取三炁閉之，以舌柱天，以手捻都關，又閉天門，塞地戶，因以物抑蛇頭而手縈之，畫地作獄以盛之，亦可捉弄也。雖繞頭頸，不敢咬人也。自不解禁，吐炁以吹之，亦終不得復出獄去也。	登涉
3	山中卒逢虎，便作三五禁，虎亦即卻去。三五禁法，當須口傳，筆不能委曲矣。一法，直思吾身爲朱鳥，令長三丈，而立來虎頭上，因即閉氣，虎即去。若暮宿山中者，密取頭上釵，閉炁以刺白虎上，則亦無所畏。又法，以左手持刀閉炁，畫地作方，祝曰，恆山之陰，太山之陽，盜賊不起，虎狼不行，城郭不完，閉以金關，因以刀橫旬日中白虎上，亦無所畏也。或用大禁，吞三百六十氣，左取右以叱虎，虎亦不敢起。以此法入山，亦不畏虎。	登涉

從序號 1 的「仙人入瘟疫秘禁法」，思其身爲五玉，即五星方位配合五色、五臟，此乃漢代所流行的陰陽五行的通說，類似食氣存星之法。由此說明可

知道士用咒語禁法時，往往要和存思、行氣等法術配合著進行，也就是在念咒行禁法時要使自己進入氣功發動的狀態。序號 2 的禁法，思日月星辰，認為其威力可治蛇，純屬巫術性的思考原則，思蛇治蛇，同類相治。祝由之科，可治病，蛇病也可用此法治之。登涉山林，蛇最需要禁制。序號 3 葛洪用以禁虎的「三五禁法」便是一例。咒從它被道士利用的初期開始，咒就與氣功結下了不解之緣，這種方法同樣也來自巫術，禁咒是唸咒和發放氣功之氣相互結合的，《抱朴子·內篇·至理》說：

> 吳越有禁咒之法，甚有明驗，多炁耳。知之者可以入大疫之中，與
> 病人同床而己不染。又以群從行數十人，皆使無所畏，此是炁可以
> 禳天災也。或有邪魅山精，侵犯人家，以瓦石擲人，以火燒人屋舍。
> 或形見往來，或但聞其聲音言語，而善禁者以炁禁之，皆即絕，此
> 是炁可以禁鬼神也。入山林多溪毒蝮蛇之地，凡人暫經過，無不中
> 傷，而善禁者以炁禁之，能辟方數十里上，伴侶皆使無爲害者。又
> 能禁虎豹及蛇蜂，皆悉令伏不能起。以炁禁金瘡，血即登止。又能
> 續骨連筋。以炁禁白刃，則可蹈之不傷，刺之不入。若人爲蛇虺所
> 中，以炁禁之則立愈。近世左慈趙明等，以炁禁水，水爲之逆流一
> 二丈。又於茅屋上然火，煮食食之，而茅屋不焦。又以大釘釘柱，
> 入七八寸，以炁吹之，釘即涌射而出。又以炁禁沸湯，以百許錢投
> 中，令一人手探撓取錢，而手不灼爛。又禁水著中庭露之，大寒不
> 冰。又能禁一里中炊者盡不得蒸熟。又禁犬令不得吠。昔吳遣賀將
> 軍討山賊，賊中有善禁者，每當交戰，官軍刀劍皆不得拔，弓弩射
> 矢皆還向，輒致不利。〔註112〕

氣功療法被道教吸收後，將調控呼吸與鍛鍊身體內氣的方法加以理論化與系統化，使得內容更爲豐富與多樣。葛洪當時掌握的資料，主要來自吳越之地。他認爲這禁咒的法門應用範圍是極廣的，效果也是萬試萬靈的，此炁的功效有：可以禳天災、禁鬼神、能辟溪毒蝮蛇方數十里、能禁虎豹及蛇蜂，皆悉令伏不能起；以炁禁金瘡，血即登止，又能續骨連筋；以炁禁白刃，則可蹈之不傷，刺之不入；若人爲蛇虺所中，以炁禁之則立愈；行炁可以不飢不病，知之者可以入大疫中，與病人同床而己不染等。有關道教的氣功治病，以及

〔註112〕《抱朴子·內篇·至理》，卷 5，頁 114～115。

對於「炁」的神秘，葛洪所說明的禁氣術以及相關的宗教醫療特異現象，這是一批值得關心、重視的氣功學史料。氣禁意謂著「多氣」，即要煉的內氣充盈，而且能夠發放外氣。這種狀態，現代氣功學中稱爲氣功態。承認在氣功態時，人的個體會有一些超常的變化，其外氣發放出來，能給病人除去某些痼疾，也能引起外界的某些事物的變化。這些禁氣修煉之法，可以說是古代氣功師描述進入氣功態的奇異效應，爲早期禁術的集大成。

（三）噓法

氣禁之術所使用的術語，除了「禁」、「祝」之外，還有「噓」字，均與內氣的表現有關，「禁」、「噓」爲同一法術，以口將一種特異的能量噓出，產生各種奇特的現象。筆者將《抱朴子‧內篇》與「噓法」有關的資料整理成表 6-35。

表 6-35：與「噓法」有關的資料

序　號	內　　　　　容	篇　目
1	得胎息者，能不以鼻口噓吸，如在胞胎之中，則道成矣。	釋滯
2	善用炁者，噓水，水爲之逆流數步；噓火，火爲之滅；噓虎狼，虎狼伏而不得動起；噓蛇虺，蛇虺蟠而不能去。若他人爲兵刃所傷，噓之血即止；聞有爲毒蟲所中，雖不見其人，遙爲噓祝我之手，男噓我左，女噓我右，而彼人雖在百里之外，即時皆愈矣。	釋滯

序號 1 說明掌握胎息方法的人，如同胎兒在母親胞胎裏面，能夠不用鼻子、嘴巴呼吸。序號 2 說明善於運氣的人，對水吐氣，水就會倒流；對火吐氣，火就會熄滅；，對狼虎吐氣，狼虎會趴下動彈不得；對毒蛇吐氣，毒蛇就會蜷縮；若是有人被兵器刀刃傷到，往流血的地方吐氣，血就會停止；聽到某人被毒蟲咬傷，雖無法見到那人，只需遙遠的替他祝禱並對自己的手吐氣，那人雖遠在千里，也會立刻痊癒。這種修煉方法與實踐是以宇宙論作爲基礎，要求人參與天地造化之功，實現與天地並生、萬物爲一的抱負與理想。〔註113〕「噓」爲六朝道教法術之一，是一種感鬼神致不死的法術，道教將它消化整理成外患不入的法術。

〔註113〕卿希泰、詹石窗主編：《道教文化新典（上）》（台北：中華道統出版社，1996年），頁 449。

六、經圖法術

在辟邪除妖的方法中，與語言、文字法術相關，但是較屬於運用經書、圖形本身的靈威力，發揮其神秘作用。筆者將《抱朴子‧內篇》與「經圖法術」有關的資料整理成表 6-36。

表 6-36：與「經圖法術」有關的資料

序　號	內　　　　　　容	篇目
1	上士入山，持三皇內文及五岳真形圖，所在召山神，及按鬼錄，召州社及山卿宅尉問之，則木石之怪，山川之精，不敢來試人。	登涉
2	或問：「仙藥之大者，莫先於金丹，既聞命矣，敢問符書之屬，不審最神乎？」抱朴子曰：「余聞鄭君言，道書之重者，莫過於三皇內文五岳真形圖也。古人仙官至人，尊秘此道，非有仙名者，不可授也。受之四十年一傳，傳之歃血而盟，委質為約。諸名山五岳，皆有此書，但藏之於石室幽隱之地，應得道者，入山精誠思之，則山神自開山，令人見之。如帛仲理者，於山中得之，自立壇委絹，常畫一本而去也。有此書，常置清潔之處。每有所為，必先白之，如奉君父。	遐覽
3	其經曰，家有三皇文，辟邪惡鬼，溫疫氣，橫殃飛禍。若有困病垂死，其信道心至者，以此書與持之，必不死也。其乳婦難艱絕氣者持之，兒即生矣。道士欲求長生，持此書入山，辟虎狼山精，五毒百邪，皆不敢近人。可以涉江海，卻蛟龍，止風波。得其法，可以變化起工。不問地擇日，家無殃咎。若欲立新宅及家墓，即寫地皇文數十通，以布著地，明日視之，有黃色所著者，便於其上起工，家必富昌。又因他人葬時，寫人皇文，並書己姓名著紙裏，竊內人家中，勿令人知之，令人無飛禍盜賊也。有謀議己者，必反自中傷。又此文先潔齋百日，乃可以召天神司命及太歲，日游五岳四瀆，社廟之神，皆見形如人，可問以吉凶安危，及病者之禍祟所由也。	遐覽
4	又家有五岳真形圖，能辟兵凶逆，人欲害之者，皆還反受其殃。	遐覽

從序號 2 中我們可以知道葛洪師徒二人認為《三皇內文》和《五岳真形圖》是最具神效的道書，《三皇內文》有〈天皇文〉、〈地皇文〉和〈人皇文〉，具有召山神，及按鬼錄，辟邪惡鬼、辟溫疫氣以及辟橫殃飛禍、鎮宅、墓相、兼可役使鬼神的特殊神聖力量。由於其效用甚大，因而傳授極為秘禁。《三皇內文》和《五岳真形圖》均具有護符性質，可以呼召山神，其傳授至秘。凡登涉護身、在家護家，為當時重要的道法。序號 4 的《五岳真形圖》也是同一性質的經訣秘圖，原始應是實際地理的登山指南，是實用性的登山指引圖，

又兼具有護符的作用，可以護佑道士登涉山林時的心理。其後更發展作爲冥思眞形的暗示用途，葛洪所引述的五嶽圖，就是已經結合數種作用的法術，能辟兵、辟凶逆，爲道士登涉及遊行各地之所需。尤其當時採藥、煉丹，甚或修守一之術，均需入五嶽等名山，更需要仰仗護符以衛身家。

道教延命的法術不少，各自又發展出千百種的運用技術，這些都是道教重要的醫療寶藏。修道者要具有各種交感鬼神的法術，具有避免鬼神作祟的能力，才能應付外在自然環境各種潛在的危機，例如「惡鬼強邪」與「山精水毒」的危害，隨時都有死亡的可能。道教在應付致死的鬼神有各種符、咒、訣、步等運用法術，〔註114〕所以葛洪提倡「帶神符」與「行禁戒」是引進神聖的力量來斬妖伐鬼。以上所述屬於宗教醫療中的神聖醫學，是屬於靈感文化的一支，肯定天人交感的生命內涵，人體的生命價值是經由溝通神人來完成，宗教醫療屬於通靈的神聖領域，其醫療的能量來自於神聖體驗累積而成的治療經驗。

第五節　小　結

道教醫學本質上就是一種宗教醫學，是延續著古代巫術的宇宙觀，不只要醫治人體有形的疾病，更要依循天地常法的道，讓生命得以長生，重視身、心、靈的整體醫療，重視生命整體永生的治療，因此醫療、養生與成仙三者是一體相承的，醫療只是手段，成仙才是追求終極生命的境界。所以對治疾病不只靠醫療，還要重建人與超自然、人與自然以及人與人文社會的和諧，這屬於文化的形上思維，所建構出精神性的價值體系。從自然與超自然的現象中，來確立人文的和諧需求，並且意識到三者之間有內在聯繫的法則，可以經由人體內的精氣神與道德來交通天地鬼神，從世俗進入到神聖的和諧境界中。

《抱朴子‧內篇》的診療法是自成一套的龐大道教醫療體系，從人與萬物的採補體系發展出藥物養身的生理治療法，以服食各種草木藥來治療我們有形肉體的疾病與虧損，達到扶持正氣的效果。金丹的靈性治療法是道教醫學的主要內涵，這些丹屬於神仙道教以及道教醫療中的神聖醫學部分，可以治療靈性，同時治療永恆的生命，目的是「成仙」。追求的是直接服食金丹可

〔註114〕劉仲宇：《道教的內秘世界》（台北：文津出版社，1997 年），頁 135。

與靈體相應的神聖體驗,這種靈感的神聖體驗是道教醫療核心的信仰,顯示人們渴望與超自然靈體能相互感通與合而爲一,從與靈性交感的神聖經驗中來安身立命。從人與天地鬼神的採補發展出各種鎮邪、去鬼、召劾神靈的宗教醫療法術,達到祛除邪氣的效果,總結前人的各種醫療等方術。〔註115〕不論是藥物養身的生理治療法、金丹的靈性治療法或是外患不入的宗教醫療,都是用來醫療身體各種有形與無形的疾病,都各有其醫療的目的與作用。

　　從宗教信仰來說,人們認爲苦難災禍是由於邪魔鬼怪的暗中作祟,以沖、犯、煞、附身等理由與現象,來解釋災厄的原因,發展出因應的防衛系統來驅邪鎮煞,以神聖力量來化凶爲吉,藉助神靈或宗教神秘力量來制服命運裏的致災因素,這是超出科學性質的醫療範疇,建立宗教性質的精神治療,這些宗教醫療儀式操作背後,有其深層的宗教理念與治療法則。肯定人是文化的主體,能在自然環境中創造賴以生存的價值觀念與文化模式,確立人對應自然和超自然的關係,以及生命終極安頓的存在形式。道教在延命的術數上累積了不少專業的技術,統稱爲「神仙法術」,是從古老的巫術演化而來。《抱朴子‧內篇》將道教中許多可以「辟外患」的法術公諸於世,葛洪對各種可以辟邪惡、度不祥的法術,非常提倡,這是因爲當人們當人們對惡劣的自然環境沒有把握時,便會產生求助於法術的超自然力量。施行法術的道士相信現實對象之間有超自然的聯繫,因而對超自然力量建立起眞誠的信仰,從而使法術成爲道教神學的組成部分。這些神奇的法術可以展現出修道的無邊妙處,使人安然度過生存中各種災難的挑戰,獲得延命的利益。這種療法不是物質性的科學醫療,而是精神性的文化醫療,重視人與宇宙的對應關係,相信人是宇宙的一部分,並且具有獨特的靈性與主體性,不再被動地受宇宙法則的限制,而是能通過人的靈性去認識宇宙與生命的法則,把握它進出超越它。〔註116〕

　　雖然修道的目的在於長生,而非延命,但是延命是長生的基礎,所以能使外患不入的宗教醫療法術對修道人來說還是有好處的,至少可以掌握到人間吉凶安危的術數。生命的短暫是人類最大的煩惱,「免死之術」是人們內心深處永遠存在的願望,尤其在朝不保夕的亂世,各種免死之術更是人們心中

〔註115〕牟鍾鑒、胡孚琛、王葆玹:《道教通論——兼論道家學說》(濟南:齊魯書社,1991年),頁423。
〔註116〕張欽:《道教煉養心理學導論》(四川成都:巴蜀書社,1999年),頁10。

所企求的，它展現出道教「重人貴生」的思想，肯定人生命存有的積極意義，因爲要先有人之生，才有不死的永恆追尋，這種追尋是「我命在我不在天」，「我」才是生命不朽的主體，這些延命術數背後展現了人的主觀積極能動性。道教醫療不只是以藥物養身的物質手段來治療身體疾病，更重視調節病患的精神狀況，雖然有些疾病不一定是由於精神因素所引起的，但是精神因素在人的生命過程中常居於主導的地位，也就是中國傳統醫學所強調的「養神重於養形」，這是從精神上的認同與修養，所建構出以人的靈性——精神作爲主體的生命機能。

這種重視醫療救護活動的內源性驅動力，是從物質世界向心靈世界邁進，以超自然的各種神聖力量，來提昇人體身心的整體和諧，雖然夾雜著以鬼神來治病的宗教醫療行爲，並不意謂著這種行爲是非理性的，基本上是屬於抽象的精神活動，對病患是有心理調節的作用，提供了心靈相互交感的超越功能，比如聲音法術、肢體法術、法器法術、聲音法術、經圖法術、氣功、特異功能等，都有源遠流長的文化，綜合出豐富的人類靈性文化，回應宇宙的運行原理，有著自古傳承下來的宇宙圖式與方法論，代表人對生命的精神性追求，展現出人與自然、超自然和諧共處的生命形式。這些人體外各種交感鬼神的法術，都是藉由感通鬼神來驅除病魔與救人性命。因爲人神是互通的，神的對治鬼，是超自然界和諧的象徵，人們企圖經由儀式來通神達靈，獲得來自超自然界的和諧保證。

第七章 《抱朴子‧內篇》的養生法

　　雖然生命是短暫的，死亡是不可避免的終極問題，但活時的「安身立命」
卻是生命存在極為莊嚴的課題。〔註1〕人活著更應該重視生命的尊嚴，養生即
是個體存在的意義治療學，從而建構出生命延續的生活品質。由此觀之養生不
單是生理的醫學治療，更包含心理的文化治療，除了追求生命的強身健體外，
更重視個人機體的精神寄託與意義安頓。道教醫療呈顯的是養生的具體技術，
是人們對健康、疾病等身心問題的集體共識，以及因應而來的疾病求助行為與
疾病處理的方式，醫療行為是建立在養生觀念的文化認知體系之中，行為來自
於觀念的實踐與完成。因此治療與養生不是外在形式的知識操作，而是內在觀
念的文化運用，道教醫療是一種泛文化的觀念與行為體系，有著龐大複雜的象
徵符號與生態文化，每一個具體操作事項的背後都必然地深受著文化的制約與
價值的規範，是人們集體生活方式下物質與精神層面的總體綜合而成。

　　宗教與民俗醫療是屬於民眾文化性的醫療體系，不同於當代西方的主流
醫療，它是建立在傳統社會的哲學、宗教與術數等基礎上發展而成，是社會
生活集體智慧與經驗的累積，故有其獨特的詮釋理論與文化模式。學者鄭志
明將其主要內容分為四點：一、宗教與民俗醫療的病因說，二、宗教與民俗
醫療的診斷觀，三、宗教與民俗醫療的治療術，四、宗教與民俗醫療的養生
法。〔註2〕道教醫療中以養生法最能展現道教醫療的特徵，著重在「治未病」
的醫療關懷上，強調養生重於治療的「預防醫學」。道教醫療認為若是疾病已

〔註1〕傅偉勳：《死亡的尊嚴與生命的尊嚴──從臨終精神醫學到現代生死學》（台
　　　　北：正中書局，1993 年），頁 10。
〔註2〕鄭志明：〈民俗醫療的科學性與文化性〉《華人宗教的文化意識第二卷》（台北：
　　　　宗教文化研究中心，2003 年），頁 57～62。

經成形發作再治療，爲時已晚，傷害已經無法避免。道教醫療的重點，就是平時要調節身心的整體和諧，進行生理與心理的自我調適，重視人體臟腑器官等各自機能節律，避免過度操勞，導致新陳代謝失去平衡。最好的方法就是精神內守，達到與自然相應恬淡虛無的境界，〔註3〕這種境界觀，是具有哲學與宗教的依據，意識到人體生命有無限開啓的超越力量，以內悟外合來強化個體身心的鍛鍊與修持，進行人與天的相互交感，以心作爲主宰，在應合宇宙的規律之下，達到養生的目的。

《抱朴子‧內篇》的養生法主要在於建立生命的主體性，融合身心修煉於一體，偏重對宇宙、天地、性命與形神等精神領域的開發，將人體的生理機制納入到超自然的宇宙規律之中，雖然與當代科學沾不上邊，卻也能一樣地重視生命，肯定人存在的積極作用，以養生護生來實現生命的價值。這種價值有其理性的作用，時時遵循天地的法則來治病療疾與養生，以追求身心並煉與形神俱全的生命形式。是以人作爲主體，宇宙法則在於成就性命的修護養煉，讓人體能發揮出主觀能動的作用，善用各種養生的工夫，使人體能形神合一與形神相衛，以養生之盡理，達成而盡天年。

第一節　養生的內涵

養生，是使生命健康、長壽的方法，如何才能達到此一目的呢？《內經‧靈樞‧天年》認爲：「五臟堅固，血脈和調，肌肉解利，皮膚致密，營衛之行，不失其常，呼吸微徐，氣以度行，六腑化穀，津液布揚，各如其常，故能長久。」臟腑之氣旺盛，氣血運行暢達，是生命長久的保障。

葛洪主張道、醫必須兼習，才能保健醫療，自救與救人，以利修煉。所以明確提出「爲道者必須兼修醫術」的主張，亦即以醫術來救養生的不足，因爲當養生方法未能熟練掌握而導致疾病時，就可以用自己的醫術來救治自己。「以醫學補養生」，一方面有其非常實用的一面，另一方面因爲養生和醫學所依據的理論是相通的，例如經絡學說、臟腑學說、陰陽學說都是中國傳統醫學的基礎理論，差別在於側重點不同，「養生」專注於「爭取協調」，而「醫學」專注於「調整不協調」。從知識結構上來看，知道怎樣不調，就可以

〔註3〕江濱、齊永清、陳衛主編：《實用養生妙法》（北京：中國環境科學出版社，1992 年），頁 348。

更好協調自身陰陽臟腑，而不通醫學，只一味追求自身健康、陰陽和順，在出現偏差時，就沒有應有的警惕和注意。

　　道教醫療的「治未病」，不意味著輕治或不治已病，有病要治療是身體自我保全與生存之道，因此道教醫療重視已病的診斷與治療。道教醫療更重視「不傷不損」的養生，認為身體平時就要做好準備，避免水旱、寒暑等自然現象的變遷，或是個體因為自身正氣虛弱而使身體受損，或是因為外邪入侵壓過人體應有的正氣，所帶來災禍與疾病，將生命形體的養生機制納入到自然的宇宙法則之中，以追求形神的協調與平衡。平日注意身體各方面的整體調節與和諧，以提高機體抗病與修護的能力，達到防治疾病的目的，〔註4〕展現出「扶養正氣」和「防避外邪」並重的精神，所發展出來的各種方法都是扣著養生而來，尊重生命的文化形式。

一、養生的源流

　　史前時代的原始社會醫療尚未發達以前，先民在險象環生的環境中依照著集體生存的經驗，創造出簡單的生產工具來改善生活，逐漸累積了原始防身保健與衛生知識。《韓非子‧五蠹》說：

> 上古之世，人民少而禽獸眾，人民不勝禽獸蟲蛇，有聖人作，構木
> 為巢以避群害，而民悅之，使王天下，號曰有巢氏。民食果蓏蚌蛤，
> 腥臊惡臭而傷害腹胃，民多疾病，有聖人作，鑽燧取火以化腥臊，
> 而民說之，使王天下，號之曰燧人氏。〔註5〕

由此觀之上古神話中燧人氏的鑽木取火、教人熟食，可以減少腸胃的疾病。伏羲氏的畫八卦與制九針，已經注意到人與宇宙相應的生存秩序。神農氏的嚐百草，是先民面對疾病而來的藥草經驗。這些都象徵著早期人類在自然環境下的文化發明，例如火的使用、居住條件的改善、醫療器具的發明、藥物的發現與使用以及醫療技術的創造與發明等都與養生密切相關。因此有學者認為：「大約在新石器時代，人們在尋找食物的生產過程中，已經有著積極性的養生與醫療的手段。」〔註6〕養生的歷史與健身方法，是人類長期面對疾病

〔註4〕薛公忱主編：《中醫文化研究第一卷中醫文化溯源》（江蘇南京：南京出版社，1993年），頁13。
〔註5〕陳奇猷：《韓非子集釋》（台北：華正書局，1974年），頁87。
〔註6〕楊醫業主編：《中國醫學史》（河北石家莊：河北科學技術出版社，1994年），頁3。

與衰老抗衡下的生存智慧，有著源遠流長的歷史傳承與發展。學者根據甲骨文的記載，認爲商代已有人體解剖的知識，提出：

> 人體外部組織的鬚、髭、鬢、髮等，內部構造的心、骨、血、脊等概念，記述了人體部位與器官的生理活動，也記載了四十多種內、外、婦、兒、五官、皮外等各科疾病，還包括了有關養生與治療的方法，如按摩法、針砭法、灸治術、酒劑與藥劑、拔牙止痛、接骨治傷等，顯示當時已經有與巫術結合的醫政人員。〔註7〕

道教醫療延續著人類自我救治的生存需求，不僅用來對抗疾病，還可以強身健體，發展出各種養生的技術，來維持人體身、心、靈的整體和諧，不僅追求避免生理的災禍與疾病，還以避禍防災的生存心理，意識到人類靈性的精神存有，追求生命形上的存有秩序。

二、養生的內涵

　　根據目前文獻來看，最早提出「養生」概念的是莊子，《莊子·養生主》說：

> 爲善無近名，爲惡無近刑。緣督以爲經，可以保身，可以全生，可以養親，可以盡年。……文惠君曰：善哉，吾聞庖丁之言，得養生焉。〔註8〕

郭象注云：「夫養生非求過分，蓋全理盡年而已矣」。莊子的養生，旨在教導人順應時勢、聽任自然、放棄鬥爭、迴避矛盾，以明哲保身。《莊子》主張全形養神，神養於內、形養於外，所以「保身」、「全生」、「盡年」成爲養生保健的基本內涵。《呂氏春秋·節喪》說：「知生也者，不以害生，養生之謂也。」先秦諸子關於養生的論述顯然比《黃帝內經》早，所以養生學不是醫學的專利，而是哲學、醫學交融的典範。

　　所謂養，有保養、培養、補養之意。所謂生，即是生命、生存、生長之意。故「養生」就是根據自身的發展規律，達到保養生命，增進健康之意。中國大百科全書將養生定義爲：「以調陰陽、和氣血，保精神爲原則，運用調神、導引吐納、四時調攝，食養、藥養、節欲、辟穀等手段，以期達到健康，

〔註7〕李良松：《甲骨文化與中醫學》（福建福州：福建科學技術出版社，1994年），頁26。

〔註8〕郭象註：《莊子》（台北市：藝文印書館，1968年2月再版），頁75。

長壽的目的方法。」養生在中國古代稱爲「攝生」，所謂「攝」包含了保養的意思。在古代有關養生的各種理論和方法，源自於「方術」〔註9〕，此即爲「養生工夫」。故養生是人類在長期社會勞動實踐中對促進自身健康、延年益壽的經驗總結；因爲注重生命價值，通過調身、調心、調息、食養等各種方法與手段，來對身體生命功能進行強化和優化，從而達到健康長壽，人體內部與天地外部的和諧統一。

所以從宏觀來看養生，一切生命活動過程都與養生密不可分。若從微觀來看養生，則養生又可分爲「養神」及「養形」兩部分。所謂「養神」，是指保養人心理的精神狀態，包含了神、魂、意、志、思、慮、智等活動，正常操作個體精神情志的變化，避免七情六慾過度放縱，傷害到五臟六腑，導致疾病或暴亡。所謂「養形」，主要是指生理的身體狀態，包含了氣血、骨髓、經絡、臟腑、津液等生化規律，強健機體的功能與作用，重視日常生活的起居攝養，以去疾養身，來獲得健康長壽。

道教認爲人體和宇宙是同構相應的，即天、地、人三位一體觀，所以重視養形與養神。形（肉體）、神（靈性）是一體而成的，是一個相當重視現世肉體生命的宗教，發展出使人肉體與靈性都健康長壽的養生技術與實踐體系。道教提出了「形神相依」、「形爲神舍」的醫療養生主張，進一步發展成人體三寶的「精氣神學說」。「精」是構成人體與維持生命活動的精微物質，包括精、血、津液等。「氣」是一種極微小與動態的精微物質，構成與維持人體的生命活動，對精、血、津液等具有新陳代謝與相互轉化的功能，同時也是轉化「精」與「神」中間的媒介。「神」是人體生命活動的總稱，包括思想感情與意識活動。道教的精、氣、神是可以相互資生與轉化的，養神在內丹中稱爲「心意」，指的是「修心煉神」，又稱爲「性學」；養形在內丹中稱爲「精氣」，指的是「煉精煉氣」，又稱爲「命學」；經由導引與內煉等方法，可以達到精氣神合一的生命境界，體會性命雙全與形神俱妙的生存意境。〔註10〕

〔註9〕方術，指特定的一種學說或技藝，與道家所謂無所不包的「道術」相對。泛指天文（包括星占、風角等）、醫學（包括巫醫）、神仙術、房中術、占卜、相術、遁甲、堪輿、讖緯等。《後漢書》創《方術傳》，傳主多精其一術或數術。在晉葛洪《抱朴子・內篇》中專指道教採藥煉丹及養身之術，如《抱朴子・金丹》：「余少好方術，負步請問，不憚險遠。」又《抱朴子・釋滯》：「以六經訓俗士，以方術授知音。」

〔註10〕鄭志明：《道教生死學》（台北市：文津出版社，2006 年 5 月），頁 2～3。

　　道教醫療在內修外養的過程中，始終與傳統醫學的知識與技術是相互並生的。在《道藏》中收錄了不少與醫藥、藥學及養生相關的著作與道經，由此可知醫藥學及養生，可以說是道教修道成仙的相關必備知識與操作技能，在道教形成後，結合道教的修煉和宗教學說，即道教的生命理論與道家修煉體驗相互融合，並籠罩一層宗教的神學色彩，成為道教生命理論的特色，是凝聚了傳統社會中各種的文化養分，所發展出龐大的醫療養生宗教體系。

　　筆者將《抱朴子‧內篇》與「養生」有關的資料整理成表7－1。

表7－1：與「養生」有關的資料

序　號	內　　　　　容	篇　目
1	有身不修，動之死地，不肯求問養生之法，自欲割削之，煎熬之，憔悴之，漉汔之。	金丹
2	然而淺見之徒，……知好生而不知有養生之道，知畏死而不信有不死之法，知飲食過度之畜疾病，而不能節肥甘於其口也。知極情恣欲之致枯損，而不知割懷於所欲也。	微旨
3	凡養生者，欲令多聞而體要，博見而善擇，偏修一事，不足必賴也。又患好事之徒，各仗其所長，知玄素之術者，則曰唯房中之術，可以度世矣；明吐納之道者，則曰唯行氣可以延年矣；知屈伸之法者，則曰唯導引可以難老矣；知草木之方者，則曰唯藥餌可以無窮矣；學道之不成就，由乎偏枯之若此也。	微旨
4	所以尊道者，以其不言而化行，匪獨養生之一事也。	塞難
5	內寶養生之道，外則和光於世，治身而身長修，治國而國太平。以六經訓俗士，以方術授知音，欲少留則且止而佐時，欲昇騰則凌霄而輕舉者，上士也。	釋滯
6	仙經曰：養生以不傷為本。此要言也。神農曰：百病不愈，安得長生？信哉斯言也。	極言
7	是以養生之方，唾不及遠，行不疾步，耳不極聽，目不久視，坐不至久，臥不及疲，先寒而衣，先熱而解，不欲極飢而食，食不過飽，不欲極渴而飲，飲不過多。	極言
8	深念學道藝養生者，隨師不得其人，竟無所成，而使後之有志者，見彼之不得長生，因云天下之果無仙法也。	勤求
9	養生之盡理者，既將服神藥，又行氣不懈，朝夕導引，以宣動榮衛，使無輟閡，加之以房中之術，節量飲食，不犯風濕，不患所不能，如此可以不病。	雜應
10	養生書一百五卷	遐覽

序號 1、2 在說明凡人若是不知道養生方法，就只會因各種損害而割損年命，將自己置之死地。序號 9 在說明養生的方法有「將服神藥，又行氣不懈，朝夕導引，以宣動榮衛，使無輟閡，加之以房中之術，節量飲食，不犯風濕，不患所不能」，如此才能達到養生的目的「不病」。序號 3 進一步說明養生要「多聞而體要，博見而善擇」，若是偏修一事，將導致學道不成功，因爲「又患好事之徒，各仗其所長，知玄素之術者，則曰唯房中之術，可以度世矣；明吐納之道者，則曰唯行氣可以延年矣；知屈伸之法者，則曰唯導引可以難老矣；知草木之方者，則曰唯藥餌可以無窮矣」。序號 4 說明養生一事要遵守道的原則，序號 6 說明養生最重要的原則就是「以不傷爲本」，因爲「百病不愈，安得長生？」序號 7 說明有關養生的實踐工夫有「唾不及遠，行不疾步，耳不極聽，目不久視，坐不至久，臥不及疲，先寒而衣，先熱而解，不欲極飢而食，食不過飽，不欲極渴而飲，飲不過多。」由此看來「養生」是人類在長期社會勞動實踐中，因爲注重生命價值，通過各種方法與手段，來對身體生命功能進行強化和優化，從而達到健康長壽，人體內部與天地外部的和諧統一。

三、不傷損原則

從道教的生命觀，我們可以知道人體是由精、氣、神這三大要素構成的，以氣爲本，使內外身心相聯、形神相合的生命系統。在形神統一的生命觀下，道教構成了以精氣神爲生命本質，以經絡和臟腑爲生命主要形態的生理學說。葛洪的醫療養生思想中，氣化思想是其基本觀念，所以對於氣血與人體的關係，最先強調的就是「不傷不損、虛心靜慮」，這就是《抱朴子‧內篇》及《肘後方》等書的病因學思想和預防醫學思想。〔註11〕葛洪認爲疾病的發生和人的早衰，就是個人機體因爲傷損造成「正氣」的不足與虛衰，導致各種邪氣入侵，損害人體使得個人機體功能失調，而產生疾病。他是著名的道教理論家，繼承了道教醫學歷來重視預防和養生保健方面的思想，他本人生活在兩晉之際的社會動蕩歲月裏，親身經歷了疾病流行的慘狀，因此非常重視對疾病的預防。

〔註11〕丁貽庄：〈試論葛洪的醫學成就及其醫學思想〉《宗教學研究論集》，2008 年 2 月。

（一）傷損原則

葛洪的醫療養生思想中，最先強調的就是「不傷不損」，「不傷不損」是屬於治未病醫療養生法中消極性的原則，他在《抱朴子・內篇》中的〈極言〉、〈微旨〉中說：

> 故仙經曰：養生以不傷爲本。此要言也。神農曰：百病不愈，安得長生？信哉斯言也。〔註12〕

> 或曰：「敢問欲修長生之道，何所禁忌？」抱朴子曰：「禁忌之至急，在不傷不損而已。〔註13〕

此處說明養生以不損害身體爲根本，這是養生之道的要旨，同時也是修習長生仙道最應該注意的禁忌。在《抱朴子・內篇》的醫療養生思想中，不論是「養神」還是「養形」，「不傷不損」都是最緊急、重要的禁忌。葛洪在《抱朴子・內篇・極言》提到了對「傷損」的相關看法，筆者將其整理爲表 7-2。

表 7-2：「傷損原則」

受　氣	傷　損	易養與難救	得仙與不成仙
彼雖年老而受氣本多	受氣本多則傷損薄	傷損薄則易養	易養故得仙也
此雖年少而受氣本少	受氣本少則傷深	傷深則難救	難救故不成仙也

從表 7-2 傷損原則我們可以知道，壽命的長短與得仙與不成仙的關鍵在於受氣的多寡與傷損的深薄，古人認爲血液循行脈內使機體全身受其營養，氣能改善血液的功能和幫助血液的正常運行，氣血二者構成人體正常生理活動的重要因素，二者絕對不能分離的，所以特別重視氣，稱爲「氣爲血帥」，又說「百病皆生於氣」。葛洪注意到「過用病生」的傷本現象，與年齡沒有絕對的關係，所以才會大聲疾呼：「凡爲道者，常患於晚，不患於早也。」在《抱朴子・內篇・極言》又說：「恃年紀之少壯，體力之方剛者，自役過差，百病兼結，命危朝露，不得大藥，但服草木，可以差於常人，不能延其大限也。」〔註14〕故年輕力壯者對於自身的保健，也不可以輕忽，若是肆無忌憚的揮霍，還是會百病叢生而命在旦夕，不可不慎，由此可見，預防醫學在葛洪醫學思想中的地位。

此外葛洪認爲人的體質，易傷難養，因爲濟之者鮮，壞之者眾，所以對

〔註12〕《抱朴子・內篇・極言》，卷 13，頁 244～245。

〔註13〕《抱朴子・內篇・微旨》，卷 6，頁 125。

〔註14〕《抱朴子・內篇・極言》，卷 13，頁 244。

於氣血與人體的關係，最先強調的就是「不傷不損」，否則結果就是「死其宜也」。葛洪在《抱朴子・內篇・極言》提到了對「易傷難養」的相關看法，筆者將其整理爲表 7-3。

表 7-3：「易傷難養」

易傷與難養	傷損結果
木槿楊柳，斷殖之更生，倒之亦生，橫之亦生。生之易者，莫過斯木也。	埋之既淺，又未得久，乍刻乍剝，或搖或拔，雖壅以膏壤，浸以春澤，猶不脫於枯瘁者，以其根荄不固，不暇吐其萌芽，津液不得遂結其生氣也。
人生之爲體，易傷難養，方之二木，不及遠矣。	人生之爲體，易傷難養，而所以攻毀之者，過於刻剝，劇乎搖拔也。濟之者鮮，壞之者眾，死其宜也。

從上所述，我們可以知道人的體質，是易傷難養的，所以才會有的人修道不能成功，努力營生、養生，卻還是不能成功而死亡。葛洪認爲其原因在於他的身體「已經傷損」，亦即「根源已喪」，葛洪在《抱朴子・內篇・極言》提到了對「根源已喪」的相關看法：

> 凡爲道而不成，營生而得死者，其人非不有氣血也。然身中之所以爲氣爲血者，根源已喪，但餘其枝流也。譬猶入水之爐，火滅而煙不即息；既斷之木，柯葉猶生。二者非不有煙，非不有葉，而其所以爲煙爲葉者，已先亡矣。〔註15〕

有的人修道不能成功，努力營生、養生，卻還是不能成功而死亡。原因在於他的身體「已經傷損」，亦即「根源已喪」，只剩下餘枝末流在支撐生命。

（二）預防醫學

葛洪特別強調「預防思想」的重要性，因爲唯有懂得預防，才能達到不傷不損，《抱朴子・內篇》也非常重視預防醫學的思想。葛洪承繼了《黃帝內經》有關「治未病」的思想，《黃帝內經・素問・四氣調神大論第二》提到：

> 是故聖人不治已病，治未病，不治已亂，治未亂，此之謂也。夫病已成而後藥之，亂已成而後治之，譬猶渴而穿井，鬭而鑄錐，不亦晚乎？〔註16〕

此處說明預防養生的重要性，來自平時敬慎的態度，知道了就要馬上去做，

〔註15〕《抱朴子・內篇・極言》，卷 13，頁 244。
〔註16〕（唐）王冰次注、（宋）林億等校正：欽定《四庫全書》子部三九醫家類《黃帝內經・素問》，第七三三冊，頁 15。

否則虎噬而後藥，雖悔何爲？就來不及了。他強調人的養生，在《抱朴子‧內篇‧地眞》說：

> 常如人君之治國，戎將之待敵，乃可爲得長生之功也。
>
> 故一人之身，一國之象也。胸腹之位，猶宮室也。四肢之列，猶郊境也。骨節之分，猶百官也。神猶君也，血猶臣也，氣猶民也。故知治身，則能治國也。夫愛其民所以安其國，養其氣所以全其身。〔註17〕

他認爲治身如同治國的道理，人的養生，要像人君治理國家及將軍對待敵人一樣，時刻謹愼，才能達到「養其氣而全其身」，同時主張要在疾病爲發生之前，就要先加以消滅，所以接著說：

> 民散則國亡，氣竭即身死，死者不可生也，亡者不可存也。是以至人消未起之患，治未病之疾，醫之於無事之前，不追之於既逝之後。〔註18〕

葛洪認爲死者不可復生，一旦氣血受到傷損而衰竭，就來不及了，所以主張「消未起之患，治未病之疾，醫之於無事之前」，他還主張對疾病的預防，要和日常養生保健結合起來，在在無病、年輕時就及早進行。這是葛洪繼承《內經》有關「治未病」的思想，並作進一步的發展，是後世預防醫學「防重於治，以防爲主」思想的雛型。

葛洪甚至還把養生保健、預防疾病問題上能否懂得從細微處入手，防微杜漸，看成衡量一個人是否知「道」的標準。在《抱朴子‧內篇‧極言》說：

> 故治身養性，務謹其細，不可以小益爲不平而不修，不可以小損爲無傷而不防。凡聚小所以就大，積一所以至億也。若能愛之於微，成之於著，則幾乎知道矣。〔註19〕

葛洪認爲如果一個人在修身養性、預防疾病方面能夠做到「務謹其細」，防微杜漸，那麼他幾乎是達到了知「道」的境界。由此可知預防養生醫學在葛洪醫學思想中的地位，「治未病」的養生法又可以分爲消極性的「不傷不損」原則，與積極性的「生命增益」原則。有關積極性的「生命增益」原則，筆者分成生理醫療的養生法、心理醫療的養生法與靈性醫療的養生法三部分，將在第二、三、四節中說明。

〔註17〕《抱朴子‧內篇‧地眞》，卷18，頁326。
〔註18〕《抱朴子‧內篇‧地眞》，卷18，頁326。
〔註19〕《抱朴子‧內篇‧極言》，卷13，頁240。

第二節 生理醫療的養生法

　　道教醫療不論是「治已病」的治療法、或是「治未病」的養生法，都是一個完整性的天人對應模式，養生屬於「人自身的採補體系」，亦即「內疾不生的自我醫療」。所謂「人自身的採補體系」，是指人體的某些器官或部位，經由自我修煉與採補，可以達到治療或預防疾病的功效。道教醫療認為：採補藥物或是食物只是治標而已，真正要達到治本的目的在於自身採補的能力。相信人自身有著自我調節的能力，當一個人機體各個部位能夠相互和諧時，就能提高自身抗病與修復的治療成果。〔註20〕在古代方士醫學中分別屬於重精方術、受氣方術與尊神方術。

　　生理醫療的保健養生法，是配合呼吸與動作的肢體操練，達到治病養生的功效，是屬於先民長期保身益壽的經驗傳承，主要來自於個人機體對「氣血調和」、「百脈通暢」、「精氣旺盛」等氣化理論的需求，渴望個人生命能順應外在環境天地氣候的變化，以增強自身體內的「正氣」。正氣旺盛，是人體陰陽協調，氣血充盈，臟腑經絡功能正常，能抵抗外邪而免於生病的象徵，也是人體健壯的根本所在。人體的小宇宙可以和天地的大宇宙產生整體和諧的同步對應關係，人道是可以參與天道氣化流行的造化作用，在「天人一物」與「內外一理」的互滲結構下，人可以經由自身肉體的氣血鍛鍊，以導引與動作來與天地氣感相應，打通經絡的運行，或是以外力來按摩身體，舒經活絡宣通氣血，獲得「消瘀散結」與「去腫止痛」等治病養生的效果。道教生理醫療的保健養生法除了肉體的實際體驗外，主要是仰賴天人相應的哲學依據，認為人體與自然萬物之間存在著高度的統一關係。〔註21〕

一、保健外功療法

　　生命增益原則各種的養生法，建立在以滿足自身物質需要的實踐活動上，其心理與行為都帶有著強烈的求優趨勢，以期待人更有成效的活動與更健康的生存。〔註22〕保健外功療法的養生，可以說是最早的醫療技術，人們發現經由肢體的動作與舞蹈，可以舒通人體內的氣血，減少自身的病痛。從

〔註20〕鄭志明：《宗教與民俗醫療》（台北市：大元書局，2004年12月），頁120。
〔註21〕劉松來：《養生與中國文化》（江西南昌：江西高校出版社，1994年），頁150。
〔註22〕苗啟明、溫益群：《原始社會的精神歷史架構》（雲南昆明：雲南人民出版社，1993年），頁176。

模仿動物姿態的原始舞蹈到神人交感的巫術舞蹈,除了事神的宗教目的外,〔註23〕也有其特殊養生功能,達到血脈暢流與開塞通竅的健身效果。

(一)導引

導引一詞也作道引,是一種以主動的肢體運動爲主,並且配合吐納服氣(也稱行氣),或是自我推拿(也稱按蹺或按摩)而進行的一種強身健體、防治疾病的方法,是鍛煉形體的一種養生術,與現代的柔軟體操相近似,屬氣功中之「動功」。道教根據華陀所謂「流水不腐,戶樞不蠹」的養生道理,認爲人體也應適當運動,通過運動,可以幫助消化,通利關節,促進血液循環,達到袪病延年的目的。導引行氣這一派的方術,在方仙道的方術中最爲古老,是我國古代重要的養生方法,也是道家修煉的重要方式之一。

我國導引術淵源甚古,《黃帝內經‧素問‧異法方宜論》:「中央者,其地平以濕,天地所以生萬物也眾。其民食雜而不勞,故其病多痿厥寒熱,其治宜導引按蹺。故導引按蹺者,亦從中央出也。」《內經》指出了導引按蹺則出自中原,此種地理因素與疾病治療方法的關係,亦表明了道教醫學多以各種相應方法治病的地理淵源。這種以舞蹈動作促進健康的導引術,便是原始的氣功,可見氣功修煉術也源於古老的巫史文化,原始的導引氣功一開始就是古人防病治病的一種手段。對導引的性質和作用最早在《莊子‧刻意》中有相關的描述:「吹呴呼吸,吐故納新,熊經鳥申,爲壽而已矣。此道引之士,養形之人,彭祖壽考者之所好也。」〔註24〕這裡不僅表明導引的主要內容是「導氣令和、引體令柔」,還說明在先秦時期已出現專事導引的術士和致力養形的習練者,神仙家將它和行氣術相結合進行養生,出現了像彭祖那樣長壽的人物。所謂「養形之人」就是重視身體保健的導引方法,是古老的生存智慧,類似體操的肢體動作,是將體育與醫療合爲一體的養生技術。最先是仿照禽獸的動作,進行肢體的伸屈,腰背的轉動,軀體的俯仰等姿勢,可以有效通利氣血與調養臟腑,達到去病強身與延年益壽的目的。

這種身體導引技術由來已久,以類似舞蹈的運動方法,來幫助人們消除疾病與恢復健康。〔註25〕導引術最初很可能是從古代先民的舞蹈動作演化而

〔註23〕劉建、孫龍奎:《宗教與舞蹈》(北京:民族出版社,1998年),頁41。

〔註24〕郭象註:《莊子》(台北市:藝文印書館,1968年2月再版),頁75。

〔註25〕鄭志明:《以人體爲媒介的道教》(嘉義大林:宗教文化研究中心,2000年),頁281。

來，並且與先民治病的醫療實踐活動密切相關。《呂氏春秋・古樂》記載：

> 昔陶唐氏之始，陰多滯伏而湛積，水道壅塞，不行其原，民氣鬱閼
> 而滯者，筋骨瑟縮不達，故作爲舞以宣導之。〔註26〕

古代先民發現對於像風濕腫痛之類的疾患，可以藉「舞」而「導」、「引」之，除去「滯著」、「鬱悶」，而獲得康復。《黃帝內經》在理論上繼承先秦道家論述養生之後，從醫學保健的角度，借《周易》的陰陽理論和道家清靜無爲思想，來闡述醫療養生的根本原則和方法。《黃帝內經》中有對導引的醫療作用總結，《黃帝內經・素問・異法方宜論》云：「其病多痿厥寒熱，其治宜導引按蹻」。由此可知早期方仙道所盛行的導引術與先民醫療實踐活動密切相關。導引術事實上是一種醫療手段，這從1973年長沙馬王堆出土的帛醫書《導引圖》〔註27〕中得到充分的反應。其術式有二種，一種是徒手運動，大多模仿動物的姿態，類似體操的基本動作；一種爲器械運動，如手持長棍。人物旁有文字題記，有的明示導引可以治療包括內科、外科、五官科等各科疾病。〔註28〕根據《導引圖》的圖注內容，可以知道這是一套防病健身的醫療體育方法，能治療多種疾病，是世界上最早的醫療保健體操圖。

　　1984年湖北江陵張家山西漢初期古墓出土的《引書》，可以視爲《導引圖》的文字解說，對導引術的養生與治病功效作了詳細說明。學者認爲：

> 內容分三部分，第一部分講四季養生之道，第二部分記三十五個導
> 引方式的名稱、動作要領與功能，以及導引治病的方法，第三部分
> 說明生病原因與預防方法，是西漢以前的一部系統的導引專著，顯
> 示導引的養生與醫療技術已經相當發達。〔註29〕

在《導引圖》中，還有許多模仿動物運動的導引術式，如熊經、鳥伸正是淵源於《莊子・刻意》所描述的導引行氣術。還有龍登、獼猴喧呼、狷呼、鴟背，東漢方士醫家華陀的「五禽戲」〔註30〕即是在此基礎上發展出來的。「五禽戲」

〔註26〕　（秦）呂不韋：《呂氏春秋》（貴州：人民出版社，1997年），頁86。
〔註27〕　《導引圖》中共有四十四幅人物圖像，分爲四排，每一排十一人，有的圖有注釋，有的則沒有。圖中的人物，有的全身著衣，有的則裸出背部，有老年、有中年、有男性、有女性，其動作大致分爲呼吸運動、四肢及軀幹運動、持械運動等。
〔註28〕　周一謀等著：《馬王堆醫療文化》（上海：文匯出版社，1994年），頁189。
〔註29〕　高春媛、陶廣正：《文物考古與中醫學》（福建福州：福建科學技術出版社，1993年），頁70。
〔註30〕　五禽戲是華陀模仿五種禽獸——虎、鹿、熊、猿、鳥的自然動作所創立的導引功法。《後漢書・方術傳》記載，華陀對其弟子吳普云：「人體欲得勞動，

這個功法成爲氣功動功功法之祖，與中醫五行學說中五臟、五志的生剋關係相互對應，可以看成是人體內部氣血運行機制的外在表現，後世民間流行的「易筋經」、「八段錦」、「十二段錦」乃至「太級拳」，都是由古代導引術演化而來的。

　　東漢末道教形成之後，即全面承繼先秦以來方士醫學中的導引術，所以導引被納入道教煉養方術體系之中，並且成爲道教醫學防病養生的重要手段。在《抱朴子‧內篇》中葛洪也十分重視導引的作用，《抱朴子‧內篇‧雜應》說：

> 或問曰：「爲道者可以不病乎？」抱朴子曰：「養生之盡理者，既將服神藥，又行氣不懈，朝夕導引，以宣動榮衛，使無輳閡，加之以房中之術，節量飲食，不犯風濕，不患所不能，如此可以不病。〔註31〕

葛洪在論及修道之人如何可以不生病的問題時，認爲堅持服藥、行氣及導引，則可以體健不病。由此看來道教醫學首先是從「健體防病」的角度來運用導引之術的。筆者將《抱朴子‧內篇》的養生法與「導引」有關的資料整理成表7－4。

表7－4：與「導引」有關的資料

序號	內　　　　　容	篇目
1	有吳普者，從華陀受五禽之戲，以代導引，猶得百餘歲。	至理
2	又患好事之徒，各仗其所長，知玄素之術者，則曰唯房中之術，可以度世矣；明吐納之道者，則曰唯行氣可以延年矣；知屈伸之法者，則曰唯導引可以難老矣；知草木之方者，則曰唯藥餌可以無窮矣；學道之不成就，由乎偏枯之若此也。	微旨
3	依寬爲弟子者恆近千人，而升堂入室高業先進者，不過得祝水及三部符導引日月行炁而已，了無治身之要、服食神藥、延年駐命、不死之法也。	道意
4	其事則軵掌罔極，窮年無已，亦焉能閉聰掩明，內視反聽，呼吸導引，長齋久潔，入室煉形，登山採藥，數息思神，斷穀清哉？	辨問

但不當使極耳，動搖則穀氣得消，血脈流通，病不得生。譬如戶樞，終不朽也。是以古之仙者必爲導引之事，熊經鴟顧，引挽腰體，動諸關節，以求難老。吾有一術，名之五禽之戲，一曰虎、二曰鹿、三曰熊、四曰猿、五曰鳥，亦足以除疾，並利蹄足，以當導引。體中不快，起作一禽之戲，沾濡汗出，因上著粉，身體輕便，腹中欲食。」

〔註31〕《抱朴子‧內篇‧雜應》，卷15，頁271。

序號	內　　　　　容	篇目
5	若令服食終日，則肉飛骨騰，導引改朔，則羽翮參差，則世閒無不信道之民也。	極言
6	世有服食藥物，行氣導引，不免死者，何也？	極言
7	養生之盡理者，既將服神藥，又行氣不懈，朝夕導引，以宣動榮衛，使無輟閡，加之以房中之術，節量飲食，不犯風濕，不患所不能，如此可以不病。	雜應
8	茹芝導引，咽氣長生者，中士也。	黃白
9	《導引經》十卷、《按摩經》一卷、《觀臥引圖》一卷	遐覽

　　序號 1 說明吳普得到華陀教導鍛鍊有關導引的五禽之戲而活到百餘歲，《後漢書·方術列傳·華陀》：「亦以除疾，並利蹏足，以當導引。體有不快，起作一禽之戲，怡而汗出，因以著粉，身體輕便而欲食。」序號 2「知屈伸之法者，則曰唯導引可以難老矣」，導氣令和，引體令柔，原為養生方法之一，後來被道教吸收後成為修仙的眾多法術之一。序號 3、4 說明導引與服符行炁、數息思神是彼此相關的。序號 7 中可以知道「養生之盡理者」最好能博探眾術。序號 8 說明中士也就是「地仙」是服食靈芝，導引煉功，通過吞氣而獲得長生的序號 9 說明了當時有關導引術學術專著的記錄。由此觀之導引術，當多方求法，擇善而從，都是肢體運動與行氣、按摩、漱咽相配合的一種健身治病的方法。

　　葛洪認為導引不必過分拘泥於某些招式功法，應該根據人體情況來靈活運用。《抱朴子·別旨》說：

> 夫導引不在於立名、象物、粉繪、表形、著圖，但無名狀也。或伸屈，或俯仰，或行臥，或倚立，或躑躅，或徐步，或吟，或息，接導引也。〔註32〕

葛洪認為導引的作用，主要在於理氣暢血，因此他把導引術當作一種利關節、行血氣、袪病健身之術來提倡，有力地促進道教氣功的發展。《雲笈七籤》又說：

> 一則以調營衛，二則以消穀水，三則排卻風邪，四則以長進血炁。
> 故老君曰：天地之間，其猶橐籥乎。虛而不屈，動而愈出，言人導引搖動，而人之精神益盛也。導引於外而病愈於內，亦如針艾攻其

〔註32〕《正統道藏》第四十七冊，（台北：藝文印書館，1977 年），頁 37817。

榮俞之源，而眾患自除於流末也。〔註33〕

《雲笈七籤》從醫學角度說明了導引術的醫療作法，《服精氣論‧導引論第三》中也闡述了導引術理論與方法，說：

> 夫肢體關節，本資於動，用經脈榮衛，實理於宣通。今既閑居，乃無運役事，須導引以致和暢，戶樞不蠹，其理自然。所以通津血，強筋骨，利關竅也；衛氣者，所以溫肌肉，充皮膚，肥腠理，司開闔也。〔註34〕

健身氣功與其他體育運動的不同點就在於強調呼吸，注重身心合一。健身氣功馬王堆導引術整套動作都要求呼吸自然順暢，精神內守，意念與肢體動作相配合，從而達到身心合一的境界。導引運動可以促進精氣的流通，氣血的暢達，增強人體抵禦病邪的能力。

（二）按摩

早在原始時期，原始人對病痛之處自然地加以撫摸按壓，或使病痛減輕，這可以說是針灸按摩治病之起源。早期人類基於動物自救的本能反應，自己或請他人手按局部或是指壓痛處，達到止血消痛的自我治療，按摩與導引一樣都是出於身體自然領悟的養生手段。按摩技術著重在以手按捏身體的有關部位，來活絡筋骨與氣血，消除疼痛或是治療疾病。後來發展出替代手的按摩工具，例如砭石、針石。中國醫藥起源甚早，在西元前三千年前的仰韶文化時期，就已懂得使用砭石，或稱為石鐮、砭鐮、石針，為近似鐮刀的器具，其尖銳之處可刺，鋒刃地方則可以用來切割。砭石是以其鋒銳之處來磨擦皮膚的痛點。也有磨製為針形，稱為針石，是砭石的一種，專門刺在氣血癰腫聚結之處，用來治病或排膿放血。相傳黃帝制九針，已有各種材質的砭針，隨著火的普遍使用，先民發現灸熨的效果不亞於針刺，學會向患部噴火酒，或用香草火薰，發現艾草的功效甚佳，形成艾灸的治療技術。針石加上灸熨二者結合形成了針灸療法，是古代流傳下來的按摩養生之術，根據甲骨文字的記載，大約在商代已有相當純熟的技術。〔註35〕

〔註33〕 （宋）張君房編、李永晟點校：《雲笈七籤》（北京：中華書局，2003年），頁190。

〔註34〕 （宋）張君房編、李永晟點校：《雲笈七籤》（北京：中華書局，2003年），頁78。

〔註35〕 李良松：《甲骨文化與中醫學》（福建福州：福建科學技術出版社，1994年），頁64。

　　商代按摩已經爲常見治病的方法。從甲骨的卜辭，我們可以知道殷商已有相當的醫療知識與技術，根據甲骨文記錄，當時對人體解剖部位名稱有二十五個，有關各科疾病共有四十餘種，有內、外、婦、兒、五官、皮膚等疾病，已能區分不少的特殊病症。相關的治療方法，從卜辭中可以看出當時已能熟練地使用按摩、灸治、砭刺、酒療、藥物、拔牙、治外傷等方法，〔註36〕由此可見醫療的專業化。

　　具有雙重身分的巫醫，既能以巫術來驅邪治病，也能以醫藥來消災解病，逐步發展出來的物理治療手段，從按摩導引到灸熨針砭，除了重視自身肉體的保健之外，也期待能藉由疏通血氣，以維持穩定的身心狀態，其原本目的是爲了通神明與參天地，轉而成爲人們自救保健的相關技術，從指壓按摩到砭石、針灸等替代物，理解到自身氣血運行的道理，進而發現了經絡與穴位，學會了在徑路上重複地按壓與灸灼。〔註37〕

　　針灸有調理氣機與治療疾病的功能，在於對人體腧穴與經絡的發現，認知到刺激這些部位，就能透過調整人體的氣血，達到消除疾病與恢復健康的目的，這種認知原先是粗淺模糊的，經過漫長的實踐與總結，才逐漸形成完整的腧穴與經絡的概念。〔註38〕隨著針刺、灸熨、按摩等治療手段的普遍流行，約在戰國時期對於人體的經絡認知已逐漸成型，從馬王堆出土的醫書共有十四種，其中帛醫書十種中屬於經脈和診斷學著作，分別爲：《足臂十一脈灸經》、《陰陽十一脈灸經》、《脈法》、《陰陽脈死候》等，是古代有關經絡研究的文獻，經絡學說的形成可能在戰國時代已認識，至西漢初而成型。這些文獻記載了人體十一條經脈的脈名，循行路徑、疾病症候與治療法則，進而發展具體的診脈技術，能根據脈相來判斷疾病，包含有診斷十一脈疾病的脈診。〔註39〕是長期臨床經驗累積的結果，不是一次完成的。到了《黃帝內經》經絡體系眞正完備，甚至達到後人難以修改或是取代的境地。〔註40〕

　　方士醫學和道教醫學還創立了「穴位理論」。穴位是人體臟腑經絡氣血輸

〔註36〕高春媛、陶廣正：《文物考古與中醫學》（福建福州：福建科學技術出版社，1993年），頁39～63。

〔註37〕馬伯英：《中國醫學文化史》（上海：上海人民出版社，1994年），頁192。

〔註38〕張榮明：《中國古代氣功與先秦哲學》（上海：上海人民出版社，1987年），頁39。

〔註39〕周一謀等：《馬王堆醫學文化》（上海：文匯出版社，1994年），頁14。

〔註40〕廖育琴：《岐黃醫道》（遼寧瀋陽：遼寧教育出版社，1991年），頁15。

注出入之處，對於人體的生理、病理來說，極為重要。所以道士修煉意守、按摩、導引及道醫診治針灸時，均離不開穴位的認識。《黃帝內經‧靈樞‧九鍼十二原》及《靈樞‧小鍼解》說：

> 節之交，三百六十五會，知其要者，一言而終，不知其要，流散無窮。所言節者，神氣之所遊行出入也。非皮肉筋骨也。〔註41〕
>
> 節之交三百六十五會者，絡脈之滲灌諸節者也。〔註42〕

此處說明人體有三百六十五個穴位，穴位的作用，是神氣出入遊行與灌注之處。穴位的名稱又稱為腧、俞、輸、節、會等。《黃帝內經》依據腧穴的分佈與作用分為六類，說明如下：分佈於十二經脈與任、督脈上者為「經穴」，上述經穴之外者為「經外奇穴」。十二經脈分佈於肘、膝關節以下者為「五輸」，它們分別名為井、滎、輸、經、合。「絡穴」是指絡脈從經脈分出處穴位，臟腑經氣輸注於背部者稱「腧穴」，匯聚於胸腹者稱「募穴。」在針灸保健方面，養生書中也記載著通過針刺或是艾灸足三里、三陰交、氣海、關元等穴位，可作為日常固本培元的保健手段。

道教醫療是一種經驗醫學，是長期生活智慧系統化的產物，經絡體系的建立，雖然無法被西方主流醫學所證實，卻也是一種無法被排斥與否定的醫療技術，事實上經絡是人體的一種特殊的客觀存在，這種存在又非生理、解剖等現代人體科學所能證實的，所以它是一種特殊的存在，我們可以把它稱為「形而上」的人體生命體系。因此，對這種形而上的生命體系的發現，就不可能用一般「形而下」的方法去驗證，只能是用內省、感悟的體驗方法，即人體超常智能的內求法，如「內視」、「透視」等功能的運用，而這種方法又是和古代神仙方士的修煉密切相關。〔註43〕經絡體系的建立，有著調節身體機能的醫療、養生作用，擴大針灸的實踐功能，後來發展成完備的理論體系。

這一時期，神仙家及方士出身的醫家大量出現，這些方士醫家，在以呼吸冥想為主要方式的修煉中，有的出現了內視功能，有的從內氣運行路線的

〔註41〕（唐）王冰次注、（宋）林億等校正：欽定《四庫全書》子部三九醫家類《靈樞經‧九鍼十二原》，第七三三冊，頁321。

〔註42〕（唐）王冰次注、（宋）林億等校正：欽定《四庫全書》子部三九醫家類《靈樞經‧小鍼解》，第七三三冊，頁326。

〔註43〕王慶餘、曠文楠：《道醫窺秘——道教醫學康復術》（台北市：大展出版社，2000年），頁85～86。

體驗中，感悟到了經絡的存在及其形態、結構，因此產生了經絡學說。

經絡的發現與方士醫學的觀察、體驗分不開。先秦時期對經絡學說的偉大發現，是方士醫學與中國傳統醫學互相融通的結果，亦即為醫、道結合，道醫一體的貢獻。到漢代時，經脈學說已有相當程度的發展，發現了人體的經絡系統，並且清楚記錄經絡循行的路線圖與經絡上的治療點。這形成後來《黃帝內經》經絡學說的主要資料來源，從十一條脈發展到十二經脈，從互不相屬到向心性循行，建構出龐大的經絡系統。到了《黃帝內經》時，經絡體系學說已達真正完備，甚至達到後人也難以修改或取代的境地。〔註44〕《黃帝內經》在經絡學上有相當大的突破，從十一條脈發展到十二經脈、奇經八脈、十五經絡、十二筋經、十二皮部、二百餘穴位等，雖然後代增加穴位至七百多個，但是經脈的基本架構一直流傳至今。根據經絡的循行部位，便可以知道局部的病變與內臟的關係，從而了解其病理的真相。〔註45〕

這種對人體經脈的重視，從與鬼神相通，到重人性命，強調氣血的流通，這種「通」是有其形上學的依據，是寄託在天人相應的氣化觀念上，意識到人氣與天地之氣的交涉之理。導引與按摩是道教醫療最常見的外功保健養生術，這種養生術有著濃厚的功利色彩，即追求個人的健身延年與長命百歲，可以說是傳統社會最為豐富的經驗累積與文化遺產。保健外功療法有通津血益筋骨，進而溫肌肉充皮膚，達到按摩導引與保健療病的功效，可以治療神經、循環、呼吸、消化、關節、肢體等方面的疾病，人們藉由進行身體各部位的保健操作來達到氣血調和、百脈通暢與精氣旺盛等養生目的。

二、生理內功療法

生理內功療法繼承最多古老宗教的信仰文化，是建立在超自然力的神聖領域，基本上屬於宗教、巫術與術數等範疇，被道教納入成為其神秘體驗的一部分，有著濃厚的宗教色彩。生理內功療法也是建立在導引外功的基礎上，達到養神「鍛鍊心神」與養形「保持元氣」性命雙修的境界，以增強氣血運轉的方式來達到抗老延年的目的。由此可知道教醫療原本就是「信仰性質」的養生體系，不同於科學性質的醫療系統。以下分為行氣、辟穀食氣、胎息三部分來說明：

〔註44〕廖育琴：《岐黃醫道》（遼寧瀋陽：遼寧教育出版社，1991年），頁15。
〔註45〕陳九如編著：《黃帝內經今義》（台北：正中書局，1986年），頁118。

（一）行氣

「氣」的發現對古文明來說是一件大事，有學者認為：

> 人們從雲氣與蒸煙的作用，體會到大氣的存在，領悟到氣候的變化
> 與人體的健康是息息相關的，從氣融通萬有的客觀現象中，肯定氣
> 也是一種橫貫有無與順透生滅的宇宙本源。〔註46〕

人們對氣的認知不只是思想上的突破，更強化了人為自身生命的理解，企圖將宇宙天地之氣納入個人機體內加以積聚與治養，更將人的生死與氣的順逆相互結合起來〔註47〕，發展出具備的服氣術或行氣術，作為養生的主要依據。《莊子・大宗師》說：「古之真人，其寢不夢，其覺無憂，其食不甘，其息深深。真人之息以踵，眾人之息以喉。」說明至少戰國時期已有人在氣功修煉中達到相當高的水平，這種行氣術比起最初的「服氣術」功法要進步得多。近代出土的《行氣玉佩銘》，學者推斷大約是晚周或是戰國初期的作品，已相當重視吸氣與呼氣的養生技法。〔註48〕共四十五字。學者郭沫若譯為：

> 行氣，吞則蓄，蓄則伸，伸則下，下則定，定則固，固則萌，萌則長，
> 長則退，退則天。天幾舂在上，地幾舂在下。順則生，逆則死。〔註49〕

學者郭沫若認為由此觀之戰國時期確實有一派講究行氣的養生家。

行氣，亦稱煉氣，古人稱為行炁、氣法或氣術。但行氣與服氣亦稍有不同，服氣在於服外氣以養身，行氣則重點在以我之心，使我之氣，適我之體，攻我之疾，或者是用氣以抗拒外界某種事物之侵襲，行氣術比起最初的「服氣術」功法要進步得多。簡而言之，即心存有所主，氣行有所適之意。魏晉時，行氣之術已盛行。道士們從吐故納新的呼吸本能中，開發出追求健康與長壽的養生技術，《太上混元真錄》說：「行氣一名煉氣，一名長息。」在道教方術中它是吐納、調息、胎息等呼吸功法（包括服氣）的總稱。從鍛鍊呼吸的過程進而達到身心一如的境界，其操作實踐工夫到了後代極為多樣，例如：吐納、行氣、食氣、存思、胎息、內丹、大小周天、佈氣等，一般通稱為「氣功」，道教中稱為「內丹」，是以個人機體內的生命運動來養形與全生，

〔註46〕陸流：《氣道》（上海：上海三聯書店，1994年），頁61。

〔註47〕小野澤精一、福永光司、山井湧著、李慶譯：《氣的思想——中國自然觀與人的觀念的發展》（上海：上海人民出版社，1990年），頁16。

〔註48〕潭定波、寧澤璞主編：《道教養生》（湖南長沙：岳麓書社，1993年），頁327。

〔註49〕郭沫若：《奴隸制時代》（北京：人民出版社，1973年），頁262。

認爲如此可以超越後天的生死之路，獲得長生成仙的要訣。

　　古代的服氣、存神、守一、胎息、內丹、雷法等修煉方術，都可以歸納在氣功的範疇之內。氣功理論是以呼吸的方式將人投入到天地的氣化流行之中，從相互感應到合而爲一，人自身的安身立命要相應於「道」的運行規律，所有生命與宇宙是相通的，肯定經由身體的鍛鍊，運行體內精氣就能溝通宇宙的內外環境，獲致防病療疾的作用。氣在人體內運行，是配合經絡的種類與循行的部位與穴位，道教練氣者強調首先要打通任督二脈，讓氣能周流運轉，稱爲「小周天」，進而將內氣周流擴大到其他的經絡路線，稱爲「大周天」。〔註 50〕這種氣在體內運行的路線，也可能是早期經絡學說的另一來源。道教認爲人的經絡後天中斷了，先天原是連通的，因此要經過修煉氣功使後天之體能返回先天之體，讓氣在經絡中暢通運行，道教宣稱是癒病長生的要術。筆者將《抱朴子‧內篇》的養生法與「行氣」有關的資料整理成表7－5。

表7－5：與「行氣」有關的資料

序　號	內　　　　　　　容	篇　目
1	圖了不知大藥，正欲以行氣入室求仙，作此道機，謂道畢於此，此復是誤人之甚者也。	金丹
2	今道引行氣，還精補腦，食飲有度，興居有節，將服藥物，思神守一，柱天禁戒，帶佩符印，傷生之徒，一切遠之，如此則通，可以免此六害。	至理
3	服藥雖爲長生之本，若能兼行氣者，其益甚速，若不能得藥，但行氣而盡其理者，亦得數百歲。然又宜知房中之術，所以爾者，不知陰陽之術，屢爲勞損，則行氣難得力也。夫人在氣中，氣在人中，自天地至於萬物，無不須氣以生者也。善行氣者，內以養身，外以卻惡，然百姓日用而不知焉。	至理
4	明吐納之道者，則曰唯行氣可以延年矣。	微旨
5	世有服食藥物，行氣導引，不免死者，何也？	極言
6	食草者善走而愚，食肉者多力而悍，食穀者智而不壽，食氣者神明不死。此乃行氣者一家之偏說耳，不可便孤用也。	雜應
7	養生之盡理者，既將服神藥，又行氣不懈，朝夕導引，以宣動榮衛，使無輟閡，加之以房中之術，節量飲食，不犯風濕，不患所不能，如此可以不病。	雜應

〔註50〕卿希泰、詹石窗主編：《道教文化新典（上）》（台北：中華道統出版社，1996年），頁465。

　　序號 1、6 說明葛洪認為服用金丹才是成仙的大法，其他如斷穀、行氣等法，只是輔助性的方法，並非最好的。但是當時道士人手一本的《道機經》，認為行氣之法就足以成仙，葛洪認為《道機經》的作者王圖根本不了解還丹、金液等上藥，因此提出自己看法，以糾正時弊。從序號 2、5、7 我們可以知道在當時行氣與導引的內煉工夫是相互結合的。序號 3 說明行氣的要旨，服食金丹大藥若能兼行行氣之術，可加速成仙。此外要懂房中術，因為不知道陰陽相生的方法，容易勞損傷身，行氣就很難得到行氣時所需要的精力了。行氣成功，則可以發揮出無比的功效，可以防身抵禦外物、延年益壽。葛洪的神仙道教雖然說是以煉金丹大藥為成仙的主要方法，實際上仍然以行氣的修煉作為延年長生的基本功。

（二）辟穀食氣

　　「卻穀食氣」是中國氣功較原始的功法，蓋由最初尋找仙藥的服餌派轉化而來。古人認為服餌芝、玉、菊、朮等珍奇清香之物，可以除穢輕身，便興起服氣又稱為「食氣」的方術。〔註 51〕方士進行導引氣時，常常要以辟穀為前提。辟穀也寫作「避穀」，或稱為卻穀、絕穀、絕粒、休糧；是避食五穀之意。食氣，則是以氣為食，不再食用人間的五穀，進而吸食天地日月的精氣。古有「食五穀致百病」的說法，古人認為五穀氣性沉濁，易使人生命減壽，這就是食穀不能成仙的原因，必須以不產生穢物的氣來代替它。因此道家提倡在修仙過程中，應該避開不食或少食。辟穀的目的是在清除腸胃中的殘渣，食氣則是希望吸取天地精華之氣，人體以多「食氣」來替代食物，從而達到祛病、養身、延年益壽的修身之道。

　　辟穀思想也源於方仙道的神仙方士，早在戰國《莊子·逍遙遊》中就有描寫能行辟穀之術的神人：

> 藐姑射之山，有神人居焉；肌膚若冰雪，淖約若處子，不食五穀，
>
> 吸風飲露，乘風氣，御飛龍，而游乎四海之外。〔註 52〕

藐姑射山神人是「不食五穀，吸風飲露」，吸風飲露即「食氣」，不食五穀即「辟穀」。《呂氏春秋·必己篇》：「單豹好術，離俗棄塵，不食五穀。」注曰：「不食穀實，行氣道引也。」秦漢時期，在方士之中就已經流行不食五穀的

〔註 51〕 胡孚琛：《魏晉神仙道教》（北京：人民出版社，1989 年），頁 283。
〔註 52〕 郭慶藩：《莊子集釋》第一冊（台北：中華書局，1961 年），頁 28。

長生術，出現了一群辟穀之士。《史記・留侯世家》：「留侯性多病。即道引不食穀。」又：「乃學辟穀，道引輕身。」《素問・六節藏象論》認爲：「天食人以五氣，地食人以五味。」五氣與五味並舉，可見古人把「氣」當成一種糧食。馬王堆出土的醫書分類中，屬於神仙家的就有一種專論辟穀之術——《卻穀食氣》，通篇論述了根據天地四時的自然運行，隨月逐日服食天地之清氣，又稱爲「六氣」（即朝霞、淪陰、沆瀣、正陽、天玄、地黃之氣），來達到辟穀目的，以便身強體健、延年益壽。方士行辟穀之術時，並不是什麼都不吃，《卻穀食氣》篇首云：「去穀者食石韋」，石韋又名石皮、飛刀劍、金湯匙、單葉草。《神農本草經》列爲中品草木藥，云：「石韋，味苦平，主勞熱邪氣。五癃閉不通，利小便水道。」〔註53〕由此觀之方士在辟穀服氣的過程中，除了要飲水之外，還會服食一些草木藥，以去除其體積滯、沉疴，能通利臟腑、益氣及富有高蛋白質、高油脂的草木藥，這樣辟穀服氣才能達到較好的養生效果。例如：朮、茯苓、胡麻、黃精、枸杞、大棗、核桃、栗子、花生等之類的草木藥。方士服食石韋就是來自這種心理，能達到「止煩，下氣，通膀胱滿，補五勞，安五臟，去惡風，益精氣」的目的。

秦漢時期爲什麼辟穀食氣術會在方士中廣爲流行呢？學者蓋建民認爲原因有二點，一是與當時社會醫藥學的進步，特別是人們的飲食結構和飲食思想的變革有關係。先秦時期，社會上的貴族階級多喜歡食用濃甘肥厚的肉類食物，並且縱酒以爲樂。這種飲食結構攝取過多的高脂肪，造成人身體健康上的損害。當時方士們受道家返璞歸眞思想的影響，已經意識到這種「肥肉厚酒」飲食的弊端，所以稱它爲「爛腸之食」，所以在飲食上返璞歸眞，多喜食天然植物性食品。

二是方士們認爲吃什麼食物還會直接關係到人的生理、心理差異。《淮南子・地形篇》記載說：

> 食水者善游能寒，食土者無心而慧，食木者多力而拂，食草者善走而愚，食葉者有絲而蛾，食肉者勇敢而悍，食氣者神明而壽，食穀者知慧而夭。不食者不死而神。〔註54〕

〔註53〕 （魏）吳普等述、（清）孫星衍、孫馮翼同輯：《神農本草經》卷一（台北：中華書局，1994年3月），頁75。

〔註54〕 劉文典：《淮南鴻列集解》卷四《墮形訓》（台北：中華書局，1989年），頁142～143。

方士們認為「食穀者知慧而夭」不能長生，是因為人吃了五穀雜糧，腸中積成糞便，穢濁充塞體內的緣故；相反的「食氣者」卻能做到「神明而壽」。所以推論出想要延年長壽，就必須「却穀食氣」，修煉辟穀之術，這樣才有機會達到「不食者不死而神」的境地。在這種觀念推動下，逐漸演生出「食氣者神明而壽」的看法，啟發人們可以透過呼吸吐納的鍛鍊，來與天地自然合而為一，獲取來自大自然生生不息的能量，來改善自我的生命狀態，袪除病患、延年長生。食氣又稱為「服氣」，是人與大自然萬物進行能量信息交流轉換的過程，也是有效開發人體潛能的重要手段。

　　方士們所倡導的辟穀食氣之術，是有一定的醫學生理依據的。經過現代科學家的研究，他們認為從理論上來說，降低食物的攝取量，可以減緩生命的成長和老化過程；吃得少，體內自由基就產生的少，自由基是導致人體日益老化的重要原因。從上述可以知道，控制飲食是人類減少百病叢生、通向長壽的一個重要的法則。所以方士的修煉方術中，是包含有醫學養生的合理內涵，故能稱之為方士醫學的緣故。東漢末道教創立後，把辟穀術納入其修仙方術之中，是成仙模式的內修法之一，並從宗教神祕主義的角度加以重新的闡釋。這也表明道教醫學在導引行氣、辟穀術上與方士醫學是一脈相承的。筆者將《抱朴子‧內篇》的養生法與「斷穀」有關的資料整理成表 7－6。

表 7－6：與「斷穀」有關的資料

序　號	內　　　　　容	篇　目
1	及見武皇帝試閉左慈等，令斷穀近一月，而顏色不減，氣力自若，常云可五十年不食，正爾，復何疑哉？	論仙
2	時有知行氣及斷穀服諸草木藥法，所有方書，略為同文，無一人不有道機經，唯以此為至祕，乃云是君喜所撰。余告之曰，此是魏世軍督王圖所撰耳，非古人也。圖了不知大藥，正欲以行氣入室求仙，作此道機，謂道畢於此，此復是誤人之甚者也。	金丹
3	若未欲去世，且作地水仙之士者，但齋戒百日矣。若求昇天，皆先斷穀一年，乃服之也。	金丹
4	是以斷穀辟兵，厭劾鬼魅，禁禦百毒，治救眾疾，入山則使猛獸不犯，涉水則令蛟龍不害，經瘟疫則不畏，遇急難則隱形，此皆小事，而不可不知。	微旨
5	吞氣斷穀，可得百日以還，亦不堪久，此是其術至淺可知也。	道意

6	敢問斷穀人可以長生乎？凡有幾法，何者最善與？」抱朴子答曰：「斷穀人止可息餚糧之費，不能獨令人長生也。問諸曾斷穀積久者云，差少病痛，勝於食穀時。其服術及餌黃精，又禹餘糧丸，日再服，三日，令人多氣力，堪負擔遠行，身輕不極。其服諸石藥，一服守中十年五年者及吞氣服符飲神水輩，但為不飢耳，體力不任勞也。	雜應
7	近有一百許法，或服守中石藥數十丸，便辟四五十日不飢，練鬆柏及術，亦可以守中，但不及大藥，久不過十年以還。或辟一百二百日，或須日日服之，乃不飢者。或先作美食極飽，乃服藥以養所食之物，令不消化，可辟三年。欲還食穀，當以葵子豬膏下之，則所作美食皆下，不壞如故也。	雜應
8	夫服藥斷穀者，略無不先極也。但用符水及單服氣者，皆作四十日中疲瘦，過此乃健耳。	雜應
9	又符水斷穀，雖先令人羸，然宜兼知者，倘卒遇荒年，不及合作藥物，則符水為上矣。有馮生者，但單吞炁，斷穀已三年，觀其步陟登山，擔一斛許重，終日不倦。又時時引弓，而略不言語，言語又不肯大聲。問之云，斷穀亡精費氣，最大忌也。	雜應

　　從序號 1 中可以知道在漢末曹操召致的方士集團中，就有行辟穀、食氣之術的人，例如左慈。序號 2 的斷穀是指斷絕飯食以益行氣的一種方式，當時的道士人手一本，以為是春秋末的尹喜所著，葛洪提出糾正是曹魏的王圖所撰寫的。序號 4 說明斷穀養性的修道方法，可以產生「辟兵」的特殊功能。序號 5 的「吞氣斷穀」可知斷穀與食氣的修煉工夫是相互結合的，葛洪認為這種道術是淺薄的，可勉強維持一百天。序號 6「斷穀人止可息餚糧之費，不能獨令人長生也」葛洪從道教的修煉實踐中認為斷穀之人只可息看糧之費，無法長生不死。序號 7 中舉例了許多魏晉時行辟穀、食氣術的道士以及他們的方法，葛洪對這類辟穀之術是信之不疑的，而且根據葛洪記錄辟穀的人大多羸瘦身輕，怕亡精廢氣不敢高聲大語。序號 8、9 的吞氣服符飲神水之輩，體力也不能負擔勞作，從而否定了道書上流傳的辟穀食氣可以長生不死的舊觀念。

　　由此觀之魏晉時期，隨著道教對養生延年方術研究的不斷深入，先秦時形成的辟穀、食氣舊觀念受到挑戰。葛洪是魏晉神仙道教方術的集大成者，他對前人的各類氣功功法分別加以整理綜合，對過去形成的仙學觀念也有延續或是革新。辟穀並非絕對不准進食，除了不食五穀之外還可以食些藥、棗和飲水及酒等，當時辟穀成功的人都是要兼行食氣之術的。他認為善於斷穀

之人，不會因為斷穀而瘦弱，反而經過長期的斷穀，對於力氣會有所增長。斷穀的目的有幾種可能，一是為了在亂世中減少對於糧食的需求，儘量不讓外在的客觀環境影響到個人的生活和健康。二是便於行氣目的。三是斷穀之後，有利於金丹大藥的效益，但是沒有斷穀，仍然可以達到金丹大藥的成效，只是有遲速之別而已。

筆者將《抱朴子‧內篇》的養生法與「食氣」有關的資料整理成表7－7。

表7－7：與「食氣」有關的資料

序　　號	內　　　　　　容	篇　目
1	是以真人但令學其道引以延年，法其食氣以絕穀。	對俗
2	又云，食草者善走而愚，食肉者多力而悍，食穀者智而不壽，食氣者神明不死。	雜應
3	食十二時氣，從夜半始，從九九至八八七七六六五五而止。或春向東食歲星青氣，使入肝；夏服熒惑赤氣，使入心；四季之月食鎮星黃氣，使入脾；秋食太白白氣，使入肺；冬服辰星黑氣，使入腎。又中岳道士郤元節食六戊之精，亦大有效。假令甲子之旬，有戊辰之精，則竟其旬十日，常向辰地而吞氣，到後甲復向其旬之戊也。	雜應
4	夫行氣當以生氣之時，勿以死氣之時也。故曰仙人服六氣，此之謂也。一日一夜有十二時，其從半夜以至日中六時為生氣，從日中至夜半六時為死氣，死氣之時，行氣無益也。	釋滯
5	《食日月經》一卷、《食六氣經》一卷	遐覽

序號1、2說明「食氣者神明而壽」的看法，啟發人們可以透過呼吸吐納的鍛鍊，來與天地自然合而為一，獲取來自大自然生生不息的能量，來改善自我的生命狀態，祛除病患、延年長生。序號3的「食十二時氣，從夜半始，從九九至八八七七六六五五而止」服氣之術已經和漢代的干支術數相互結合起來，指吞食十二時辰之氣，從夜半開始，從晡時、日昳、日中、隅中、食時而已，「或春向東食歲星青氣，使入肝」意即以時令相配為春，以五色相配為青，以方位相配為東，以五臟相配為肝的《黃庭經》存思星辰之氣的思神法相互結合起來。食氣是希望吸取天地精華之氣，從而達到祛病、養身、延年益壽的修身之道。序號4「仙人服六氣」是說仙人服食六個活氣的時辰，「一日一夜有十二時，其從半夜以至日中六時為生氣」

從子、丑、寅、卯、辰、巳六個時辰是生炁之時，葛洪認為在這時行炁是最恰當的，可以達到養生的效果，說明行炁時的注意事項，這些也是現在氣功家修煉時需要遵守的禁忌事項。序號 5 中「《食日月經》、《食六氣經》」便是道士中流傳的服氣方書。

（三）胎息

與食氣一術有關的還有胎息。胎息，指煉氣能不以鼻口噓吸，如在胞胎之中。胎息與服氣、行氣亦有所不同，服氣行氣乃是吸外界之氣，而胎息則是如嬰兒在母胎中，不用口鼻呼吸，而行腹中內呼吸。此術古已有之，來自先秦的「食氣」法，因為人咽氣不能只吸而不呼，方士們為了加強食氣的作用，發展出「閉氣咽津法」。《黃帝內經‧素問‧刺法論》說：

> 所有自來腎有久病者，可以寅時面向南，淨神不亂，思閉氣不息七
> 徧，以引頸嚥氣順之，如嚥氣甚硬物，如此七徧後，餌舌下津令無
> 數。〔註55〕

魏晉時期的胎息法，就是從秦漢時的「閉氣咽津法」演化而來的。胎息一詞最早出於《後漢書‧方術列傳》，王眞傳云：

> 方士王眞，年且百歲，視之面有光澤，似未五十者，自云：周流登
> 五岳名山，悉能行胎息胎食之方，嗽舌下泉咽之，不絕房室。〔註56〕

李賢注：《漢武內傳》曰：「王眞字叔經，上黨人，習閉氣而吞之，名曰胎息，習嗽舌下泉而咽之，名曰胎食。」行氣的具修行方法，在《抱朴子‧內篇‧釋滯》有詳細的說明：

> 初學行炁，鼻中引炁而閉之，陰以心數至一百二十，乃以口微吐之，
> 及引之，皆不慾令己耳聞其炁出入之聲。以鴻毛著鼻口之上，吐炁
> 而鴻毛不動為候也。漸習轉增其心數，久久可以至千，至千則老者
> 更少，日還一日矣。〔註57〕

胎息法在今天看來是屬於一種上乘氣功，即現代氣功中的「體呼吸」法，葛洪詳細說明了這種氣功循序漸進的修煉方法。根據當時的氣功理論，認為嬰

〔註55〕（唐）王冰次注、（宋）林億等校正：欽定《四庫全書》子部三九醫家類《黃帝內經‧素問》，第七三三冊，頁 254。

〔註56〕《後漢書》卷八十二下《方術列傳》（北京：中華書局，第十冊），頁 2750～2751。

〔註57〕《抱朴子‧內篇‧釋滯》，卷 8，頁 149。

兒初生時以臍帶和母體相聯，故臍是人體的生身受命之處，所以道士便把眞氣聚於人的臍下二寸，謂之「氣沉丹田」。「丹田」一語在魏晉時道書中已經通用，並且流傳有三丹田之說。在《抱朴子‧內篇‧地眞》中說人體「臍下二寸四分」爲「下丹田」，「心下絳宮金闕」爲「中丹田」，「人兩眉間却行三寸」爲「上丹田」。

並在氣功修煉時把丹田當作「意守」的部位。更進一步模仿胎兒以臍呼吸，如在胎胞之中，這是道教「返元歸根」的思想。道士認爲人若是能返回嬰兒的先天呼吸，眞氣自然旺盛，便能與道融合爲一體，合眞成仙了。又《抱朴子‧內篇‧釋滯》說：

> 予從祖仙公，每大醉及夏天盛熱，輒入深淵之底，一日許乃出者，
> 正以能閉炁胎息故耳。〔註58〕

我的祖父葛仙翁，每一次喝酒大醉或是炎炎夏日，就會潛入深淵之中，約一天才出來，正是因爲他能閉氣胎息的緣故。《抱朴子‧內篇‧釋滯》：「其大要者，胎息而已。得胎息者，能不以鼻口噓吸，如在胞胎之中，則道成矣。」由此觀之葛洪認爲魏晉時期道教中流傳的行氣法雖然有多種，但是以胎息爲代表。《養眞集》：「止有一息，腹中旋轉，不出不入，名曰胎息。」此時神氣合一，內氣潛行，鼻息若無，似胎之息。道教依據「逆修返源」的理論，認爲返於胎息即能斷後天生死之路而掌長生成仙之要。返於胎息之法，有行炁、服氣、存思、守竅、存神煉氣、內丹等多種。如《胎息經‧胎息銘》介紹其功法說：「三十六咽，一咽爲先，吐唯細細，納唯綿綿，坐臥亦爾，行立坦然。戒於喧雜，忌以腥膻。假名胎息，實曰內丹。非只治病，決定延年。」首兩名是指閉息時鼓氣咽服，從一咽開始，漸增至一閉息三十六咽。又有以丹田呼吸法釋胎息者。如《脈望》：「丹田內有神龜，呼吸眞氣，非口鼻之呼吸也。口鼻只是呼吸之門戶，丹田爲氣之本原，聖人下手之處，收藏眞一所居，故曰胎息。」這種呼吸法習練時要求意守下丹田，吸氣時意想氣自丹田吸入，稍作停留，再意想氣自丹田呼出。稍停再作重複。呼吸要綿細、緩慢、均勻，意守要在若有若無之間。

胎息後來成爲道教行氣法中極重要的一種修煉法門，道士認爲通過內煉可以返還胎息狀態，即可以斷絕後天生死之路，通向長生成仙，是道教內丹所追求的境界之一。胎息法在今天看來是屬於一種上乘氣功，即現代氣功中

〔註58〕《抱朴子‧內篇‧釋滯》，卷8，頁150。

的「體呼吸」法，葛洪詳細說明了這種氣功循序漸進的修煉方法，同時介紹了胎息法行氣時的注意事項。筆者將《抱朴子‧內篇》的養生法與「胎息」有關的資料整理成表7－8。

表7－8：與「胎息」有關的資料

序號	內　　　　　容	篇　目
1	仙經曰，服丹守一，與天相畢，還精胎息，延壽無極。此皆至道要言也。	對俗
2	故行炁或可以治百病，……其大要者，胎息而已。得胎息者，能不以鼻口噓吸，如在胞胎之中，則道成矣。初學行炁，鼻中引炁而閉之，陰以心數至一百二十，乃以口微吐之，及引之，皆不欲令己耳聞其炁出入之聲，常令入多出少，以鴻毛著鼻口之上，吐炁而鴻毛不動爲候也。漸習轉增其心數，久久可以至千，至千則老者更少，日還一日矣。	釋滯
3	又行炁大要，不欲多食，及食生菜肥鮮之物，令人炁強難閉。又禁恚怒，多恚怒則炁亂，既不得溢，或令人發欬，故鮮有能爲者也。予從祖仙公，每大醉及夏天盛熱，輒入深淵之底，一日許乃出者，正以能閉炁胎息故耳。	釋滯
4	胎息經	遐覽
5	譬存玄胎息，呼吸吐納，含景內視，熊經鳥伸者，長生之術也。	外篇用刑

序號1「還精胎息，延壽無極」說明恢復體內本具的眞精，修習胎息的方法，就可以延長壽命於無極。序號2說明行氣胎息的具修行方法，呼吸要能夠細長，耳朵才能夠無法聽到呼吸的聲音，在逐漸修習過程中就能讓人返老還童。序號3說明行炁的禁忌，例如「行炁大要，不欲多食」，「及食生菜肥鮮之物，令人炁強難閉」人體內除稟受於天地的眞氣之外，還有五穀食物之氣，吃生菜五穀容易產生強的氣，以至在「行炁」上，使「禁炁」較難。「又禁恚怒」行炁的時候，最忌諱憤怒生氣，容易使氣走岔，就會使人咳嗽，所以很少能精通行氣的人。

葛洪之前玄學家談老莊，只作抽象性思考，葛洪反對虛談，所以從仙道的立場提出一種「寓道於術」的驗證之道，從上述的說明中，我們可以知道經過精神內守修煉後的精神內在世界是可以體驗的。晉代的道教氣功中，已經懂得抓住精、氣、神這三大要素進行修煉，將人體的延年益壽與宇宙的同

體永生聯結在一起，認為氣功修煉下可以獲得生理與心理的防病療疾功能。例如《抱朴子‧內篇‧至理》說：

> 乃父吸寶華，浴神太清，外除五曜，內守九精，堅玉鑰於命門，結北極於黃庭，引三景於明堂，飛元始以煉形，採靈液於金梁，長驅白而留青，凝澄泉於丹田，引濬珠於五城，瑤鼎俯爨，藻禽仰鳴，瑰華擢穎，天鹿吐瓊，懷重規於絳宮，潛九光於洞冥，云蒼鬱而連天，長谷湛而交經。〔註59〕

這是一段珍貴的內丹資料，修道之人，咀嚼並吸收日月精華，讓自己的精神涵蘊在虛空之中，外珍五星，內守九精，命門由玉鑰來堅守，讓雙目連結北極星，胸懷日月星辰，以元始的先天氣來鍛鍊形軀，在名山仙地採取靈液，長期的驅除老化而保持年輕。將凝聚的精蘊真氣聚集於下丹田，引動內丹之氣運行於人體的內部經絡中。葛洪引述的是《黃庭內景經》，加以深入的闡發，兼取《黃庭內景經》的文字及臟腑說。《黃庭內景經》每句七字，應是魏華存夫人大概根據早期流傳於道士手中的稿本整理行世，而依託仙真降授，承「歷臟法」加以精緻化與體系化。而葛洪則依循當時的文風，採四字、六字的句型來鋪排，形成華麗雕飾的文體。內丹煉成後的生命境界與役使鬼神的能力，《抱朴子‧內篇‧至理》說：

> 履蹻乾兌，召呼六丁，坐臥紫房，咀吸金英，曄曄秋芝，朱華翠莖，晶晶珍膏，溶溢宵零，治飢止渴，百痾不萌，逍遙戊巳，燕和飲平，拘魂制魄，骨填體輕，故能策風云以騰虛，並混輿而永生也。〔註60〕

可以六丁之神來侍候，能夠治飢止渴，飲食後百病不生，逍遙戊巳，燕和飲平。可以拘魂制魄，讓骨骼輕盈，具有策動風雲，騰雲駕霧，達到與天地一樣長生不死的終極生命境界。葛洪關於導引、行氣、胎息、存神、守一的修仙方術，這些都是修煉精、氣、神的道教氣功功法，雖然道教的內丹功要到南北宗興起之後才臻於完善，我們從此處剖析葛洪的內丹功法，可以增進我們對早期道教氣功面目的認識。

保健外功療法與生理內功療法是以人體為核心的實質養生工夫，配合呼吸與動作，來達到保養元氣與鍛鍊心神的身心境界。理論是以陰陽五行的氣化作用，對人體的臟腑功能作內在調節與對治機制，經由特殊的修煉，可以

〔註59〕《抱朴子‧內篇‧至理》，卷5，頁111。
〔註60〕《抱朴子‧內篇‧至理》，卷5，頁111。

達到個人機體系統性的動態平衡，對於維護健康與治療疾病起了積極性的創造與運用。外功與內功療法是建立在人與天地相應關係的運氣理論上，將氣化與物化進行了有機的聯繫，肯定萬物的運作統一氣化的天體運動，人體與外界環境是息息相關，彼此有對應的周期節律，掌握到運行規律是「生命返本」的基本治療之道。各種人體的鍛鍊功法，是經由氣的各種運動來加以實現的，強調氣在運動中有一定的調節機制，不斷地維持相對的平衡，讓身體內物化性質的生長收藏有著高度的動態均衡。

　　生理內功療法中的氣功，是經由長期的綜合發展所累積而成的一種身心自我鍛鍊的養生方法，是民間珍貴的智慧遺產，具有傳統社會的哲學、宗教、醫學等理論體系，不只可以防病益壽，還可以陶冶性情，開拓生命存在的精神世界。重點在調整個人的身體、氣息與心境，讓人可以放鬆入靜，達到生命寧靜的狀態，來成就修持的境界功夫；著重在變化個人的生命體質，進行體內之氣與體外之氣的交流，擴充人體氣的能量，達到延年益壽的目的。強調氣功調攝養生的功效，被認為具有治療呼吸、循環、消化、血液、內分泌、免疫等系統疾病的能力。氣功是否真的具有醫療的效果，臺灣醫學界也開始進行實驗，〔註61〕重視氣功在人體上可能產生的變化，及其輔助醫療的功效。至於發放「外氣治病」與「特異功能」的啟發，因為具有濃厚的宗教神秘色彩，已經超出一般醫療的學理範圍，實質上是屬於人體的神秘現象，已經超出科學的範疇，而是一種玄學的體系，發展而成的醫療文化，雖然有具體的醫療功效，但是無法僅從醫療的角度作客觀的研究。

三、食物與秘方療法

　　服食術也是一種經驗醫學，是人類生物本能的自救措施，在飲食的過程中累積了對食材的藥性認知。除了可以充饑果腹維持生命的食物之外，也將可以緩解病痛的食材記錄下來，如神農嚐百草的神話，顯示先民以生命的代價來掌握食材的藥效，認為適當食材的選擇與運用，可以擴大食治、食補與食療的功能，達到保健強身與防病治病的功能。〔註62〕從《詩經》、《山海經》的書中已有不少動植物藥的記載，明確記錄了藥物的名稱、產地、形態、功

〔註61〕陳榮洲：〈天帝教正宗靜坐腦波之研究〉《紀念李玉階先生學術研討會》1995
　　　　年，頁61。
〔註62〕冷啟霞、王康：《壽膳、壽酒、壽宴──飲食與長壽》（四川成都：四川人民
　　　　出版社，1993年），頁124。

效以及使用的方法，可說是後代本草著作的先河。〔註63〕

食物與秘方療法是「採補」的保健觀念與技法，以吸取外在的營養資源來「補虛養命」與「治病護身」，即是所謂的「食養」與「食療」。古人相信人在與宇宙的氣化對應過程中，宇宙萬物是天人之間重要的滋補材料，經由「服食」讓人利用宇宙萬物的養料來補虛養命與治病護身。疾病的產生是因為人體的陰陽失調或氣血不足，對自然界適應能力的減弱，容易遭受到外來邪氣的侵襲，經由飲食的調整，可以促進人體的陰陽平衡與氣血旺盛，適應自然界的各種變化與去除外邪侵襲的作用，達到防病與治病的目的。道教醫療在治療上重視「飲食療法」，通過飲食來建構治病護身與延年益壽的治療方法食補與食療的作法，來自「人與天地萬物」陰陽採補的觀念，認為人體本身隨時都要維持在陰陽和諧的狀態中，必須不斷地進行天人之間的氣化交感作用，吸取外在的養料資源來補虛養命與治病護身，這些養料包含了大自然的精氣、男女的精氣與食物的精氣等，顯示人與天之間精氣是相互流通的，彼此有著交感的聯繫與互滲的關係。飲食調理是人獲得自然養料最直接的方式，可以支配人體的生理狀況，食補與藥補是民間盛行的「進補」觀念與技術，可以算是中國人飲食文明中的一項特色，〔註64〕來自「醫食同源」，重視藉由飲食的調理，以達到特殊的醫療養生效果，不單是生活經驗下的的衛生保健文化，同時實踐人與自然相互順應的陰陽規律，經由飲食來達到卻病延年的養生目的。

（一）食養與食療

古人相信人在與宇宙的氣化對應過程中，宇宙萬物是天人之間重要的滋補材料，經由「服食」讓人利用宇宙萬物的養料來補虛養命與治病護身。有學者認為：

> 疾病的產生是因為人體的陰陽失調或氣血不足，對自然界適應能力的減弱，容易遭受到外來邪氣的侵襲，經由飲食的調整，可以促進人體的陰陽平衡與氣血旺盛，適應自然界的各種變化與去除外邪侵襲的作用，達到防病與治病的目的。〔註65〕

〔註63〕張鐵忠：《飲食文化與中醫學》（福建福州：福建科學技術出版社，1993年），頁7。

〔註64〕李豐：〈中國人的病與補〉《中國人：觀念與行為》（台北：巨流圖書公司，1988年），頁217。

〔註65〕劉波、張文主編：《養生術》（海南：海南國際新聞出版中心，1993年），頁176。

道教醫療在治療上重視飲食療法，通過飲食來建構治病護身與延年益壽的治療方法，這種食療在日常生活的運用，已經成爲民俗的重要文化內涵。

所謂「食養」，是指注重食物的攝取技法。人們不同的生理周期有不同營養的飲食要求，尤其是病患、老人、孕婦、產婦等，飲食的內容必需要特別講究，才能達到衛生保健的目的。中醫用藥的觀念，大多採用天然物質，且爲人體必需的營養物質，與食物可以相互流通，因而食療的技術在民間廣爲流行。人們的飲食文化，不只是重視烹飪與品味，還特別強調食物的養生與醫療，在消極方面有飲食的禁忌，即所謂的「忌口」，亦即避開某些對人類身體有害的食物與飲食習慣。在積極方面則講究食物的調配與飲食習慣，吃出健康與調養疾病，既可以享受美食，又同時具有養生益壽的效果。這來自於「醫食同源」的觀念，在人們心中認爲食物也是藥物，因此若能在飲食上講究，就可以達到衛生保健、防止疾病、並且維護身體健康。

（二）食療祕方

醫除了「用酒」之外，也累積「採藥治病」的醫療相關知識，從《山海經》裏記載的有關藥用的動物、植物、礦物等用藥多達一百多種，目的多元，有可供：食用、治病、避邪、調節生育能力、健身、調神、美容等，由此觀之當時防治疾病，已有相當多樣的物質手段。

服食起源於戰國時的方士，是在神仙家的神仙信仰和「服食成仙」思想影響下發展起來的一門方術。根據《列仙傳》記載，早期方士除了服食一些礦物藥之外，還喜食草木藥。例如赤松子「啖百花草」，偓佺「好食松實」，鹿皮公「食芝草」等。馬王堆出土的十四種醫書中，《養生方》中記載了許多服食方，例如：

> 取細辛、乾薑、菌桂、烏喙，凡四物，各冶之。細辛四，乾薑、菌
> 桂、烏喙各二，並之，三指撮以爲後飯，益氣，又令人面澤。〔註66〕

細究《養生方》的服食內容，大多數都是針對「老不起」、「陽不起」的房中補益方。《五十二病方》中記載許多服食方和祝由方。

所謂「食療」，是指人們若有疾病可以經由飲食的調理，來達到特殊的醫療效果。民間流行各種食療祕方，專醫各種疾病，某些看起來很平凡的食譜，卻具有防病、治病的功能，這些食譜大約可以分爲健脾益胃類、潤

〔註66〕《馬王堆漢墓醫書校釋》貳（四川：成都出版社，1992年），頁43。

肺益肝類、補血類、益氣類、補腎壯陽類等，〔註67〕這些補法可分爲補氣、補血、益精、安神、生津液、填骨髓等，都是以強壯爲目的。更專業的藥膳祕方，將食物與藥物結合起來，講究特殊的調配與制作方法，來達到治療養生的目的。服食也是一種食療祕方，民間相信靈芝、茯苓、地黃等草木之物是具有治病、養性的藥效作用，相信這一類食療祕方具有延年益壽與長命百歲的功能。

　　從藥物屬性的掌握到施藥的醫術，其經驗知識與技術經由世代的傳承，累積出高度的醫療技能。食物的調配有其一套複雜的理論，講究的是五味的調和，主要作用是「祛邪」即驅除病邪與「扶正」即恢復和加強人的體力、充實正氣。有學者認爲：

> 《黃帝內經》提出了一個綱領：「虛則補之，實則瀉之。」補是扶持
> 正氣的不足，瀉是驅除邪氣的侵害，補瀉之中又有各種方法，但目
> 的只是一個，恢復健康而已。〔註68〕

因此必須考慮到食用者的體質，不同體質的人其攝取食物各有差異，甚至還要顧及氣候條件、用餐地點、生活習慣等因素，這些配合起來也成爲一套複雜的民間醫療系統，加上「因人制宜」，食療的措施與方法還要有「因人擇法」與「因人變法」的相應調整。〔註69〕由此看來食療因此發展出一套醫學理論系統，長期與中醫有某種程度的結合，彼此相互滲透，造成醫療知識的普及化，與治病藥物的祕方化，人們學會了某些操作簡易的驗方療法，可以自我醫療與養生，形成豐富多彩的飲食衛生保健文化。傳統的古典醫學不屬於科學的範疇，是建立在食醫的基礎上保存與傳受飲食的養生經驗，重視藥用食物的醫療作用。〔註70〕

　　祕方能產生治病的神奇效果，也在配合人體精氣運行，進行陰陽的寒熱、虛實、動靜、升降等方面的調整，可以相互依存與轉化，產生對治疾病的功效。陰陽的變化與大氣的運行有關，要法於陰陽，更需要合於術數，從氣化相通的運行規律，將術數的理法貫穿入五臟體系之中，認爲身體的臟腑經絡

〔註67〕林川編：《宮廷食補祕方》（廣西：民族出版社，1993年）。

〔註68〕秦伯未：《中醫學概論——醫學入門捷徑》（台北：文光圖書有限公司，2007
　　　　年），頁103。

〔註69〕廖果：《自養之道——中國古代個體差異養生學說》（台北：華藝出版社，1993
　　　　年），頁5。

〔註70〕張緒通、王虎譯：《道的膳食——苗條與健美身體的祕訣》（四川成都：四川
　　　　大學出版社，1993年），頁4。

都是與自然界的氣象相互感應。〔註71〕各種的醫療祕方的來源極為複雜，有採自中醫的藥方，有的是祖傳祕方，有的是經驗傳授，未必有醫學的根據，除了來自自身的醫療體驗外，同時反映了人們渴望靈驗奇蹟的心理，是以超自然的神祕經驗來傳達醫療養生的訊息，因此是建立在神奇的療效與作用上，其背後具有濃厚的宗教心理與精神療法。

（三）飲食寶鑑

「節飲食」意指人們的飲食既不能過多，也不能過少。過度飲食會傷脾胃，臟器為消化過量的飲食，須不停的工作，消耗大量的氣血，造成身體的虧損。現代醫學也指出過度飲食容易引起肥胖、糖尿病、心臟病等，可見過度飲食的危害是非常大的。尤其現代人的物質生活比較富裕，大吃大喝的機會增加，而勞動程度卻相對降低，更是要注意飲食的節制。

1. 節飲食

飲食養生必須遵守正道，飲食的正道有很多種，《頤》卦認為最重要的就是節飲食。《象》曰：

> 山下有雷，頤，君子以慎言語，節飲食。〔註72〕

此處著重點出「節飲食」，就是要節制飲食。有關節制，《節‧雜卦》說：「節，止也。」《節》卦卦象是☵坎上兌下，「澤之容有限，澤上置水，滿則不容，為有節之象，故為節。」〔註73〕意思是湖澤能夠承裝水的容量是有限的，因此往裏面注水的時候要適可而止，否則將溢滿出來。故卦辭說：「亨，苦節不可貞。」程頤解釋：

> 事既有節，則能致亨通，故節有亨義。節貴適中，過則苦矣。節至
> 於苦，豈能常也？不可固守以為常，不可貞也。〔註74〕

意指人們做事情，若能保持節制，則可以亨通。但不能過於節制，因為過於節制不合乎正道，古人云：「過猶不及」，事情做過頭或做得不夠，都不能稱為「節」。所以「節」是一種中庸狀態，不偏不倚，恰到好處。

〔註71〕鄔學熹、戴斯玉、鄔成永：《象數與中醫學》（福建福州：福建科學技術出版社，1995 年），頁 72。
〔註72〕黃壽祺、張善文：《周易譯註》（台北縣：鼎淵文化，2004 年 9 月三刷），頁 228。
〔註73〕黃壽祺、張善文：《周易譯註》，頁 239。
〔註74〕黃壽祺、張善文：《周易譯註》，頁 240。

「節飲食」對於日常三餐有著不同的規定，也就是現代醫學所提倡的早餐吃好，午餐吃飽，晚餐吃少。早中晚三餐量的規定是言之有理的。《周易》既講陰陽和諧又講扶陽抑陰，早上七點至九點陽氣已漸盛，是胃經當令，食物屬陰，此時攝取飲食，一方面可以補充能量，補足氣血，同時也是用食物之陰氣去平和體內上升的陽氣，以保持陰陽的和諧。但此時，陽氣尚不壯盛，故飲食不需要多，吃的精緻營養即可。中午時，人的陽氣壯盛，故可以多吃一些，種類可以多元豐富，以平衡陰陽。晚上時，人的陽氣漸弱，陰氣上升；而飲食屬陰，若過度飲食，容易助長體內的陰氣，導致陰陽失衡。

另外，晚上體內陽氣不足，無法消化這麼多的食物，易導致腸胃過度疲勞，日積月累會使腸胃功能減弱，使人體氣血不足，疾病叢生。況且晚餐過度飲食，人就容易興奮，胃不和則臥不安，睡眠品質不好，會更進一步耗損陽氣，故晚上一定要少吃，並且應把握清淡原則，可以吃些易於消化的粥類、蔬果等。人們必須管好自己的嘴巴，做到適量飲食，這樣才能保有健康的身體。

2. 飲食養生之方

就肉體的實質養生來說，食物的攝取是相當重要的保命行為，在飲食過程中必須掌握食物的屬性，兼顧其與身體陰陽調和的對應關係，食物能產生療效幫助人體保持在氣化平衡的健康狀態。一般認為食物具有寒、熱、溫、涼等四性與酸、苦、甘、辛、鹹等五味，是對應陰陽四時與五行的運行規律，在日常生活飲食中若是能謹和五味與調和陰陽，才能避免疾病的產生有益健康。飲食是每個人所必須的，它能供給人必要的營養物質，但若飲食不當、恣貪口腹、沒有節制、運化不及，會給人帶來傷害，造成許多消化系統的疾病，古稱為「傷食」。所以對於飲食的宜忌，不可不慎。從理論上說，飲食入於胃，經胃腐熟後，其精微物質上輸於脾，脾主運化，將精微物資運行到全身，供給臟腑、氣血、筋骨各處的營養。所以飲食直接與脾胃發生關係，假使因飲食不當，使脾胃功能失調，必然會使全身各臟器功能減弱，發生一系列病變，此即為《內經》所說的：「飲食自倍，腸胃乃傷」，中醫稱為脾虛。筆者將《抱朴子‧內篇》與飲食養生有關的內容，整理成表 7－9。

表7-9:「飲食養生之方」

序號	內　　　　　　　　容	原　則
1	不欲極飢而食，食不過飽，凡食過則結積聚。	節飲食
2	不欲極渴而飲，飲不過多，飲過則成痰癖。	節飲食
3	不欲多啖生冷	適寒溫
4	五味入口，不欲偏多	調五味
5	故酸多傷脾，苦多傷肺，辛多傷肝，鹹多則傷心，甘多則傷腎，此五行自然之理也。	調五味
6	流行榮衛，有補瀉之法	食藥療
7	知飲食過度之畜疾病，而不能節肥甘於其口也。	節飲食
8	先將服草木以救虧缺，後服金丹以定無窮	食藥療

在表7-9中，序號1、2、7都是屬於節飲食的飲食養生之方，所謂「節飲食」的意義有二，一是節制的意思，不可過飽，更不能暴飲暴食。二是指飲食要有一定的節律。若是人一次飲食所攝入的量過多，會增加胃的負擔，無法及時消化腐熟水穀，脾的功能也相對受阻礙，不能正常運化，就可能出現腹滿、腹脹、腹瀉、肢體乏力等病狀。脾胃運化功能失常，也會影響到其他臟腑，使五臟功能紊亂。故《黃帝內經‧素問‧痺論》說:「飲食自倍，腸胃乃傷。」此外飲食要有一定的節律，說的是定時進餐，才能定量，適應腸胃功能的規律，並且在日常生活中確實遵守。

序號3是屬於適寒溫的飲食養生之方，所謂「適寒溫」是指送進嘴巴裏的食物，冷暖應相宜，不要過冷與過熱。因為《靈樞‧師傳》說:「食飲者，熱無灼灼，寒無滄滄。寒溫中適，故氣將持，乃不致邪僻也。」飲食太熱容易灼傷口舌、食道，太寒涼則容易寒凝氣滯、胃腸運轉不利，消化不良，甚至出現腹瀉下痢。只有寒溫適中，脾胃才能健康營運，元氣才能在脾胃健康營運下保持充沛，邪僻不生。

序號4、5都是屬於調五味的飲食養生之方，所謂「調五味」，根據道教天人相應學說，食物的五味可入五臟，酸味入肝，苦味入心，甘味入脾，辛味入肺，鹹味入腎。《黃帝內經‧素問‧五藏生成》說:

是故多食鹹則脈凝泣而變色;多食苦則皮槁而毛拔;多食辛則筋急而爪枯;多食酸則肉胝䐜而脣揭;多食甘則骨痛而髮落，此五味之所傷也。故心欲苦，肺欲辛，肝欲酸，脾欲甘，腎欲鹹，此五味之

所合也。〔註75〕

葛洪精於醫學，所閱讀的醫書也被引用為養生之方，他將陰陽五行配合五味、五臟，作為醫學的思考原則。故提出「酸多傷脾，苦多傷肺，辛多傷肝，鹹多則傷心，甘多則傷腎，此五行自然之理也。」我們可以依據五臟的性質來調整其失却平衡所產生的病變，在食療上遵循一個規律：肝欲散，宜食辛以散之，肝苦急，宜食甘以緩之；心欲軟，宜食鹹以軟之，心苦緩，宜食酸以收之；脾欲緩，宜食甘以緩之，脾苦溼，宜食苦以燥之；肺欲收，宜食酸以收之，肺苦氣上逆，宜食苦以泄之；腎欲堅，宜食苦以堅之，腎苦燥，宜食辛以潤之。〔註76〕

所以在飲食上調五味要做到二方面，一是要合理搭配，勿使五味偏嗜；因為偏食五味，營養不協調，會給人帶來身體的病變。二是可以依據身體的需求來調適五味，例如夏季炎熱，人心火較盛，可多食苦味，如苦瓜之類。苦味入心，可清心火，安神志。上述的調五味屬於食療範圍，歸根究底都離不開道教的五味五臟相通的理論。合理調理飲食就能保證脾胃健運，全身滋養充足，若能進一步根據身體情況，四季運轉而選用適當的食物，就能達到食療的效果。

序號6、8都是屬於食療的飲食養生之方，所謂「食療」是用以調理人身氣血及臟腑盛衰，以補人力之不足，也是養生中常用的方法。古人認為藥物有益於身體，中藥理論認為：一切藥物都有其各自的氣味特點、陰陽屬性。「氣」，即四氣，指藥物的寒、熱、溫、涼四種性質，這是從藥物的寒、熱來分。用於治療上，熱病用寒藥，寒病用熱藥，溫病用涼藥，涼病用溫藥。「味」，即五味，指酸、苦、甘、辛、鹹，五味各有其作用。一般來說，味酸者長於收斂，味苦者長於堅陰，味甘者長於緩急，味辛者長於宣散，味鹹者長於軟堅。

根據藥物的氣味及與浮、降、沉、升的性能特點，可以分為陰陽兩大類，以四氣而言，溫、熱為陽，寒、涼為陰。以五味而言，甘、辛為陽，酸、苦為、鹹為陰。人體也分陰陽，陽盛則陰病，陰盛則陽病，陰陽平衡協調，人體就健康，陰陽偏盛偏衰，人體就處於病態。服食藥物的作用，就是調補陰

〔註75〕（唐）王冰次注、（宋）林億等校正：欽定《四庫全書》子部三九《黃帝內經‧素問》醫家類，第七三三冊，頁42～43。

〔註76〕秦伯未：《中醫學概論──醫學入門捷徑》（台北：文光圖書有限公司，2007年），頁33。

陽的偏盛偏衰。所以《抱朴子‧內篇》的「流行榮衛，有補瀉之法」及「先將服草木以救虧缺」，屬於道教中流傳應用的服食藥物養生法，依據的是陰陽、氣血、臟象理論〔註77〕，一般來講，服食不同於醫病，病則有虛有實，治療應有攻邪、補虛之別，或攻補兼施，服食則多補虛，長期緩補，使正氣充實，人體自我調節能力加強，抗疾能力加強，自然能祛病延年。

補虛也要依據個人的體質情況，歸納來說，人體的虛弱不足，可以分為氣虛、血虛、陰虛、陽虛四種。人是一個內在統一的整體，氣、血、陰、陽都不是孤立存在的，一方面虛損會影響其他方面，或是兩種虛損同時並存，故在選用補養藥物上，要先分清楚是那種虛損，如何主次兼顧，進補時根據不同情況選用不同補法，如慢補、緩補、平補、補虛、不留邪等，這就須通醫術、精研藥性才能做到。

中國傳統醫學的發展，方士、道士厥功甚偉，這是歸因於他們對於養生具有深刻的體認與確切的操作實踐工夫，所以凡是日常起居、偃仰運動、補瀉氣血、須通醫術、精研藥性等都是必備的常識，尤其在飲食養生方面，所以本草學的研究成為道士養生成仙的初步工夫。

四、房中術

房中術又名房術、房中、房內、房室養生、黃赤之術或男女合氣之術，是有關性的養生術，也是中國古代道教的一種修行方式，它的目的是希望以男女間的性行為，作為達到延年益壽，最終得以成仙的手段。男女性交也是人類的生物本能，性行為不只是男歡女愛，還有著繁衍後代的神聖責任，注意到其治病養生的技術，發展成房中術。在古人流傳的這些性技術中，包含許多性生理和性醫學知識；中醫學亦吸收了其部份的內容，成為保健、胎教及優生的指導原則。

學者胡孚琛認為房中術是由殷周的巫史之學演化而來，最早可以追溯到先民的生殖崇拜。最初的房中術是一種通神療病的巫術，是由巫參加神秘的原始宗教儀式，漢代巫鬼道中流行房中術當是遺風〔註78〕。從歷史文獻來看，房中術始於戰國時代，與先秦的神仙家、秦漢之際的方仙道關係密切。兩漢時期已經初步形成比較系統的房中養生理論和方法。漢代劉向父子在整理古

〔註77〕韓廷傑、韓建斌：《道教與養生》（台北市：文津出版社，1997年），頁204。
〔註78〕胡孚琛：《魏晉神仙道教》，頁299。

籍的目錄《七略》中有「方技略」，內容包括四種，有：醫經、經方、房中、神仙。「房中」一詞，最早見於班固的《漢書‧藝文志‧方技略》，列舉《容成陰道》二十六卷，《務成子陰道》三十六卷，《堯舜陰道》二十三卷，《湯盤庚陰道》二十卷，《天老雜陰道》二十五卷，《三家內房有子方》十七卷，《天一陰道》二十四卷，《黃帝三王養陰方》二十卷等房中八家，著錄「房中」的著作共有百八十六篇，並說：

> 房中者，性情之極，至道之際，是以聖王制外樂以禁內情，而爲之
> 節文。傳曰：「先帝之作樂，所以節百事也。」樂而有節，則和平壽
> 考。及迷者弗顧，以生疾而隕性命。〔註79〕

從上述說明可以知道，古代房中術的要旨是節情欲而求壽考，男女結合雖是性情之極至，但關鍵在於「樂而有節」。這樣才能使人的氣血和平，延年益壽，以達到養生的目的。若不知道節制而縱欲，會造成輕者傷生，重者喪命的危險。

房中術因爲流派不同，而歸宗於不同始祖，如黃帝、容成子、彭祖、素女、玄女等人都經於此道〔註80〕，但多與黃帝有關。古代房中術的一大特色就是主動通過房事協調來達到養生、療疾的目的。據《後漢書‧方術列傳》、《列仙傳》、《神仙傳》等記載，當時的許多方士如甘始、左慈、東郭延年等人，都修煉過房中術。房中術與醫學養生關係密切，所以形成秦漢時期方士醫學的一個重要組成部分。房中術主要是配合導引術，進行男女的合氣雙修，不僅能滿足性的需要，還能延年益壽與祛病強身。〔註81〕

馬王堆出土的十四種醫書中，其中就有《十問》、《合陰陽》、《天下至道談》、《養生方》、《雜療方》等五種與神仙家、方仙道密切相關的房中養生著作。這些房中養生著作，內容含有豐富的性醫學和性保健知識，認爲「長壽在於蓄積」，指出房事應該「動用必當」，才能不傷不損，固氣保精，並且詳細說明了房中傷損之道和各種房中補益的方法。特別是《天下至道談》中的「七損」、「八益」之說，具有很高的醫療保健價值。《漢書‧藝文志》雖然記載古代有「房中八家」之目，但其著作早已佚失；因此漢墓馬王堆出土的這五種有關房中的著作，填

〔註79〕 （漢）班固：《漢書》卷三十《藝文志‧方技略》（台北：中華書局，1961 年），頁 1779。

〔註80〕 因彭祖擅長房中術，著有《彭祖經》，故後世稱房中術爲「彭祖術」；又因傳說房中術是玄女與素女授與黃帝的，故後世也稱房中術爲「玄素術」。

〔註81〕 劉達臨：《性與中國文化》（北京：人民出版社，19999 年），頁 395。

補了秦漢時期房中術史料的闕如，為我們研究道教房中術的流變，提供了保貴的資料。〔註82〕漢代方士以房中合氣之術求長生不老，而巫覡則在民間行房中術來療病去疾。早期道教出現後，方士和巫覡化為道士，房中術遂流入道教，納入道教的修煉系統之中，是成仙模式的內修法之一。

早期道教「五斗米道」的創教人張陵及其傳人就以「行氣、導引、房中之事」作為學道修煉的重要法術，這種三為合一的修煉術，稱為「合氣」，所以道書又稱房中術為「男女合氣之術」。有學者認為：

> 房中術有其理論基礎，結合氣化宇宙論陰陽調和的觀念，重視男女之間的完美交融，將性行為提昇到天地運行法則，納入到陽衰歸陰與陰盛轉陽的循環運動之中，重視一陰一陽的氣化交感。〔註83〕

房中術的一些理論如還精補腦、採陰補陽、接陰將眾等，帶有神秘性與爭議性，導致後代有不少的誤解，但是其主要目的是在延長壽命與抗拒死亡的關懷上，是先民們從男女交融過程中領悟而來的養生觀念與方法，有助於兩性的和諧與交合。〔註84〕

東晉的道教醫家葛洪十分重視房中術的醫療養生價值，因而在《抱朴子‧內篇》中有專門的說明。筆者將《抱朴子‧內篇》的養生法與「房中」有關的資料整理成表7－10。

表7－10：與「房中」有關的資料

序號	內　　　　容	篇目
1	然又宜知房中之術，所以爾者，不知陰陽之術，屢為勞損，則行氣難得力也。	至理
2	又患好事之徒，各仗其所長，知玄素之術者，則曰唯房中之術，可以度世矣。	微旨
3	聞房中之事，能盡其道者，可單行致神仙，並可以移災解罪，轉禍為福，居官高遷，商賈倍利，信乎？」抱朴子曰：「此皆巫書妖妄過差之言，……夫陰陽之術，高可以治小疾，次可以免虛耗而已。其理自有極，安能致神仙而卻禍致福乎？	微旨

〔註82〕 蓋建民：《道教醫學》（北京：宗教文化出版社，2001年），頁36。

〔註83〕 R.H.van Gulik 著、楊權譯：《祕戲圖考──附論漢代至清代的中國性生活》（廣東廣州：廣東人民出版社，1992年），頁10。

〔註84〕 孫毅編譯：《中國古代房中養生釋意》（青海西寧：青海人民出版社，1996年），頁6。

序號	內　　　　　容	篇目
4	凡服藥千種，三牲之養，而不知房中之術，亦無所益也。是以古人恐人輕恣情性，故美爲之說，亦不可盡信也。玄素論之水火，水火煞人，而又生人，在於能用與不能耳。大都知其要法，禦女多多益善，如不知其道而用之，一兩人足以速死耳。彭祖之法，最其要者。其他經多煩勞難行，而其爲益不必如其書。人少有能爲之者。口訣亦有數千言耳。不知之者，雖服百藥，猶不能得長生也。	微旨
5	抱朴子曰：「欲求神仙，唯當得其至要，至要者在於寶精行炁，服一大藥便足，亦不用多也。然此三事，復有淺深，不值明師，不經勤苦，亦不可倉卒而盡知也。……雖曰房中，而房中之術，近有百餘事焉。	釋滯
6	房中之法十餘家，或以補救傷損，或以攻治眾病，或以採陰益陽，或以增年延壽，其大要在於還精補腦之一事耳。此法乃眞人口口相傳，本不書也，雖服名藥，而復不知此要，亦不得長生也。	釋滯
7	仙經曰，服丹守一，與天相畢，還精胎息，延壽無極。此皆至道要言也。	對俗
8	今道引行氣，還精補腦，食飲有度，興居有節，將服藥物，思神守一，杜天禁戒，帶佩符印，傷生之徒，一切遠之，如此則通，可以免此六害。	至理

　　序號 1「房中之術」是指房中節欲、養生、保氣的方術，行氣要能夠懂房中之術，才不會耗損行氣時所需要的精力。序號 2、3、4 說明房中之術是一種養生的方法，這方法最大功效只能做到治理小病，避免虛耗而已，並不是成仙的關鍵。序號 5「房中之術，近有百餘事焉」可知房中術就有一百多種事情要注意，因爲《漢書藝文志‧方技略》：「房中八家，百八十六卷。」序號 6 中可知房中術可以補救傷損、攻治眾病、採陰益陽、增年延壽的功效，要旨就是「還精補腦之一事」，它的方法是「眞人口口相傳，本不書也」，所以雖然服食著名的丹藥，若是不知道房中術的要旨，也無法長生不死。道教的房中醫療也是長生修仙的基礎，認爲男女雙修是能合乎宇宙的陰陽法則，可以培根固本，達到人運中興的作用與目的。〔註85〕

　　房中寶精是爲了度世，專對夫妻而發展的「陰陽交合之術」，認爲兩性間的對應秩序，要效法天地運行的法則，也是長生修仙的基礎。所以神仙

〔註85〕胡孚琛、呂錫琛：《道學通論——道家、道教、仙學》（北京：社會科學文獻出版社，1999 年），頁 419。

道教把房中術作爲長生仙術,而採師徒祕傳口訣的方式。葛洪的神仙道教認爲導引行氣、服食煉養以及房中養生此三者,是養生成仙的三個主要方術。服金丹大藥爲長生之本,行氣則能加速服藥的效果,房中養生則又能配合行氣,三者缺一不可。房中養生的重要價值在「寶精」,《抱朴子‧內篇‧微旨》說:

> 夫陰陽之術,高可以治小疾,次可以免虛耗而已。其理自有極,安能致神仙而卻禍致福乎?人不可以陰陽不交,坐致疾患。若欲縱情恣欲,不能節宣,則伐年命。善其術者,則能卻走馬以補腦,還陰丹以朱腸,採玉液於金池,引三五於華梁,令人老有美色,終其所稟之天年。〔註86〕

房中之術是一種養生的方法,這方法最大功效只能做到治理小病,避免虛耗而已。人不可以陰陽不交,容易坐致疾患。但是若是放縱性欲,不能節制欲望,容易損傷年命。因此善於運用房中術的人,能防止精液漏洩,用來滋補腦部,服食保精丹藥,以滋潤身體,也有補精的效果。配合行氣時從金池中採得玉液,從華梁上引出滿月,就能讓年老之人擁有年少的美色,過完他所稟受的天年。以寶精來配合行氣,這是氣功修煉的基礎工夫;但它是依口訣傳承,非常隱密而難以掌握。房中養生可以說是關於調節性生活的性衛生知識和治療性機能障礙的性醫學知識,其中有不少合理的因素,仍然具有科學價值。

在《抱朴子‧內篇》的修仙方術中,主要是承繼來自方士醫學的導引行氣、服食煉養以及房中養生,這古代三大不同的養生流派。葛洪認爲服食藥餌——金丹,可以定無窮,所以是頭等重要之事。導引行氣可以讓人延年難老,是一切內修法術的基本功。房中寶精是爲了度世,專對夫妻而發展的「陰陽交合之術」,認爲兩性間的對應秩序,要效法天地運行的法則,也是長生修仙得基礎。所以神仙道教把房中術作爲長生仙術,而採師徒祕傳口訣的方式。葛洪的神仙道教認爲導引行氣、服食煉養以及房中養生此三者,是養生成仙的三個主要方術。服金丹大藥爲長生之本,行氣則能加速服藥的效果,房中養生則又能配合行氣,三者缺一不可。房中養生的重要價值在「寶精」,以寶精來佩合行氣,這是氣功修煉的基礎工夫;但它是依口訣傳承,非常隱密而難以掌握。房中養生可以說是關於調節性生活的性衛生知識和治療性機能障礙的性醫學知識,其

〔註86〕《抱朴子‧內篇‧微旨》,卷6,頁129。

中有不少合理的因素，仍然具有科學價值。葛洪主張道、醫必須兼習，才能保健醫療，自救與救人，以利修煉。所以明確提出「爲道者必須兼修醫術」的主張，這對推動道教與醫學關係的發展意義深遠。「眾術合修」是集諸種養生修煉方術之長，加以綜合運用於養煉，是葛洪的重要主張。

　　道教醫療在生理方面，強調的是早防早治的治未病，以上述這些醫療技術作爲養生之道，既能健體防老，又能預防疾病。〔註 87〕道教醫療在強健體質與延年益壽的目的上，建構了相當完備的理論與方法，形成民間文化性、優生保育的教養體系，教導民眾隨時調適自身的生理狀態，維持臟腑精氣的陰陽平衡，強化未病的養生技術。學者鄭志明認爲道教醫療在生理上的預防醫學與養生方法具有三個特色：一爲順應生命節律的保健之道，疾病起因於人體與自然氣候的失調，因此重視「順應自然」的養生法則，生理活動首先要配合四時的陰陽運行原理，妥善地將外氣與內氣和諧一體，經由導引來增強體質的抗衰防病。二爲掌握人體生理的整合功能，道教醫療將人身視爲完整的生命體，其治病的原則除了順應自然外，更重視整體調節，不只是醫治患病的部位，還要維護人體的整合功能，來加強個人自身的抗病與修護能力。發展出人體經絡系統，以經絡將全身的臟腑聯結成有機一體的關係，強化彼此相互整合的養生功能。三爲運用社會環境的維生資源，道教醫療是人類維生的文化智慧，是從自我救護的本能中開創出豐富的醫療與養生技術，散播出大量與健康或防治疾病有關的生活觀念與操作技術。這種經驗醫學有著不斷自我精進的創造能力，建構出豐富文化性的理論體系。〔註 88〕

第三節　心理醫療的養生法

　　道教認爲人的身體有精神層面的心神與物質層面的身形，認爲人體的形氣神是統一的，除了在精神上要有行氣（修氣）與存神（修神）的修行外，也重視人體「煉形」（修形）的工夫，形與神同時鍛鍊，形氣神三者並重，不可偏廢。所謂「修神」，是指人在心神上的調養與修煉，將人的精神情志提昇到虛靜自守與順物合道的境界。

〔註 87〕　馮漢鏞、李殿元：《靈丹、妙藥、仙方──醫學與長壽》（四川成都：四川人民出版社，1993 年），頁 195。
〔註 88〕　鄭志明：《宗教生死學》（台北：文津出版社，2009 年），頁 348～349。

　　道教醫療重視個人生活起居作息的自我調理，根據四時氣候與晝夜的變化節律，安排自己合理的作息時間，例如起居有常、勞逸適度、安臥有方、洗漱有宜等，這些都是屬於人自我的採補之道，個人機體要保持自身旺盛的精力與愉快的情緒，最重要的是心理或是精神上的採補，要時常調節自我的精神、意識與思維活動，避免情緒的失調，導致各種身心的疾病。在道教醫療中，養神比養形重要，因此重視各種調養精神的治療方法，強調行止有常、心神安定，讓內在生命與外在環境保持協調與平衡，重視節欲守神的道德修養。

一、先秦養生理論

　　早在先秦時代就已經發展出身心形神兼顧的養生理論，認為人與天地之間有著共同的生存規律，將人體生理、心理與病理等現象，安置在宇宙萬物的生存法則中，來進行總體的考察與認識，認為身體的保健養生與預防疾病，必須要「法天則地」，以此來安頓形體與精神的合一之道，才能促進個人機體的生命功能。有三套理論體系，即儒家、道家與陰陽家，重視精神與心性的修養，突顯出心裡因素在生命過程中的主導地位，肯定養神、養心與養氣的重要性，是以心理的自我調適來化解各種潛藏的生存危機。

　　除了重視以物質手段來治療身體疾病外，強調經由心理積極的自我修持，將有助於身體疾病的康復。「形」有其固定的運行的規律，這種規律是由「神」來主導，所以人若是能掌握到自身生命的存在理性，就必須由「形」的層次通向於「神」，如此才能確立「神」在形體上的作用，使人成為「有神」之人，並且可以經由形神兼養的方式，開拓出生命相應天地運行法則的存有之道。人的肉體是形神相通的，有形的肉體與無形的神是彼此相互感應的，有著與天地運行的同理法則，在「天人相應」的法則下，人的「神」、「氣」活動是比「形」更為重要，人的生命是維持在精神與形體的結合上，是以精神保養來擴充形體的存有。

（一）儒家

　　儒家的養生理論從孔子、孟子以來，相當重視人的主體存在，從而豐富了古代心性論的內涵。儒家不只探求與天相應的自然運行規律，更重視人際之間的社會倫理法則，強調人的主體能動作用，進行人格的自我完成與自我實現，肯定道德理性是每個人原本具足的內在本性，在生理欲望需求下，更

要強化心靈的自我實現，以積極能動的意志行為來提昇感性的生命。〔註89〕
學者蔡仁厚認為：

> 儒家意識到人的生命有三個層次，第一是血氣心的感性層，是生理
> 感官的直接作用；第二是認知心的知性層，是知識理性的思辨能力；
> 第三是道德心的德性層，是內在本善的心性實踐，引導人的情意欲
> 望能在生命自我規範之中，得到合理的抒發與適度的滿足。〔註90〕

儒家這種「致中和」的心性思想被運用在道教醫療之中，以去其兩端扣其
中的方式來維持個人機體身心的動態平衡，隨著生命節律與外界環境的變
化來調節自己的生存方式，避開兩端偏激所造成的病因，在發而皆中節之
中掌握到養生的適度原則。〔註91〕因為有時疾病起因於道德的失常，中國
社會的大傳統是以儒家思想作為主導的核心，重視道德的儀式規範與和諧
機制，道德規範不只成為普世依循的行為價值，也是人體不病、養生保命
的重要工夫，強調道德的精神或實質的利益，才能達到與宇宙規律同體的
生活秩序。

（二）陰陽家

陰陽家的陰陽五行氣化學說從戰國後期以來，成為道教醫療重要的理論
依據與指導原則，以氣的運動來解釋人與天地的構成與變化，由此建構出特
有的病因觀與診療法，將陰陽五行的交感與作用，應用到醫療領域來說脈象、
論病症與講藥性等方面。〔註92〕強調人要順應天時來調攝精神與形體，才能
維持個人機體內部的精氣和諧，提高防病抗衰的生命能量。陰陽家運用各種
術數推算法，來發揮陰陽五行的氣化屬性，建立出一種有關氣化變化的演繹
系統，除了能預測氣候變化，還能推論其與疾病的關係，掌握到人體健康、
病變與治療的規律。〔註93〕

古代醫家把陰陽學說密切地結合到醫學領域中來，從形質到功能、病因
到病機、診斷到辯證、治法到方藥、針灸到按摩等等，陰陽學說無所不包，

〔註89〕 蒙培元：《中國心性論》（台北：台灣學生書局，1990年），頁39。
〔註90〕 蔡仁厚：《儒家心性之學論要》（台北：文津出版社，1990年），頁22。
〔註91〕 林殷：《儒家文化與中醫學》（福建福州：福建科學技術出版社，1993年），頁35。
〔註92〕 李漢三：《先秦兩漢之陰陽五行學說》（台北：台北學生書局，1976年），頁393。
〔註93〕 鄺芷人：《陰陽五行及其體系》（台北：文津出版社，1992年），頁423。

有效指導著醫學的理論思維與治療實踐。人體本身也是陰陽兩氣的作用，陰陽調和被視為人體健康的主要依據與追求目標，要求體內陰陽相互交會與滲透，進而能互補與互濟。從生理功能屬性來說，推動、氣化、興奮、激發及制約寒涼等功能屬陽，滋潤、濡養、寧靜、抑制及制約溫熱等功能屬陰；所以人體要避免過冷或過熱的衝突情境，以免造成器官機能的衰竭，叢生出各種病變。陰陽調和可以促進個人機體系統的自我調節能力，因勢利導就能展現出養生與療病的自治功能。

五行的氣化原理，支配了天地氣候的升降法則，也與人體的健康疾病有著密切的對應關係。傳統社會將五行學說與人體的各種組織器官結合起來，建構出以五臟為核心的生理與病理系統，認為五行與五臟彼此之間是有著循環相生相剋的運動法則，這種法則是有一定的規律與次序，身體的各器官是互結連理的，也是人體生理平衡與和諧的根本要素，當個人機體結構失序後遭受到破壞，就會導致疾病叢生。

由此觀之道教醫療不只是「經驗醫學」，也是一種「術數醫學」，是將術數學的宇宙論、造化論、同類相應論、天人觀、干支論、異級同構論、循環極反論、始初定全論、時空相應論等學說，廣泛地運用在醫療具體操作上，以此來掌握人與天地象數運動變化的原理，領悟到生理與心理的維生之道。﹝註 94﹞

（三）道家

道家從老莊開始在養生理論的建構上最為豐富，從老子開始就把人的本質放在宇宙根源之處，作為人生安頓之地，其宇宙論可以說是人生哲學的副產品，是從宇宙根源處來確立人的根源，決定人生與自己根源相應的生活態度。﹝註 95﹞莊子更積極重視生命的精神修持，擴大老子「見素抱樸，少私寡欲」的養生理論，教導人們領悟到生命主體的「心齋作用」，要人們放棄悅生惡死的執著，以「安時處順」的修持來開啟生命存有的價值，因此生命可以藏於形骸之中，也可以遁於形骸之外，以天地萬物之形來成就人之形。﹝註 96﹞

道教基本上繼承了道家與儒家的生命關懷，同時發揮陰陽家氣化理論的

﹝註 94﹞ 鄔良：《人身小天地——中國象數醫學源流時間醫學卷》（北京：華藝出版社，1993 年），頁 8。

﹝註 95﹞ 徐復觀：《中國人性論史先秦篇》（台北：台灣商務印書館，1969 年），頁 325。

﹝註 96﹞ 唐君毅：《中國哲學原論原道篇卷一些》（台北：維新書局，1981 年），頁 439。

養生技能，雖然同時保有原始巫教的降神禁咒等法術，為民眾驅邪與治病，但是重視道士作法時所處的「專誠精純」的精神狀態。強調延續導引術而來的內在精、氣、神的修煉，提倡生命自我保健的養護之道，以「尊神、愛氣、重精」來強化生命的延年之術。〔註97〕有學者認為：

> 道教最大的特色在於其對現世生命的熱愛、養護與延益，肯定現實
> 生命是形神相抱的結果，首先要避免病態的身心，進而鍛鍊常態身
> 心展現生命自我超越的最高境界，以各種修煉的方法來提高生理與
> 心理的調控功能，發展出龐大養生與攝生的理論與操作系統。〔註98〕

道教的養生方法，一直是道教醫療的主要來源，在歷史發展過程中，扮演著教導民眾如何把握住自己的生命活動，進行與衰老和死亡的超越性對抗。

歸納來說道教醫療的養生技術，在生理醫療的養生上重視自我情志的調養工夫，引領或教導人們進行自我心理治療，避免不良的情緒打破生理的平衡機制。例如導引與氣功療法，其調息的目的就具有「存神守意」的內煉作用，透過「精神內守」的心理運動進行外在生理的調整。此時再藉由道家與陰陽家的養生理論，來去除外在的一切思慮雜念，以寧靜的生命狀態，來引導經絡氣血的通暢，溝通天地之氣與人身之氣的交會融合，充實與宇宙相應的生命形態。

二、情志養生

道教醫療不只注意具體的生理現象，也關心抽象的心理作用，因此相當重視人的情志養生，認為情緒的波動有害身體健康，所以必須在感情上進行精神的修養，才能真正地調攝形體。亦即生理與心理是一體的，預防疾病光靠生理衛生的講究是不夠的，還要維持體內的「和情悅性」，進行適當的節制與調整，以避免精神渙散等心理狀態的產生。道教醫療的生理養生是配合心理養生，認為人體的病理起因於身心的失調。

所謂「養形」，是指保養人體生理的身體狀態，包括：氣血、骨髓、經絡、臟腑、津液等生化規律，強健人體的功能與作用，重視日常生活的起居攝養，強健機體的功能與作用，來去疾養身，獲致健康以延年命。所謂「養神」，是指保養人體心理的精神狀態，包括了神、魂、意、志、思、慮、智等活動，

〔註97〕 廖果：《自養之道——中國古代個體差異養生學說》（北京：華藝出版社，1993年），頁210。

〔註98〕 張欽：《道教修養心理學引論》（四川成都：巴蜀書社，1999年），頁169。

正常操作個體精神情志的變化，避免七情六慾過度放縱，傷害到五臟六腑，而導致疾病或暴斃。形神之間存在著相互制約與互相依存的密切關係，神的健康與否直接支配了形的盛衰存亡，二者必須兼顧，形神統一與形神共養，才是防治疾病與延年益壽的最佳手段。〔註99〕

早在《內經》時代，古人就認識到人的心理狀態（神）和身體狀態（形）有著密切的聯繫，而特別重視精神的調攝，《內經·素問·上古天眞論》云：

> 恬惔虛無，眞氣從之，精神內守，病安從來？是以志閑而少欲，心安而不懼，形勞而不倦。氣從以順，各從其欲，皆得所願。故美其食，任其服，樂其俗，高下不相慕，其民故曰樸。是以嗜欲不能勞其目，淫邪不能惑其心，愚智賢不肖，不懼於物，故合於道。所以能年皆度百歲，而動作不衰者，以其德全不危也。〔註100〕

《內經》強調養神爲養生之主，平時對於心理的要求要控制意志，減少對物質追求及對名利的妄想與貪念，意定神閑，心理安適，不因外界事物變化而產生大的情緒波動，引起身體的五臟失和。〔註101〕

《抱朴子·內篇》與情志養生有關的文化修煉是「玄道」與「眞知足」。《抱朴子·內篇·暢玄》：「夫玄道者，得之乎內，守之者外，用之者神，忘之者器，此玄道之要言也。」〔註102〕說明「玄道」這個妙理，可以得契於人的內在精神；他所守持的是對於外在的引誘，能夠加以堅守原則；在日用尋常之間的對應，能夠出於精神修養的直覺；對於外在的形器能夠加以遺忘，這就是思慕「玄道」最精要的箴言。《抱朴子·內篇·暢玄》：「其次則是眞知足，知足者則能肥遁勿用，頤光山林，紆鸞龍之翼於細介之伍，養浩然之氣於蓬蓽之中。……動息知止，無往不足。」〔註103〕說明其次就是要作到眞正的知足，也就是要能懂得隱遁之道，不用於世，在山林之間頤養精神，將如龍鳳的才華加以收斂，在蓬戶陋室中培養浩然之氣，一切的舉動思維都知道能止則止的分寸，因此可以無所不足。因爲懂得「含醇守樸」所以「無欲無憂」，因爲「全眞虛器」、「居平味澹」，所以能與天地

〔註99〕劉松來：《養生與中國文化》（江西南昌：江西高校出版社，1994年），頁44。
〔註100〕（唐）王冰次注、（宋）林億等校正：欽定《四庫全書》子部三九醫家類《黃帝內經·素問》，第七三三冊，頁9～10。
〔註101〕韓廷傑、韓建斌著：《道教與養生》（台北：文津出版社，1997年），頁16。
〔註102〕《抱朴子·內篇·暢玄》，卷1，頁2。
〔註103〕《抱朴子·內篇·暢玄》，卷1，頁2。

的眞精神「道」相爲符契，沉浸在「如闇如明、如濁如清、似遲而疾、似虧而盈」的無待世界之中。仙人的志趣是與凡人相反的，不重視物質，追求精神的自由度。筆者將《抱朴子‧內篇‧論仙》中提到與「學仙之法」有關資料整成表 7－11。

表 7－11：「學仙之法」

序　號	仙法注意事項（論仙）
1	學仙之法，欲得恬愉澹泊，滌除嗜欲，內視反聽，屍居無心。
2	仙法欲靜寂無爲，忘其形骸。
3	仙法欲令愛逮蠢蠕，不害含氣
4	仙法欲止絕臭腥，休糧清腸
5	仙法欲溥愛八荒，視人如己

序號 1 便是修煉精、氣、神的入手法門，因爲人若是不能恬愉澹泊，則識神用事，於是好惡心生、是非心生、名利心生、色欲心生，乃至神智昏亂，氣息不定，精氣流溢，後天的精、氣、神若是動搖，傷及先天，人便會衰損速死。所以氣功修煉的要點，首先在於靜定，人能恬靜無欲，則識神退位，元神自生，於是心靜而神凝，神凝則氣聚，氣聚則精生。「內視反聽」是指將平常放逐在外塵相聲色的視力和聽力，都能加以回收而任運自然，不讓感官受控於外物。因爲學習仙道必須要過著一種輕鬆愉快的生活，內心才可超越自我的拘限。序號 2 說明追先法必須以「靜寂無爲」爲務，「忘卻形軀」的拘限。序號 3 說明仙法要求人的慈愛之心，不傷害有生命的生物。序號 4 說明仙法要人杜絕腥濁的食物，甚至是絕食以清理腸胃。序號 5 說明仙法強調人要有博愛普及於八荒之地，將他人的憂難視同爲一己之憂難。

從上所述可知葛洪融合老莊養神哲學與神仙家養形的思想，有深入的闡述，屬於人的心神修養，他認爲要隔絕外在環境的干擾，才能進而向內在的世界探索，《抱朴子‧內篇‧至理》說：

> 故山林養性之家，遺俗得意之徒，比崇高於贅疣，方萬物乎蟬翼，豈苟爲大言，而強薄世事哉？誠其所見者了，故棄之如忘耳。是以遯棲幽遁，韜鱗掩藻，過欲視之目，遣損明之色，杜思音之耳，遠亂聽之聲，滌除玄覽，守雌抱一，專氣致柔，鎮以恬素，遣歡戚之邪情，外得失之榮辱，割厚生之臘毒，謐多言於樞機，反聽而後所

聞徹，內視而後見無朕，養靈根於冥鈞，除誘慕於接物，削斥淺務，

禦以愉慔，爲乎無爲，以全天理爾。〔註104〕

他認爲遠離世俗在山林中的修道人，因爲能夠洞察清楚，故能將人世間崇仰的事物視爲不必要的累贅，所做的修養工夫是「遏欲視之目，遣損明之色，杜思音之耳，遠亂聽之聲」，如此才能夠「滌除玄覽，守雌抱一」，「抱一」就是葛洪所說的「守一」，是一種仙道長生的內修方法。只有洗滌欲望，讓內心深刻澄澈的靜觀，處處不爲天下先，堅守仙道，讓內在的眞氣凝結起來，達到柔和的境界。以恬淡的心境達到鎭靜的效果，排除歡喜憂慮的邪僞情感，將得失榮辱置身事外，割除祿位的追求，在位居樞機之地的心中保持謐靜，反聽之後才能使聞性通徹，內視之後才能歷見無餘，培養生命靈根在冥鈞混沌之中，以愉悅清靜的心情來駕御自己；這樣就是處於無爲的情狀，而能以自我生命的精神體現符應於天理本性。

葛洪提倡「節欲守神」的道德修持，因爲他認爲：「身勞則神散，氣竭則命終」身體勞累就會影響精神的渙散，元氣枯竭人的壽命就終結，又說：「氣疲欲勝，則精靈離身矣」人的元氣已經疲乏，若還不改好勝的本性，那麼精靈魂魄就會離開形體了。因此在《抱朴子·內篇·辨問》中提到養神之要說：

至於仙者，唯須篤志至信，勤而不怠，能恬能靜，便可得之，不待

多才也。有入俗之高眞，乃爲道者之重累也。得合一大藥，知守一

養神之要，則長生久視，豈若聖人所修爲者云云之無限乎？〔註105〕

這裡提到「守一養神」之要，守一是指精神內守，指專一思精以通神，是葛洪所提倡的一種養神內修的方法。他認爲追求仙道的人，如果能夠配製一種金丹大藥，懂得精神專一守純、修身養性的要訣，就可以長生不死了。在《抱朴子·內篇·道意》進一步說明「情志養生」的修煉方法：

人能淡默恬愉，不染不移，養其心以無欲，頤其神以粹素，掃滌誘

慕，收之以正，除難求之思，遣害眞之累，薄喜怒之邪，滅愛惡之

端，則不請福而福來，不禳禍而禍去矣。何者，命在其中，不繫於

外，道存乎此，無俟於彼也。患乎凡夫不能守眞，無杜過之檢括，

愛嗜好之搖奪，馳騁流遁，有迷無反，情感物而外起，智接事而旁

〔註104〕《抱朴子·內篇·至理》，卷5，頁111。

〔註105〕《抱朴子·內篇·辨問》，卷12，頁224。

> 溢，誘於可欲，而天理滅矣，惑乎見聞，而純一遷矣。心受制於奢
> 玩，情濁亂於波蕩，於是有傾越之災，有不振之禍。〔註106〕

人是可以用無欲來修養性靈，以平粹素淡的生活來頤養精神，掃除外在物質
的誘惑和傾慕，收斂心念而往正念處會歸，消除追求不到的想法欲求，排解
損害真性的牽累，放淡喜怒哀樂的邪情，泯滅好惡的端緒，這就是「道存乎
此」。若是凡人不能守住自己的真性，「有迷無返」則「天理滅矣」，純一之道
於是遷移，心思受到奢侈玩樂的牽制，精神遭到紛擾影響而混亂，就會有傾
越之災、不振之禍。

　　由此觀之傳統社會有著完備的心理醫療體系，重視身心的情志養生，強
調「清靜養神」、「節欲保精」、「和情治氣」、「修性怡神」等觀念與技術，來
抑制個人過多的嗜好欲望，防止過度自我情緒的波動，減少外在不良的精神
刺激，避免因情志過度而叢生各種身心的疾病。

三、起居養生寶鑑

　　在形神的相通下，人可以從有限的肉體進入到無限的精神領域之中，體
會到個體安身立命的養生工夫。「法於陰陽」、「和於術數」是養神的工夫，「食
飲有節」、「起居有常」、「不妄作勞」則是養形的工夫，形神是建立在有節有
常的生活秩序中，符合陰陽術數的運行規律，以精神的主體自覺來節制情欲，
使身體符合天地之理，才能盡享百歲天年。每個人一天的生活起居活動很多，
其中有些是對身體有益的，有些是對身體有損傷的，如果平時就能夠建立起
正確的觀念，消極的避開起居之傷，積極主動從事起居養生之方，那麼所得
的效率，將不可勝計；養生若能從此根本處探究，才是根本之道。

　　《抱朴子‧內篇》強調善於養生者，要懂得「不傷不損」，所以引《仙經》
曰：「養生以不傷為本」，此要言也。《抱朴子‧內篇‧極言》說：

> 故治身養性，務謹其細，不可以小益為不平而不修，不可以小損為
> 無傷而不防。凡聚小所以就大，積一所以至億也。若能愛之於微，
> 成之於著，則幾乎知道矣。〔註107〕

所以葛洪列出許多項目，類似養生寶鑑之類，提醒修道者要注意，因為「人
生之體，易傷難養」，所以「不傷不損」是道教養生學的一個基本思想，因

〔註106〕《抱朴子‧內篇‧道意》，卷9，頁170～171。
〔註107〕《抱朴子‧內篇‧極言》，卷13，頁240。

爲「積傷至盡則早亡，早亡非道也。」因此對「養生禁忌」十分重視。他認爲：會傷生，主要是不知道宜禁，過用而傷生。正如〈極言〉說：「凡言傷者，亦不便覺也，謂久則壽損耳。」所以葛洪提出了一些養生之方，是有關於食衣住行各方面的日常養生禁忌，其中有不少攝生、護生的經驗之談，值得借鑑，日後南朝陶弘景繼承此一養生思想。值得注意的是葛洪多採用整齊的四字句，間用六字句，多押韻並且常換韻，如此可以增加誦讀記憶的效果。

（一）消極避開起居之傷

在《抱朴子‧內篇》的醫療養生思想中，不論是「養神」還是「養形」，「不傷不損」都是最緊急、重要的禁忌。筆者將《抱朴子‧內篇‧極言》中應該消極避開的起居之傷，整理成表 7－12。

表 7－12：「起居之傷」

序　　號	內　　　　　　容
1	寢息失時，傷也
2	力所不勝，而強舉之，傷也
3	輓弓引弩，傷也
4	瀋醉嘔吐，傷也
5	飽食即臥，傷也
6	跳走喘乏，傷也
7	陰陽不交，傷也
8	不知陰陽之術，屢爲勞損，則行氣難得力也。

以上八種起居之傷，除了序號 7.8 是屬於房室養生之傷，其餘都是日常生活應該要注意的禁忌，與人的健康都有密切的關係，輕忽不得。道教醫療引用天象的運行法則來談人體養生，從天體的五運六氣與地球的五運六氣來診斷人體的五運六氣，認爲人的五臟六腑都要順應著天地運行的節律。〔註108〕「寢息失時」，漠視氣血依時辰來營養五臟六腑的規律，久而久之必致疾病。「飽食即臥」則不利消化，容易產生積滯而影響脾胃的功能。「力所不勝，而強舉之」、「跳走喘乏」及「輓弓引弩」做重體力勞動或超出自己體能之事，容易耗氣傷血，筋疲力盡，此爲養生之大忌。

〔註108〕徐子評：《中醫天文醫學概論》（湖北：湖北科學技術出版社，1990 年），頁390。

（二）積極主動起居養生之方

　　每個人一天的生活起居活動很多，如果平時就能夠建立起正確的觀念，積極主動從事有益的起居養生之方，那麼所得的效率，將不可勝計。筆者將《抱朴子・內篇・極言》中，平日應該積極主動實行的起居養生之方，整理成表 7－13。

表 7－13：「起居養生之方」

序　號	內　　　　　容
1	坐不至久
2	唾不及遠
3	行不疾步
4	耳不極聽
5	目不久視
6	臥不及疲
7	先寒而衣
8	先熱而解
9	不欲甚勞甚逸
10	不欲起晚
11	不欲汗流
12	不欲多睡
13	不欲飲酒當風
14	不欲數數沐浴
15	冬不欲極溫
16	夏不欲窮涼
17	不露臥星下
18	不眠中見肩
19	大寒大熱，大風大霧，皆不欲冒之
20	臥起有四時之早晚
21	興居有至和之常制
22	調利筋骨，有偃仰之方
23	節宣勞逸，有與奪之要
24	杜疾閑邪，有吞吐之術

序　號	內　　　　　容
25	或問堅齒之道。抱朴子曰：「能養以華池，浸以醴液，清晨建齒三百過者，永不搖動。」
26	或問聰耳之道。抱朴子曰：「能龍導虎引，熊經龜咽，燕飛蛇屈鳥伸，天俛地仰，令赤黃之景，不去洞房，猿據兔驚，千二百至，則聰不損也。」

從上述的起居養生之方中，反應出道教養生的一個觀念：「無極」。任何器官的運作，都不要達到極限，活動最好是分散而組合的，所以說「坐不至久」、「行不疾步」、「耳不極聽」、「目不久視」，如果這些活動能分散組合，則甚至可以達到持續不知疲累的效果，這對健康是大有助益的。「不欲甚勞甚逸」，適時的起居勞動，調利筋骨，節宣勞逸，可以健壯強化生理，但應該「以緩以漸」，不要過度。以免造成長期勞乏而耗氣傷血，筋疲骨乏。所以道教有多種的「偃仰之方」、「吞吐之術」，來活動肢節、舒筋活血、行氣導滯、以達到除濕宣痺等功效。

「唾不及遠」道教非常重視唾液，也就是津液。《黃帝內經‧五癃津液別》：「水穀皆入于口，其味有五，各注其海。津液各走其道，故三焦出氣，以溫肌肉，充皮膚，爲其津，其流而不行者爲液。」此外津液可以轉化爲血，故《黃帝內經‧營衛生會》：「奪血者無汗，奪汗者無血」，因而中醫有津血同源的說法。津液也能化爲汗、涕、涎、唾，主要是屬於腎臟，故稱腎主五液。因此將這種舌下津液看成是玉液瓊漿、天一之水，提倡緩慢咽下，不應浪費；現代醫學證實唾液中含有許多消化酶，可以幫助消化。「華池」、「醴液」都是指唾液，清晨叩齒三百下，可以讓牙齒堅固。每天效法五禽戲，做些導引的動作，可以身強耳聰。

「臥不及疲」、「先寒而衣」、「先熱而解」，這是屬於防未病的預防醫學。「不欲起晚」、「不欲多睡」，因爲個體與天地氣交息息相關，有著生長化收藏的變化，所以最佳的起居作息，就是配合環境氣候以順應自然，跟隨著太陽的升降出沒。「夏不欲窮涼」、「不露臥星下」、「不眠中見肩」、「多不欲極溫」、「大寒大熱，大風大霧，皆不欲冒之」，這些都與風寒暑濕燥火六氣有關，因爲皆能傷害身體。特別是風，它爲六氣之首，一則因爲風遍大地，流行最廣，又常與其他邪氣結合爲風暑、風濕、風燥、風火等，故前人稱風爲百病之長。再則風易傷皮毛，易犯且容易忽略，值得特別謹慎。而寒爲陰邪，性主收引。傷於體表者爲傷寒，而寒邪最易傷陽，因此特別提出，要人們小心謹慎的預

防。這些是引用時間的活動法則來談人體養生，認為人不只要根據四季時令的變化，調節起居作息與飲食習慣，還要調節自己的情志，使精神活動與季節環境的變化得到協調統一。〔註109〕

四、精神養生寶鑑

　　道教醫療吸收了道家的養生理論，重視內在生命力的自我提昇，以「清靜無為」與「虛靜養神」的方式，來調養自我情緒與欲念，要求在飲食與居住環境都要在心理上保持平靜與安祥，避免過度的刺激與不良的騷擾，除了行止有常與飲食有節外，更要經常保持在心神安定的狀態中，讓個人機體的內在生命與外在環境能夠長期地相互協調與平衡。

　　肉身不會自己活動，推動肉身活動的是心靈情志，所以我們可以說整個肉身的活動，都是心靈情志在操控的，這是心理對生理的影響。喜怒哀樂都有生理反應，反應的關鍵核心是心理，而心理則是透過氣的變化來表現。喜、怒、悲、恐、驚、勞、思等情緒，會使氣血或上、或下、或聚、或散，發生變動，而干擾生理的自然運轉。如果精神活動不能達到平和調暢，而喜怒失常，或憂思過度，都會引起臟腑精氣的紊亂，使臟腑機能失調。故善養生者，首先要做到的是不以情緒來干擾氣血的運行。

　　早在《內經》時代，古人就認識到人的心理狀態和身體狀況有著密切的關係，這就為養生提供了心理健康的理論。《內經》說：「恬淡虛無，真氣從之，精神內守，病安從來？」在諸多防病養生的項目中，「恬淡虛無」的內心修養，還是最根本的。人在日常生活中，應該盡量避免情緒的巨大變動，以免引起身體的五臟失和。所以在精神養生的鍛鍊中，應該注意情志的控制，少貪少慾，恬淡安樂等。

（一）消極避開精神之傷

　　對於心性的修養，葛洪認為首重「袪除情慾」的干擾。他在〈道意〉中說：「薄喜怒之邪，減愛惡之端。」喜怒愛惡等人類的七情，會干擾內心的寧靜，必須將其排除，才能「無憂則壽」，這是從醫學的觀點來解說。精神的修養是一切養生實踐工夫的基礎。筆者將《抱朴子·內篇·極言》中應該消極避開的精神之傷整理成表7－14。

〔註109〕胡劍北等編著：《中醫時間醫學》(安徽合肥：安徽科學技術出版社，1990年)，頁240。

表7-14：「精神之傷」

序號	內　　　　　　容
1	且又才所不逮，而困思之，傷也
2	久談言笑，傷也
3	悲哀憔悴，傷也
4	喜樂過差，傷也
5	汲汲所欲，傷也
6	歡呼哭泣，傷也

　　個體的生理自己會運作，但是個體卻時常要干擾它。例如怒則血氣上衝，悲則血氣下降，這都防礙了氣血的正常運作，對人體生理都是一種傷害。所謂七情，即喜、怒、憂、思、悲、恐、驚，依據《內經》思想，七情與五臟的功能，有著密切的聯繫。所以情緒的波動，主要是會干擾氣血的循環。輕微的波動，人體會自行恢復運行，但是強烈的波動，則會影響身體的健康，所以「平心靜氣」是最高的境界、最佳生理狀態。

　　五臟的活動使七情得以正常宣泄，情志活動也會影響到五臟的功能，當情志過激，失去控制時，則會引起五臟的功能失調。例如大怒傷肝、大喜傷心、憂思傷脾、悲愁傷肺、大驚傷腎，進一步引起身體內部的病變。過喜易使心氣緩散，難以收攝，表現為心悸、失神。悲憂傷肺，容易呼吸不暢，上下氣機不通。思慮過度，容易傷脾，因而飲食運化失常。過於恐懼，易傷腎氣，容易傷腎，因而導致腎氣不固。大驚容易傷心，使心氣散亂，神氣外越。所以知道以上的精神之傷，一旦外界環境出現可引起情緒驟變的因素時，就應該努力調節心理狀態，勿使情緒波動太大而傷身。

　　明代徐文弼的《壽世傳真》是一本有關養生的著作，書中有〈十八傷〉，詳細列舉不適當的行為與情志活動對健康的損害，內容如下：

　　久視傷情、久聽傷神、久臥傷氣、久坐傷脈、久立傷骨、
　　久行傷筋、暴怒傷肝、思慮傷脾、極憂傷心、過悲傷肺、
　　過飽傷胃、多恐傷腎、多笑傷腰、多言傷液、多汗傷陽、
　　多淚傷血、多交傷髓。〔註110〕

從上所述可以知道它與《抱朴子·內篇》的起居與精神養生寶鑑密切相關，可以說是傳承此說再加以精進而成的養生格言。由此觀之道教醫療是一種身心兼顧的養生體系，特別注意到「過用病生」的「傷本」現象，因此主張一切的言行舉止與思慮情緒都不宜超出正常的身心限度，重視人體形神的鍛鍊與調整。

　　道教醫療在心理保健上累積不少治療的方法，肯定精神上的各種修持方法，能達到「意義治療」的功效。例如常見的「以情勝情」療法，與現代心理學治療的情緒轉移與心理暗示等方法相類似，使人失衡的心理得到新的平衡與和諧。在以喜勝怒、以怒勝喜、以悲勝喜、以恐勝喜、以喜勝憂、以怒勝思等情緒的轉變過程中，化掉病態的心情與行為，在補偏救弊的心理自控下，能陶冶性靈與怡神強身。〔註 111〕

（二）積極主動精神養生之方

　　葛洪承繼老子、《內經》「無為」、「少慾」的精神養生之方，認為要在「少思少慾」的基礎上，盡量控制情緒，勿使五志過激。筆者將《抱朴子·內篇·極言》中，平日應該積極主動實行的精神養生之方，整理成表 7－15。

表 7－15：「精神養生之方」

序號	內　　　　　　　　容
1	不欲奔車走馬
2	不欲極目遠望
3	不欲廣志遠願
4	不欲規造異巧
5	忍怒以全陰氣
6	抑喜以養陽氣
7	知極情恣欲之致枯損，而不知割懷於所欲也。

　　序號 5、6 的陰氣、陽氣，是從元氣內分別兩大作用，說明一種能保衛體表、保持精力不使虧損的能力。血液循行脈內使機體全身受其營養，氣能改善血液的功能和幫助血液的正常運行，氣血二者構成人體正常生理活動的重要因素，二者絕對不能分離的。假使氣受到心理上、環境上的刺激，無論情

〔註 111〕屈小強：《藏精、藏氣、藏神——保健與長壽》(四川成都：四川人民出版社，1993 年)，頁 19～24。

志方面的喜、怒、哀、樂，氣候方面的冷、熱，以及工作方面的勞逸，都會影響到氣。早在《內經》時代，古人就認識到人的心理狀態和身體狀況有著密切的關係，這就為養生提供了「心理健康」的理論。《內經》認為上古之人壽命百歲，為何之後的人都不長壽呢？原因在於「厥後嗜欲日增，壽命遞減」。葛洪認識到良好的心理狀態對於維護身心健康，防止疾病發生，具有十分重要的意義，所以強調情緒修養及積極主動的精神養生之方的重要性。人在日常的精神養煉中，應該控制意志，減少對物質追求及對名利的妄想與貪念。所以拋棄「奔車走馬」、「極目遠望」、「廣志遠願」、「規造異巧」等後天的慾神，元神才不會被耗竭損害，精神恬淡、少貪少慾、知足常樂，生命才可以健康、長久。精、氣、神三者有著密切的關係，氣生於精，精化為氣，精氣若是充盛，神自然活躍。反之，神若是不充旺，精氣必然不足。同時若是神過度活動，也會影響精氣，從而使形體衰弱。

　　以上所列的致傷之病，多屬於日常生活中常有的現象。過度的消耗是違反養生的原則，因此葛洪將日常生活的一些飲食、起居及精神方面一些應該注意的細節列出，做為養生寶鑑。這些養生寶鑑，以四字為句的條目式文字，應該是錄自他所搜集的道書，雖然不多，確實是簡單易記易行，行之有效的養生方法。健康無小事，健康和壽命都是自己一點一滴積攢起來的，健康是個人在飲食、起居、運動、休閒等身體身、心、靈各方面，用心呵護的結果。同時提醒人們不能對微小細節、不良習慣輕忽，任何事情都有積累效應和乘數效應，尤其日常生活中，對不良的生活習慣，要切記「勿以善小而不為，勿以惡小而為之」。從葛洪的病因觀來分析他的醫學思想，其實與現代醫學的基本觀點是基本一致的，所以《抱朴子‧內篇》的養生寶鑑是值得在二十一世紀重新加以認識與推廣的。

　　道教醫療相當重視人體精神免疫的自我調適能力，將「修身養性」與「醫療養生」結合起來，以「節欲守神」的道德修持來知足常樂。〔註112〕現代人缺乏精神內守的文化教養與修煉，在物質文明的洗禮下貪婪無度，常因過分地追求名利、聲色與物欲，導致各種身心疾病愈來愈嚴重。學者鄭志明認為道教醫療在心理上的預防醫學與養生方法具有三個特色：一為心性主體的自覺與實踐，無論是上述哪一家的養生理論，都肯定心性是人體生命的主體，相信在存心養性的修持工夫之下，可以經由心靈的精神專一，有助於人體生

〔註112〕施杞主編：《實用中國養生全書》（北京：學林出版社，1990年），頁197。

理的和諧與穩定。二為人天互象的節律與煉養，各家的養生理論都建立在「天人合一」的觀念上，相信人與天地有著共同遵守的宇宙規律，存在著象數或術數的對應系統與運動原理。道教醫療重視人天互象的術數原理，認為自然界的氣候變化與地面上的物化現象和人體的生理病理密切相關，經由象數的推算可以總結出人體疾病的防治規律。〔註113〕三為形神統一的養形與養神，道教主張神形相依與形為神舍，發展出弄神養形的理論，認為當精神消亡時身即死矣，強調精神與身體是同等重要。〔註114〕道教醫療重養形也重養神，既可以經由形體的生理養護來培養出內在的精神，也可以經由精神的心理修持來維護外在的形體，二者相互交織。顯示道教醫療醫身也醫心，不只以物質手段來治療身體的疾病，更重視精神的修持來調節身心的整體和諧。〔註115〕

第四節　靈性醫療的養生法

　　靈性醫療養生法，來自靈感思維下的靈性文化，是中國傳統宗教最核心的信仰內涵，也是中國連續型文明的意義所在。「天地鬼神」終極實體是時刻可以內感於人的精神體驗，發展出人可以經由管道來交感形上的終極實體，展現出豐富的靈感文化。神聖體驗是靈感文化的核心，所謂「神聖體驗」不是單指個人的自我意識與自我感覺，最重要的是意識到宇宙存在著超自然而又控制著自然的力量。所謂神聖，是指包含了神、神聖力量、神性物等，是人從自身與宇宙的對應中體驗而出的超越存在。中國傳統宗教就建立在這種靈實互動的精神體驗上，內在的信仰情感重於任何宗教的外在形式，是直接訴諸於人與天地鬼神之間的靈性交通與生命體驗。

　　關注人精神的心理醫療養生時，需要從原始社會「靈感思維」下的靈性文化談起，人們相信經由交感神靈的「巫術與祝由療法」能提昇自我靈性，在通天事鬼神上有靈感的會通，並且以這種會通的經驗來自我養生，以解決個人機體健康與疾病的問題。有關遠古巫醫時代傳承下來的「靈性存有」問題，這是宗教課題，也是道教醫療最為核心的部分。醫術起源於巫術，有一

〔註113〕田合祿、田蔚：《生命與八卦——醫易啟悟》（山西太原：山西科學技術出版社，1991年），頁101。

〔註114〕卿希泰：《道教與中國傳統文化》（福建福州：福建人民出版社，1990年），頁396。

〔註115〕鄭志明：《宗教生死學》，頁356～357。

段漫長巫醫同源共生的時代，以巫術與醫術並用的方式，累積了長期流傳下來的神聖認知與治療經驗。〔註116〕所謂「巫醫同源」，是指巫術與醫術都來自於古老的原始文化，是早期人類的思維模式，早期人類意識到人類生存的自然環境到處存在著超自然的靈性力量，這種靈性力量是可以支配人們生死的關鍵，也是導致疾病的原因。〔註117〕人所面對的天地萬物都是具有靈性，有著不同善惡的對應關係，其中有散播疾病的精怪鬼魅，同時也有各種庇護眾生的靈神。〔註118〕這種鬼神意識是傳承自原始社會古老宗教信仰下的深層精神活動，是以人作為主體來尋求鬼神世界的允諾與襄助，來安頓現實生活中的生、死、老、病等存在需要，人與超自然的交往，正是人們自身的生存基礎與生存活動本身。

一、巫術與祝由之術

從上古醫療傳說記載來看，更早的巫醫治病是不用針石藥物，而是用祝由——即對天祝告，符咒治病。所謂「祝由」，明代醫家張介賓在《類經》中解釋：「祝，呪同。由，病所叢生也，故曰祝由。」〔註119〕從上述解釋可以知道，祝由是通過向神明敘說疾病產生的原因，以取得神明諒解、保佑，使病從而治癒。《黃帝內經‧素問‧移精變氣論》中就有提到上古之人運用「祝由」治病的說法：

> 黃帝問曰：余聞古之治病，惟其移精變氣，可祝由而已。今世治病，毒藥治其內，鍼石治其外，或癒或不癒，何也？岐伯對曰：往古人居禽獸之間，動作以避寒，陰居以避暑，內無眷慕之累，外無伸官之形，以恬憺之世，邪不能深入也。故毒藥不能治其內，鍼石不能治其外，故可移精祝由而已。〔註120〕

上述伯岐回答所描述的古人，指的是遠古與禽獸同居的野蠻時代，其邪不能深入，所以不須以藥物鍼石來治病。祝由治病帶有心理療法的醫學底蘊，即通過祝由說病由，來「移精變氣」。也就是「移謂移易，變謂改變。皆使邪不

〔註116〕鄭志明：〈巫醫同源的生命觀〉《華人宗教的文化意識第二卷》（台北：宗教文化研究中心，2003年），頁92。

〔註117〕朱存民：《靈感思維與原始文化》（上海：學林出版社，1995年），頁329。

〔註118〕何星亮：《中國自然神與自然崇拜》（上海：三聯書店，1992年），頁35。

〔註119〕《類經》卷十二《論治類》（北京：人民衛生出版社，1982年），頁352。

〔註120〕《黃帝內經素問校釋》（北京：人民衛生出版社，1982年），頁174。

傷正，精神復強而內守也。」〔註121〕其中包含有心理治療機制，也就是「移易精神，變化藏心，導引營衛，歸之平調而已。」〔註122〕所以殷周時期的巫醫治病，內是用毒藥針石來攻治其內邪，外則是藉用祝由移精來攻其外邪以治病。從對病因的觀念傳承來說，醫與巫相似，主要偏重在交通鬼神，以求人體與宇宙的整體和諧，醫術和巫術長期以來就是共軌發展的。

　　巫醫治病的神異事例在古文獻中屢見不鮮，例如劉向在《說苑》中有一段對遠古巫醫生動的描繪：

> 上古之爲醫者曰苗父。苗父之爲醫也，以管爲席，以芻爲狗，北面
>
> 而祝，發十言耳，諸扶而來者，輿而來者，皆平復如故。〔註123〕

苗父被認爲是祝由術的始作俑者，他讓病人躺在菅草席上，用稻草紮成芻狗，面向北方祝說了十句咒語，病人立刻恢復健康。據《史記‧扁鵲倉公列傳》記載：

> 上古之時，醫有俞跗，治病不以湯液醴酒，鑱石蹻引，案扤毒熨，
>
> 一見病之應，因五藏之輸，乃割皮解肌，訣脈結筋，搦髓腦，揲荒
>
> 爪幕，湔浣腸胃，漱滌五藏，煉精易形。〔註124〕

俞跗也是上古著明的巫醫，相傳是黃帝的臣子，據《韓詩外傳》載，俞跗爲醫可使「死者復生」，實爲牽強附會之說。但是從上述說明可知他治病多採用外科手術，除體表切割手術之外，尚可做腹部手術。

　　原始社會以巫術與醫術並用的方式來對治疾病，所以二者在原始社會中是密切相關，都是積累長期傳承的神聖文化與治療經驗，是建立在人神交通的靈感思維上，認爲超自然的精怪厲鬼是引起疾病的原因，因而發展出各種驅除病魔與疫鬼的方法和技術，來達到驅魔、健身與治病、養生的生存目的。這些生存的技術，反映人類早期靈感思維下的宇宙觀與生命觀；是經過相當漫長生存方式的經驗累積與運用，巫術與醫術原始的操作實踐工夫，不是屬於科學的範疇，而是奠基於迄今尚未被人們完全認識的超自然力量，顯示人類精神活動下的文化景觀。同樣靈魂或靈性也不屬於科學的物質課題，是從遠古社會流傳下來的觀念，關注到與身體對立的精神實體，肯定靈管轄著自

〔註121〕 王冰注：《素問注釋匯粹》上冊，（北京：人民衛生出版社，1982 年），頁 188。

〔註122〕 王冰注：《素問注釋匯粹》上冊，頁 188。

〔註123〕 《古今醫統》《古今圖書集成醫部全錄》第十二冊，（北京：人民衛生社，1991年），頁 74。

〔註124〕 （漢）司馬遷：《史記》卷一百五（北京：中華書局，標點本第九冊），頁 2788。

然，魂支配著人身，二者融合爲一體根植於人心，是石器時代人類相當重要的觀念建構。〔註125〕中國古代的靈感思維不太重視死後魂魄的歸宿問題，比較關心的是人活在世上魂魄與肉體結合的妙用，強調靈性自我保養之道。

二、重點在「通」

靈性醫療的養生法，來自靈感思維下的靈性文化，是中國傳統宗教最核心的信仰內涵，也是中國連續型文明的意義所在。「天地鬼神」終極實體是時刻可以內感於人的精神體驗，發展出人可以經由管道來交感形上的終極實體，展現出豐富的靈感文化。神聖體驗是靈感文化的核心，所謂「神聖體驗」不是單指個人的自我意識與自我感覺，最重要的是意識到宇宙存在著超自然而又控制著自然的力量。所謂神聖，是指包含了神、神聖力量、神性物等，是人從自身與宇宙的對應中體驗而出的超越存在。中國傳統宗教就建立在這種靈實互動的精神體驗上，內在的信仰情感重於任何宗教的外在形式，是直接訴諸於人與天地鬼神之間的靈性交通與生命體驗。著重人與終極實體相遇或合一的生命修持工夫，其表現形態主要有：「靈顯」、「靈感」與「靈修」等現象。「靈顯」，是指終極實體自身的啓示或開顯，原本就滲透在天地萬物之間，無所不在，可以稱爲「道」。「靈感」是在「靈顯」的基礎上，肯定人與終極實體可以相互交感與實現，滿足人們參與靈顯世界的願望與實踐，在神聖性的精神體驗下圓滿自我的生命。「靈修」則是「靈感」的積極實現，重視自我生命與終極實體相互合一的修持。

中國傳統宗教可以說是「靈顯」、「靈感」與「靈修」爲核心的信仰體，人們不僅深信天地鬼神的終極存有，更堅信彼此之間有著緊密互動的對應關係，經由直覺式的生命感通，就能交接終極實體的神聖力量，能在自力修持下得道成仙。

人的靈性養生重點在於能「通」，亦即有著交感天地與溝通鬼神的能力，以「通」來解除「不通」的危機。人與天地的交感及人與鬼神的交感，是藉由「靈感思維」使精神上可以相通、互爲一體，所謂「通」就是指靈性的自我養生之道。人的靈性可以經由各種修行的方法來通向天地鬼神，並由「通」的管道獲得了自然與超自然的靈力護持，將有限肉體擴充到無限的靈性世界

〔註125〕馬德鄰、吾淳、汪曉魯：《宗教，一種文化現象》（上海：上海人民出版社，1987年），頁32。

之中，因而圓滿個人機體生理、心理的存在功能，從而遠離各種疾病與災難。有學者認為：

> 靈性的養生目的，不只是追求自身的生理保存，更重要的是求得精
> 神與心靈上的自我平衡與實現。〔註126〕

所以靈性的養生目的是以人為核心，引進天地與鬼神的形上價值，來作為生存場域之中生活運作的方向與原則，建構出「天地人鬼神五位一體」的宇宙圖式；此觀念體系肯定人自身的安身立命，必須相應於「道」的運行規律，相信天地萬物與人都具有著靈性，彼此是精神相通互為一體，是居於現實生活的核心位置，人可以通向天地也能通向鬼神，成為主宰宇宙的命運共同體，顯示人的靈性不是短暫的物質形式，有著天地人鬼神合一的精神存有價值。

中國社會重視以人為主體的存在空間，強調人的存在可以經由靈性來交感天地的自然系統，同時也能交感鬼神的超自然系統。由於人具有「靈感思維」，所以人的靈性可以藉由「氣」與天地的靈性相互交感，此來自人與自然對應的「宇宙論」，認為人的世俗生命可以參與天地的造化，成為宇宙的核心，獲得自然的靈力。人的靈性可以藉由「氣」、「德」與超越性鬼神的靈性相互交感，此來自人與超自然對應的「靈性論」，認為人的生命是鬼神生命延續的神聖核心，以形上超越的力量，開啟和諧永續的生存場域。因此人必須維持與天地間的自然和諧，更須鞏固人與鬼神的超自然和諧。

所謂「不通」是指人的靈性無法與天地鬼神的靈性相互感應，導致無法避開天地陰陽的失調使內疾叢生與鬼神煞氣的作祟使外邪侵入，造成疾病與災難的產生。從第四章的病因觀可知「不通」是疾病形成的主因，人無法遵循宇宙運行的法則，掌握到氣化流行的規律，會難以避免鬼神的衝犯與作祟降禍，人若是長期處在與自然、超自然失調的環境中，會紊亂個人機體平衡內外的有序結構，招徠各種身體疾病與生存危機。當人無法直接交感天地鬼神時，就要仰賴「巫」與「巫術」的靈感力量。「巫」是溝通人神與體兼人神的人，「巫術」是透過儀式與占卜的操作來溝通神意與實現人願，經由此二者可以引進鬼神的靈力來護佑人的靈性，將抽象的靈性觀念轉化成具體的實踐行為，以歌舞、祭祀、祝由、禁咒、占卜等操作模式，將人提昇到與鬼神同靈的精神存在，相信此種靈性的交通能改造人的生存世界，遠離各種疾病與災難。

〔註126〕盧紅等著：《宗教：精神還鄉的信仰系統》（河北天津：南開大學出版社，1990年），頁188。

　　人經由與鬼神的和諧相處擴大到人與人的人際關係系統，追求優化的生存環境，在靈性的認同下，統合了物質與精神，吸收更多的養生資源。宗教、巫術與術數是三種不同層面的超自然領域，也是人神交通的三種精神管道。有學者認為：「將這種靈性的養生方式，視為一種愚昧無知的歪曲世界觀，是封建時代玩弄與剝削人民的手段。」〔註 127〕這種意見只看到巫術世俗化的弊端，忽略了人自身靈性的價值追求。靈性養生的目的，不只是追求自身的生理保存，更要追求精神與心靈上的自我平衡與實現。以下所介紹的各種自力養生、神力養生的修持方法，是以「精神性」的認同，進行生存與繁衍的不懈努力。

三、神力養生

　　道教醫學的靈性醫療養生可以分成兩大類，即「神力養生」與「自力養生」。所謂「神力養生」，是在鬼神崇拜下引進超越的靈力來護佑人的靈性，當靈性得到安頓時可以紓緩身心的壓力，化解疾病施加於肉體的束縛，以信仰的神聖體驗來平衡現實生活的存有秩序。所謂「自力養生」，是以「精神修煉」來淨化自我的靈性，肯定人具有領悟神聖存在的主體價值，以精神性的生命境界來進行身心的醫治與養生。道家、道教大多重視自力的精神修煉，亦即自力養生，「神力養生」與「自力養生」二者可以並存，同為生命的拯救力量，都是將人的靈性提昇到與鬼神同在的超越世界。各種溝通超自然力的靈性修持方法，並不是歪曲與虛妄的錯誤信念，〔註 128〕而是人性自我靈動的精神實現。

　　「神力養生」是以外在神聖的超自然力量來協助個人機體形式的均衡追求，主要來自於神人交通的「靈感文化」，人體的行為操作是受到宇宙力場的支配與互滲，是來自哲學與宗教的價值體驗，屬於信仰的課題與科學無關，其精神性的價值操作可以幫助人們排憂解難、渡過難關，是從心靈的交感現象中，發揮安撫人體形式的和諧作用。《抱朴子‧內篇‧雜應》中有許多「神力養生」的內容，例如：堅齒之道、聰耳之道、明目之道、不畏風濕之道、登峻涉險遠行不極之道、不寒之道、不熱之道、辟五兵之道、隱淪之道、桎梏自解等，都是屬於宗教醫療養生中神聖醫學的範疇。此範疇屬於神聖性的

〔註 127〕宋兆麟：《巫覡──人與鬼神之間》（北京：學苑出版社，2001 年），頁 383。
〔註 128〕張紫晨：《中國巫術》（上海：上海三聯書店，1990 年），頁 58。

精神安頓，涉及到神聖的信仰理念與精神領域；信徒渴望有神聖力量的加入來獲得肉體與心靈的安寧，以溝通陰陽、來參與宇宙天地的造化，從而獲得神聖力量的護持來消災與祈福。

　　道教養生家認爲眼、耳、齒的功能退化，是人體衰老的標誌，因此葛洪特別注意用導引術配合醫藥防治眼、耳、齒的衰老。葛洪站在道教方術的立場，在此提出了他個人的解答。他認爲雖然只有仙道才能解決生死的問題，方術並不能，不過懂得各種外患不入的方術，可以「辟邪惡、度不祥」，才能留著生命去修行仙道，在本節部分筆者將依序說明《抱朴子·內篇·雜應》中各種的「神力養生」之內涵。

表 7－16：「堅齒之道」

序號	方　　　　法	效　　果
1	能養以華池，浸以醴液，清晨建齒三百過者。	永不搖動
2	含地黃煎，或含玄膽湯，及蛇脂丸、礬石丸、九棘散。	則已動者更牢，有蟲者即愈。
3	服靈飛散者	可令既脫者更生也

　　序號 1 的養生法，顏之推在《顏氏家訓·養生篇》也說：「吾嘗患齒搖動欲落，飲食熱冷，皆苦疼痛。見《抱朴子》牢齒之法，早朝叩齒三百下，爲良行之，數日即平愈，今恆持之。此輩小術，無損於事，亦可修也。」由此觀之每日早晨叩齒咽津的方法，對牙齒是有保健的作用。序號 2、3 的養生法是屬於生理醫療養生法中的食物與祕方療法。

表 7－17：「聰耳之道」

序號	方　　　　法	效　　果
1	能龍導虎引，熊經龜咽，燕飛蛇屈鳥伸，天俛地仰，令赤黃之景，不去洞房，猿據兔驚，千二百至。	聰不損也
2	其既聾者，以玄龜薰之，或以棘頭、羊糞、桂毛、雀桂成裹塞之。	皆愈也
3	或以狼毒冶葛，或以附子蔥涕，合內耳中。	皆愈也
4	或以蒸鯉魚腦灌之	皆愈也

　　序號 1 是屬於保健外功療法，這種模仿龍、虎、熊、龜、燕、蛇、鳥、

猿、兔的導引術，和華陀的五禽戲思想相通，葛洪認為通過導引煉形，可以使精血充盈，腎氣旺盛，耳朵自然聽力會變好。序號 2、3、4 是屬於生理醫療養生法中的食物與祕方療法。

表 7－18：「明目之道」

序號	方　　　　法	效　　果
1	能引三焦之昇景，召大火於南離，洗之以明石，慰之以陽光，及燒丙丁洞視符，以酒和洗之。	古人曾以夜書也
2	以苦酒煮蕪菁子令熟，曝乾，末服方寸匕，日三，盡一斗。	能夜視有所見矣
3	以犬膽煎青羊、班鳩、石決明、充蔚百華散，或以雞舌香、黃連、乳汁煎註之。	諸有百疾之在目者皆愈，而更加精明倍常也。

序號 1 是以導引除三焦之熱，並且服以含維也納和有清熱解毒明目功效的藥劑，是可以健眼和治療眼疾的。序號 2、3 是屬於生理醫療養生法中的食物與祕方療法。

表 7－19：「不畏風濕之道」

序號	方　　　　法	效　　果
1	金餅散、三陽液、昌辛丸、菫草耐多煎、獨搖膏、茵芋玄華散、秋地黃血丸，皆不過五十日服之而止	可以十年不畏風濕
2	若服金丹大藥，雖未昇虛輕舉，然體不受疾。	雖當風臥濕，不能傷也
3	姚先生但服三陽液	便袒臥冰上，了不寒振
4	此皆介先生及梁有道臥石上	及秋冬當風寒，已試有驗，秘法也。

以抗風濕的中藥制劑來防治風濕病，是符合醫學道理的。

表 7－20：「登峻涉險、遠行不極之道」

序號	方　　　　法	效　　果
1	惟服食大藥	身輕力勁，勞而不疲矣。
2	若初入山林，體未全實者，宜以云珠粉、百華醴、玄子湯洗腳，及虎膽丸、朱明酒、天雄鶴脂丸、飛廉煎秋芒、車前、澤瀉散，用之旬日。	不但涉遠不極，乃更令人行疾，可三倍於常也。
3	若能乘蹻者	可以周流天下，不拘山河

　　序號 3「乘蹻」爲神仙騰空飛行之術，可以高下任意，一日千里，在古代交通極不發達的情況下，對想要成仙的道士有很大的誘惑力。葛洪所述的乘蹻法，反映了道教追求超自然力的頑努力，其中多爲道教的存思神遊之術。

表 7－21：「不寒之道」

序號	方　　　　法	效　　果
1	或以立冬之日，服六丙六丁之符，或閉口行五火之炁千二百遍。	十二月中不寒也
2	或服太陽酒，或服紫石英朱漆散，或服雄丸一，後服雌丸二。	可堪一日一夕不寒也
3	雌丸用雌黃、曾青、礬石、磁石也。雄丸用雄黃、丹砂、石膽也。	然此無益於延年之事也

　　序號 1「或以立冬之日，服六丙六丁之符」，在天干中，丙丁屬火；丙爲陽火，丁爲陰火；丙火屬太陽大火，丁火屬燈盞小火。由於火能禦寒，故服六丙六丁之符，可以不畏寒冷。葛洪認爲以上所述不寒之道只能禦寒，而無益於年壽的延長。魏晉人崇尚奇異，當時社會上發現有不畏寒熱特異體質的人，人們便會廣爲傳頌，載入書籍。桓譚《新論》和曹植《辯惑論》都有不寒不熱之道的記載，文人常將其事加以神話，傳成神仙。例如王仲都盛夏時以十爐火炙之不熱，嚴多時裸而不寒，張華《博物志》等書有此記載，道教便認爲這些人都是因爲修道而成，因此發展出不寒不熱之的法術。這些不寒不熱之道中除了有些一些散寒去暑的方劑之外，其他是屬於靈感思維下的靈性醫療的養生法。

表 7－22：「不熱之道」

序號	方　　　　法	效　　果
1	或以立夏日，服六壬六癸之符	不怕炎熱
2	或行六癸之炁	不怕炎熱
3	或服玄冰之丸，或服飛霜之散，然此用蕭丘上木皮，及五月五日中時北行黑蛇血，故少有得合之者也。	不怕炎熱

　　序號 1「或以立夏日，服六壬六癸之符」在天干中，壬癸屬水；壬爲陽水，屬大海之水；癸爲陰水，屬雨露之水；由於水性清涼，故服六紝六癸之符，可以不畏炎熱。序號 3 說明玄冰之丸、飛霜之散的製作，有特別的要求，要

用蕭丘上的樹皮，以及五月五日中時向北爬行黑蛇的血，所以很少有人弄到藥材合成此藥的。葛洪舉例：「唯幼伯子王仲都，此二人衣以重裘，曝之於夏日之中，周以十爐之火，口不稱熱，身不流汗，蓋用此方者也。」

表 7-23：「辟五兵之道」

序號	方　　　法	效　果
1	但知書北斗字及日月字	不畏白刃
2	鄭君云，但誦五兵名亦有驗。刀名大房，虛星主之；弓名曲張，氐星主之；矢名彷徨，熒惑星主之；劍名失傷，角星主之；弩名遠望，張星主之；戟名大將，參星主之也。臨戰時，常細祝之。	禁辟五兵之道
3	或以五月五日作赤靈符，著心前。或丙午日日中時，作燕君龍虎三囊符。歲符歲易之，月符月易之，日符日易之。	禁辟五兵之道
4	或佩西王母兵信之符，或佩熒惑朱雀之符，或佩南極鑠金之符，或戴卻刃之符，祝融之符。	禁辟五兵之道
5	或傅玉札散，或浴禁蔥湯，或取牡荊以作六陰神將符，符指敵人。	禁辟五兵之道
6	或以月蝕時刻，三歲蟾蜍喉下有八字者血，以書所持之刀劍。	禁辟五兵之道
7	或帶武威符熒火丸。或交鋒刃之際，乘魁履罡，呼四方之長，亦有明效。	禁辟五兵之道

序號 1「但知書北斗字及日月字」是出自三國時介象的道法，吳大帝曾以左右幾十人作試驗，都終身不曾受傷。序號 2「但誦五兵名亦有驗」傳自葛洪的老師鄭隱，臨戰時，常細祝之，就可以不怕兵器的傷害了。序號 7「熒火丸」可以避病除毒及免五兵白刃的傷害，「乘魁履罡」是道教的一種法術，憑藉順隨魁星罡星的運行力量，居於寶地，呼叫四方神明之長，也有明顯的效應。人們對宇宙的秩序系統，除了神靈的超自然存在外，也重視時間與空間整體運作的和諧体系，發展出獨特陰陽術數的心理醫療技術，講究在時間上要應合天數的運行，意識到空間方位「辟邪制煞」的五行術數法則，體會到人生與宇宙的「氣運模式」與「變易法則」，講究在空間上要應合地數的運行。

表7－24：「隱淪之道」

序號	方　法	效　果
1	鄭君云，服大隱符十日。	欲隱則左轉，欲見則右回也。
2	或以玉臺丸塗人身中；或以蛇足散，或懷離母之草，或折青龍之草，以伏六丁之下	可以免難
3	或入竹田之中，而執天樞之壤	可以免難
4	或造河龍石室，而隱云蓋之陰	可以免難
5	或伏清泠之淵，以過幽闕之徑	可以免難
6	或乘天一馬以游紫房；或登天一之明堂；或入玉女之金匱；或背輔向官，立三蓋之下	可以免難
7	或投巾解履、膽煎及兒衣符，子居蒙人，青液桂梗，六甲父母，僻側之膠，駁馬泥丸，木鬼之子，金商之艾	或可爲小兒，或可爲老翁，或可爲鳥，或可爲獸，或可爲草，或可爲木，或可爲六畜，或依木成木，或依石成石，依水成水，依火成火，此所謂移形易貌，不能都隱者也。

　　變形易貌、坐在立亡之術即隱去形骸之術，是神仙道教最重要的法術之一，它可以用來防備兵荒馬亂的危急情況。序號1可知隱淪之道「服大隱符」傳自葛洪的老師鄭隱，服符後要隱身就向左轉，要現形就向右轉回到原來的位置。序號2是持隱身草、念咒語，以奇門遁甲隱形的法術。序號6「乘天一馬以游紫房」是指遁甲之術，從序號7的效果來看，葛洪認爲還可以用變形之術來達到隱身的目的。道書中有許多有關隱身法和變化之術，葛洪認爲隱身法和變化之術雖「無益於年命之事，可以備兵亂危急」，不得已而用之，可以免難。掌握到宇宙消長與相勝的空間規律，讓自己在人與宇宙方位的環周運動中，取得最佳的對應位置，這是以人作爲主體的時間與空間的存有模式，追求人自身與自然環境的圓融，進而也圓融了自我與他人之間共同的生存規律與法則。

表7－25：「桎梏自解之道」

序號	方　　　　　法	效　果
1	有月三服薏苡子，和用三五陰丹	皆自解
2	或以偶牙陽胞	皆自解
3	或以七月七日東行跳脫蟲	皆自解
4	或以五月五日石上龍子單衣	皆自解
5	或以夏至日霹靂楔	皆自解
6	或以天文二十一字符	皆自解
7	或以自解去父血	皆自解
8	或以玉子餘糧	皆自解
9	或合山君目，河伯餘糧，浮云滓以塗之	皆自解

「魏武帝曾收左元放而桎梏之，而得自然解脫，以何法乎？」葛洪認為上述的方法都可讓人從桎梏中自行解脫出來，左慈善於自行運用五行變化的法術，在《神仙傳》言：「左慈乃學道，尤明六甲」，所以真正的形體是不可能被人捉住的啊。

以上所述的各種「神力養生」中，有許多是屬於生理醫療養生法中的食物與祕方療法，是建立在氣化交感的作用上，除了自身醫療養生的體驗外，反映人們渴望靈驗奇蹟的心理，這些是以超自然的神秘經驗來傳達醫療、養生的訊息，建立在神奇療效與作用上。這些神奇感應是經由生命本質的探索與鍛鍊，在人與天地鬼神的聯結中，以智慧的反觀內照，開發出生命的價值意涵。「神力養生」的重點是神聖性的宗教體驗，所代表的都是「神聖力量」，是人對自身生命存有的探尋，追究人在天地間的對應位置，是將生命形式安頓在神明崇拜下的儀式操作之中，儀式的操作是信仰觀念下的經驗傳承，有著觀念層次的哲學理論與運用層次的方術技術，來自命運的運用層次，是集體意識的文化傳達，以神靈的超驗體證來解釋病因與治病的因果關係，以超自然的力量來輔助人體形式的運作原理，將人體形式在信仰中獲得精神性的解放，以達到個人機體和諧的生存目的，具有中國深層的價值意義與行為模式。

四、自力養生

所謂「自力養生」，是以「精神修煉」來淨化自我的靈性，肯定人具有領悟神聖存在的主體價值，以精神性的生命境界來進行身心的醫治與養生。葛

洪《抱朴子‧內篇》建立了道教哲學的形上學理論及闡發了神仙思想的系統，有學者認為：「由於葛洪的整理，不僅丹鼎道派大盛，對其各家道派理論的整理，神仙理論的闡釋，極大地增加了道教理論的系統性和說服力，使道教發展到一個新的歷史階段」〔註129〕。道教哲學對道家哲學的改造和發展突出表現在：道教哲學寓道於術，通過道士修道、實踐長生的過程，不論是採用外煉之法（即把道輸入體內）的金丹靈性治療，或是採用內修之法（即內心體驗中，將自己與道融為一體）的自力養生，來「合道成仙」。「體道」、「得一」的可體得哲學，若不是具體在治療疾病，就是養生，屬於自力養生修煉。

（一）宗教化與方術化

在葛洪的道教哲學中，「道」是他邏輯的起點，同時也是他邏輯的終點和理論歸宿。葛洪從「道」的內涵出發，逐步宗教化（即神化），推演出「玄」、「真」，再將「玄」和「真」與「一」相結合，「一」是道的化身，是宇宙萬物運行的唯一法則，同時也是生命存在的基礎。接著進一步將「一」方術化，即通過具體的「守玄一」、「守真一」的方術，復歸於「道」，從而體道合真，達到精神與道體合一的生命永恆的神仙境界。道教哲學中寓道於術的實踐過程，筆者根據學者胡孚琛的原圖加以發展成圖十四〔註130〕：葛洪寓道於術的實踐過程。

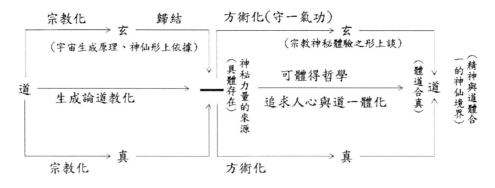

圖十四：葛洪寓道於術的實踐過程

最左邊的「道」，屬於抽象的哲學概念，是形而上的天地宇宙生層論層

〔註129〕劉鋒、臧知非：《中國道教發展史綱》（台北：文津出版社，1997年），頁150。
〔註130〕此圖筆者是根據學者胡孚琛的觀點，加強自己的理解所繪製而成，請參閱胡孚琛：《魏晉神仙道教——抱朴子內篇研究》，頁202。

次，屬於後天世俗（物）的宇宙現象場域。葛洪將「玄」、「眞」宗教化爲絕對的宇宙精神，成爲宇宙生成的原理和神仙的形上依據，同時也是神仙具有神秘能力的淵源。中間的「一」則是由「道」和「玄」的神秘宇宙本體，通向神仙的中間重要環節及演變關鍵所在，「一」就是「道」，葛洪將「一」具體化爲一種存思中的意念，成爲形而下的具體存在，它具有生命力，是神秘力量的來源。然後葛洪再將「一」方術化成「玄一」與「眞一」，道士由「守玄一」存思氣功，由「道」宗教神秘體驗的形上說，化爲自己內心的體驗，將自己的形神與道融爲一體，而通神成仙。或是道士由「守眞一」的操作實踐工夫，以養氣爲本、存眞一，將「道」保存在人體中，體道合眞，而通神成仙。

從中間的「一」，到最右邊的「道」這個修道過程，是道士追求人的心理與道的一體化，「抱一」就是合道，將「一」方術化爲「守一」，因爲道士只有通過守一的存思氣功，才能將道化爲自己的內心體驗，從而將自己的精神與道融爲一體，通神成仙，所以是一種可體得的哲學。而此修煉工夫是人將自己有限的生命，融入宇宙永恆的大化之中，讓人從有限中體驗無限，達到身心與宇宙合一的絕對自由境界，實現「天人合一」，返璞歸眞的神仙世界。所以最右邊的「道」，是將精神與道合爲一體的抽象神仙境界，屬於先天神聖（道）的本體場域，屬於先於天地的本體之道。

從上述說明可以知道，「寓道於術」的成仙實踐過程，被葛洪改造和發展成爲一種可以修煉、可以模擬、可以體得的道教哲學。他從道教哲學「道」的本體論範疇中，經過宗教化和方術化的推演過程，把「道」、「玄」和方術結合，他的仙道學說中，玄一之道即「守玄一」，是用來外攘邪惡的道術。對「一」的論述，本指宇宙的生成，更接近「玄」的本體地位，較特殊的是此「一」分居天、地、人三處，當「玄」籠罩下，形成「玄一」，透過「眞一之道」、「玄一之道」，將它的哲學特徵與道士的精、氣、神融爲一體，從而體道合眞，復歸於先天神聖的道。葛洪將其本體論與修道的具體道術聯繫起來，使其仙道學說具有哲學理論的色彩。

（二）玄道

在《抱朴子‧內篇》中，葛洪的「道」有承繼道家、參雜儒家、及漢代哲學的部分，以「道」爲邏輯起點，進一步推演出「玄」的形上概念。「玄」不僅具備「道」的特徵，內涵宇宙所有存有，並且具有動力，葛洪又將「玄」

宗教化,《抱朴子・內篇・暢玄》對「玄」的描述爲:

> 光乎日月,迅乎電馳。或倏爍而景逝,或飄滭而星流,或混漾於淵澄,或雰霏而云浮。〔註131〕

> 匠成草昧,轡策靈機,吹噓四氣,幽括沖默,舒闡粲尉,抑濁揚清,斟酌河渭,增之不溢,挹之不匱,與之不榮,奪之不瘁。故玄之所在,其樂不窮。玄之所去,器弊神逝。

這樣「玄」就成了一種神秘莫測的本體,凡是宇宙的生存、運動,都是「玄」的作用。葛洪又進一步將「玄」神秘化爲「玄道」。他說:「夫玄道者,得之乎內,守之者外,用之者神,忘之者器,此思玄道之要言也。」〔註132〕在此他把「玄道」方術化,所謂「思玄道」就是用存思的方法來體得「玄道」,那些體得玄道的人,同時也體得了超出人間世俗社會的富和貴。《抱朴子・內篇・暢玄》中說:

> 得之者貴,不待黃鉞之威。體之者富,不須難得之貨。高不可登,深不可測。乘流光,策飛景,凌六虛,貫涵溶。出乎無上,入乎無下。經乎汗漫之門,游乎窈眇之野。逍遙恍惚之中,倘佯彷彿之表。咽九華於云端,咀六氣於丹霞。俳佪茫昧,翱翔希微,履略蜿虹,踐跚旋璣,此得之者也。〔註133〕

葛洪認爲一切出於「玄」,「玄」又超乎一切之上。所以人若能體得了「玄道」,便可以在精神上達到「眞知足」的境界。此境界是人的心理無欲無慮,坦蕩無爲,知足常樂,像玄道一樣合於自然,這也是神仙的境界。故學者王明認爲:「由此可見抱朴子所謂『玄』,實爲神秘主義的本體論。」〔註134〕葛洪除了將宇宙本體之「玄」下貫於天地人來說明人的自然本性外,又從人的自然本性來談養生的影響;可說是既通過玄學的有無之「道」來解「玄」,又提出「玄道」來指導道教的修煉。他認爲人們要想長生久視,必須修玄道。

(三)存思守一

從前面所述可以知道「一」的內涵完全具備「道」和「玄」的特徵,不過比「道」和「玄」更趨於具體化,因爲它能「各居一處」,並且能分別融合

〔註131〕《抱朴子・內篇・暢玄》,卷1,頁1。
〔註132〕《抱朴子・內篇・暢玄》,卷1,頁2。
〔註133〕《抱朴子・內篇暢玄》,卷1,頁2。
〔註134〕《抱朴子・內篇・暢玄》,卷1,頁5。

進入天地人和春夏秋冬四季中去，是具有能動性的，因此此處的「一」，並非形上之純一，而是在「玄」的籠罩下，在各界當爲作用起始的根源，是可以「知」和「得」的神秘本體。〔註135〕在葛洪的思想中，「道」和「玄」尚需要「一」的聯繫。「玄」爲形上根源，爲「一」之根源，而「道」則有賴「一」的發動，才能顯現其作用。

葛洪繼承早期道教中的「守一」的思想，他說：「故仙經曰：子欲長生，守一當明；思一至飢，一與之糧；思一至渴，一與之漿。」〔註136〕爲了存思方便，葛洪具體指出「一」的位置，並且描述了存思氣功中的外景和內景。道教哲學認爲人體是和天地大宇宙對應的小宇宙，所以「一」在人體中也有特定的部位。他在《抱朴子‧內篇‧地眞》中說：

> 一有姓字服色，男長九分，女長六分，或在臍下二寸四分下丹田中，或在心下絳宮金闕中丹田也，或在人兩眉閒，卻行一寸爲明堂，二寸爲洞房，三寸爲上丹田也。此乃是道家所重，世世歃血口傳其姓名耳。〔註137〕

他把「一」象徵天、地、人，就人而論，「一」存在於上、中、下三丹田之中。葛洪又把「一」具體化爲人體丹田穴中的身神，甚至有姓名、有大小、有固定的穿著，只是道家秘相傳授，絕不對外說出來而已。在漢魏時期，「姓字」代表家庭出身，「服色」代表社會身份，「姓字服色」是最能代表一個人的特點，所以對身神也以姓字服色來作區別。魏晉南北朝及以前古道經如《黃庭經》，用姓字服色來描述說明身神的方式，在道教傳承發展中被保留下來。

葛洪將道教哲學中的一些本體論概念，如「道」、「玄」、「一」，先把它們宗教化爲絕對的宇宙精神，然後再將其方術化爲具體可以存思體得的意念，從而追求將自己有限的生命融入宇宙永恆的大化之中，從有限中體驗到無限，達成身心與宇宙合一的絕對自由的神仙境界，葛洪的生命觀建立在以形爲體，以神爲用上，自力養生中養神的修煉偏向哲學宗教，屬於精神的開發與創造的領域，代表人類精神的追尋，這就是葛洪「寓道於術」的可體得哲學，源自於形神合一的生命觀。從科學的範疇來看，這些道教經典所討論有關人體生命的問題，除了宗教神學和極少部分與政治倫理有

〔註135〕胡孚琛：《魏晉神仙道教》，頁109～201。
〔註136〕《抱朴子‧內篇‧地眞》，卷18，頁323。
〔註137〕《抱朴子‧內篇‧地眞》，卷18，頁323。

一定聯繫之外，大部分屬於自然科學、生理科學及醫學的範疇。而在古代
儒家思想文化中，其主要的理論體系與自然科學、生命科學幾乎沾不上邊，
對道教的這一特徵，英國學者李約瑟在《中國古代的科學與社會》中曾精
闢指出：

> 在中國古代十分清楚的，儒家倫理學的理論是與科學的發展不相容
> 的，而道家的經驗主義的神祕論則對科學有利。當他們說到「道」、
> 「抱一」……等等時，就達到宗教很難與科學分開的階段，因為人
> 可能是宗教神祕論中的「一」，或自然界的宇宙秩序之「一」，像我
> 們在科學意義上所理解的那樣。它可能兼指這兩者。〔註138〕

學者李約瑟從道家道教研究的對象是「人」，有關人體醫學觀、生命的生理學
說等，揭開神祕主義的面紗，看到它具有科學的一面。學者李豐楙認為葛洪
的神仙學之所以能承先起後，原因在於他能將先秦兩漢方士醫學中有關於煉
形煉神的方術提升，成為一種既有理論體系的學問，又有具體可操作體得的
實踐工夫，在中國養生學史上，這是一種進步。〔註139〕

道教醫療養生重視「形神合一」的生命觀，在形方面追求健身延壽的個
體效率，附帶追求防治疾病、治寮的特殊效果。在神方面重視擴展生命的存
有境界，突破生命的有限形式，進入長存的精神領域亦即神仙世界。附帶追
求顯現人體具有神聖能量與特異功能。筆者將《抱朴子‧內篇》的養生法與
「思神」有關的資料整理成表7－26。

表7－26：與「思神」有關的資料

序號	內　　　　　容	篇目
1	今道引行氣，還精補腦，食飲有度，興居有節，將服藥物，思神守一，柱天禁戒，帶佩符印，傷生之徒，一切遠之，如此則通，可以免此六害。	至理
2	內視反聽，呼吸導引，長齋久潔，入室煉形，登山採藥，數息思神，斷穀清哉？	辨問
3	及於合作之日，當復齋潔清淨，斷絕人事。有諸不易，而當復加之以思神守一，卻惡衛身，常如人君之治國，戎將之待敵，乃可為得長生之功也。	地真

〔註138〕李約瑟：《中國古代的科學與社會》（遼寧：科技出版社，1986年），頁110。
〔註139〕李豐楙：《不死的探求——抱朴子》，頁126。

序號1「思神守一」說明專一精神在於仙道的修習，如此可以讓人精神內守，可以免此六害。序號2「數息思神」是葛洪提倡專一精思以通神的內煉方法，可以藉由行氣吐納導引來保持內心寧靜，長久齋戒潔身，在內室中修煉形體，攀登名山採集仙藥；數著氣息，停止思念，進行斷穀清腸的靈性養生修煉。序號3「思神守一，卻惡衛身」說明存思神靈、持守眞一，可以用來退卻邪惡捍衛自身。

1. 守一

守一術就是對「一」的意守，基本方法是把身心控制在安靜的狀態下，將意念集中於「一」。春秋末期老子提出「載營魄抱一」的「抱一」法式，戰國時莊子提出「我守其一，以處其和」的「守一」法門，由此觀之這種自力養生術在秦漢已廣泛在社會上流傳，道教產生後將其納入，成爲魏晉時期道教重要的長生術之一。

守一是道教早期修煉術之一，道教煉養家認爲「一」就是道，這是守一術基本的理念。其主旨爲守持人之精、氣、神，使之不內耗，不外逸，長期充盈體內，與形體相抱而爲一。以爲修習此術，可以延年益壽，乃至長生久視。葛洪所謂「守一」者，包括「守眞一」和「守玄一」兩種方法。「守眞一」是守體內之神，「守玄一」是守體外之神。筆者將《抱朴子‧內篇》的養生法與「守一」有關的資料整理成表7－27。

表7－27：與「守一」有關的資料

序號	內　　　　容	篇目
1	仙經曰，服丹守一，與天相畢，還精胎息，延壽無極。此皆至道要言也。	對俗
2	今道引行氣，還精補腦，食飲有度，興居有節，將服藥物，思神守一，柱天禁戒，帶佩符印，傷生之徒，一切遠之，如此則通，可以免此六害。	至理
3	得合一大藥，知守一養神之要，則長生久視，豈若聖人所修爲者云云之無限乎？	辨問
4	故仙經曰：子欲長生，守一當明；思一至飢，一與之糧；思一至渴，一與之漿。一有姓字服色，男長九分，女長六分，或在臍下二寸四分下丹田中，或在心下絳宮金闕中丹田也，或在人兩眉間，卻行一寸爲明堂，二寸爲洞房，三寸爲上丹田也。此乃是道家所重，世世歃血口傳其姓名耳。一能成陰生陽，推步寒暑，春得一以發，夏得一以長，秋得一以收，冬得一以藏。其大不可以六合階，其小不可以毫芒比也。	地眞

序號	內　　　　　容	篇目
5	吾聞之於先師曰：一在北極大淵之中，前有明堂，後有絳宮；巍巍華蓋，金樓穹隆；左罡右魁，激波揚空；玄芝被崖，朱草蒙瓏；白玉嵯峨，日月垂光；歷火過水，經玄涉黃；城闕交錯，帷帳琳琅；龍虎列衛，神人在傍；不施不與，一安其所；不遲不疾，一安其室；能暇能豫，一乃不去；守一存眞，乃能通神；少欲約食，一乃留息；白刃臨頸，思一得生；知一不難，難在於終；守之不失，可以無窮；陸辟惡獸，水卻蛟龍；不畏魍魎，挾毒之蟲；鬼不敢近，刃不敢中。此眞一之大略也。	地眞
6	若知守一之道，則一切除棄此輩，故曰能知一則萬事畢者也。受眞一口訣，皆有明文，歃白牲之血，以王相之日受之，以白絹白銀爲約，剋金契而分之，輕說妄傳，其神不行也。人能守一，一亦守人。所以白刃無所措其銳，百害無所容其凶，居敗能成，在危獨安也。若在鬼廟之中，山林之下，大疫之地，冢墓之閒，虎狼之藪，蛇蝮之處，守一不怠，眾惡遠迸。若忽偶忘守一，而爲百鬼所害。或臥而魘者，即出中庭視輔星，握固守一，鬼即去矣。若夫陰雨者，但止室中，向北思見輔星而已。若爲兵寇所圍，無復生地，急入六甲陰中，伏而守一，則五兵不能犯之也。能守一者，行萬里，入軍旅，涉大川，不須卜日擇時，起工移徙，入新屋舍，皆不復按堪輿星歷，而不避太歲太陰將軍、月建煞耗之神，年命之忌，終不復值殃咎也。先賢歷試有驗之道也。	地眞
7	師言守一兼修明鏡，其鏡道成則能分形爲數十人，衣服面貌，皆如一也。	地眞

　　序號 1 的「服丹守一」，葛洪認爲修煉地仙之道，在於知一。因爲「知一者，無一之不知也。不知一者，無一之能知也。道起於一，其貴無偶。」因此特別重視「守一」之道。序號 3「知守一養神之要，則長生久視」說明人若能懂得專一守純、修身養性的要訣，就可以長生不死。序號 4「守一」是道家持守專一精思的修養之術，後來發展「守一存眞，乃能通神」，葛洪將「一」與陰陽造化、三丹田融於一體，並且說明一有姓字服色，在三丹田中，上丹田藏神，中丹田藏氣、下丹田藏精的煉養學說，發展成後世內丹煉精化氣、煉氣化神的理論。序號 5 是與內丹修煉有關的資料，隱語眾多，雖然推敲文意，似以象徵性的語言，對自我生理結構及內臟的功能作用的揭示，多爲四個字，應是當時高道親身內丹修煉的體驗。它具體說明了人煉養神的方法與修煉內丹的親身體驗，道教內丹術有「存神」術，認爲自身中有三萬六千神，日日存思，念念不忘，就可以祛病延年，長生不死。存眞一的神用有：能通

神、陸辟惡獸，水卻蛟龍；不畏魍魎，挾毒之蟲；鬼不敢近，刃不敢中。序號 6 說明假使懂得稟持「守一」的道法，便可以將繁雜困難的法術摒棄。「守一不怠，眾惡遠迸。若忽偶忘守一，而爲百鬼所害」，所以人們不能沒有自力養生「守一」的道法，使外患不入。序號 7「師言守一兼修明鏡」是指在持守眞一功法的同時，可以兼修明鏡方術，此爲道教分形之術，當明鏡道術學成後，就能分解自己的形體爲幾十個人，並且衣服面貌，皆如一也。

這種自力養生術最實質的方法是將意念凝聚在身體的某些部位，經過嚴格長期的修行，而使心念凝定於一，所有守一術可以被認爲是「集中心念」的煉養術。〔註140〕

2. 守真一

葛洪認爲「一」又具體表現爲「眞一」，「眞一」是可以守之勿失的具體存在。只要「守眞一」就能夠通神、消災免禍、益壽延年、收得長生之功。筆者將《抱朴子‧內篇》的養生法與「守眞一」有關的資料整理成表 7－28。

表 7－28：與「守眞一」有關的資料

序號	內 容	篇目
1	或不曉帶神符，行禁戒，思身神，守眞一，則止可令內疾不起，風濕不犯耳。	極言
2	若道士知一禁方，及洞百禁，常存禁及守眞一者，則百毒不敢近之，不假用諸藥也。	登涉
3	或問曰：辟山川廟堂百鬼之法。抱朴子曰：「道士常帶天水符、及上皇竹使符、老子左契、及守眞一思三部將軍者，鬼不敢近人也。	登涉
4	若但服草木及小小餌八石，適可令疾除命益耳，不足以禳外來之禍也。或爲鬼所冒犯，或爲大山神之所輕凌，或爲精魅所侵犯，唯有守眞一，可以一切不畏此輩也。次則有帶神符。若了不知此二事以求長生，危矣哉。	地眞

序號 1 說明有人不曉得配帶神符、實行禁戒、內養精神、保守眞一之道，就可以達到自力養生而使身體內疾不生，風濕無法侵犯，以及序號 2「守眞一者，則百毒不敢近之」，序號 3「守眞一思三部將軍者」應該爲「守眞一」的氣功法，疑指守三丹田的將軍。序號 4 說明如果只是服食草木藥物及小餌八石之

〔註140〕張欽：《道教煉養心理學引論》（四川：巴蜀書社，1999 年），頁 71。

類，只可以消除疾病、增益壽命而已，不足以禳除外來的災禍。有時會被鬼怪所冒犯、大山的神靈所欺凌、妖精山怪所侵犯，只要持守眞一，就可以不畏懼這些山神鬼怪，其次就是佩帶神仙符籙。由此觀之「守眞一」與服食金丹、服食草木藥物與配帶神符同爲神仙道教中養生的四門。至宋代《道樞‧眞一》中便將「眞一」引入內丹，所以「眞一」就是心腎之眞性相融狀態。對內丹家而言，守眞一是在排除心知智慮後，將意念集中於體內的重要部位，守候它的自然發動，這裏的「眞一」可理解爲元精元氣一類的生命物質。

3. 守玄一

「玄一」是葛洪提出的一個特殊範疇，是從他的「玄」論中引申出來的。他說：「玄者，自然之始祖，而萬殊之大宗也。」「夫玄道者，得之乎內，守之者外，用之者神，忘之者器，此思玄道之要言也。」他在「玄」、「玄道」的基礎上，葛洪進一步闡述了「守玄一」，筆者將《抱朴子‧內篇》的養生法與「守玄一」有關的資料整理成表 7－29。

表 7－29：與「守玄一」有關的資料

序號	內　　　　　容	篇目
1	玄一之道，亦要法也。無所不辟，與眞一同功。吾內篇第一名之爲暢玄者，正以此也。守玄一復易於守眞一。眞一有姓字長短服色目，玄一但此見之。初求之於日中，所謂知白守黑，欲死不得者也。然先當百日潔齋，乃可候求得之耳，亦不過三四日得之，得之守之，則不復去矣。守玄一，並思其身，分爲三人，三人已見，又轉益之，可至數十人，皆如己身，隱之顯之，皆自有口訣，此所謂分形之道。……師言守一兼修明鏡，其鏡道成則能分形爲數十人，衣服面貌，皆如一也。	地眞

序號 1 說明「玄一之道」是一種分身的法術，可說是「玄一分形之道」，因爲「守玄一，并思其身，分爲三人，三人已見，又轉益之，可至數十人，皆如己身，隱之顯之，皆自有口訣，此所謂分形之道。」〔註 141〕這裏的玄一分形，是一個值得深入研究的課題，當人的注意力集中到一定的程度時，就會出現這樣的內景。「玄一之道，無所不辟，與眞一同功」，是說「玄一」、「眞一」同爲「道」的代名詞。葛洪作此區別，主要是從「守一」養神的角度來看；存思「玄一」時，只念自身，其表現是幾個相同的自身顯現；而「眞一」

〔註 141〕《抱朴子‧內篇‧地眞》，卷 18，頁 323。

則有自己的姓名字號等，存思「眞一」的效果是與「道」冥合，以求長生。「眞一」之神有姓字，須呼喚其名；有長短服色的不同；須想像具體；又所居有固定之宮，所行有相伴之神；內容複雜，故守之較難。「玄一」則無姓名、長短、服色的區別，只要集中心神專心意守即可，其形象任憑自見，故較容易。

所謂守眞一、守玄一，或許是守一時所存守的某個眞人、仙境之狀貌或顯現的某種幻覺，都是屬於「尊神」的方術，歸納來說「守一」屬道教修煉術之靜功，其側重點不在煉形而是煉神，目的是通過它排除心中雜念，保持心神清靜，使內身的精神與道合爲一體，達到提高人體免疫能力及強身健體。它所積累的經驗，爲後世內丹術所吸收，成爲內丹修煉的一個環節而繼續被充實、發展。

有學者以爲，唐代外丹的失敗，導致人們轉向內丹的修煉。〔註142〕事實上，內丹的源頭——內養一直存在中國傳統內煉養生的工夫之中，有存思冥想、守一、胎息、行氣等方法。學者李養正認爲：

> 葛洪提及的「金液還丹」，是一種著重於意志與內在丹田之氣的鍛鍊，漢代陰長生修煉的「太清丹法」，也是強調內煉神氣、與道合眞的方法，而且必須經過「九轉」的功力，才稱作「九轉丹成」。內丹在隋、唐轉盛的眞正原因，是由於內煉的秘法在那個時代才嶄露消息，向比較多數的群眾傳遞這些練功的方法。〔註143〕

李養正認爲內丹興起原因，一是由於外丹弊害的敗露，二是道教靜功的神秘化發展。在《抱朴子‧內篇》中就存有與內丹有關的文字，如《抱朴子‧內篇‧微旨》曰：

> 非華、霍也，非嵩岱也。夫太元之山，難知易求，不天不地，不沈不浮，絕險綿邈，崔嵬崎嶇，和氣絪縕，神意並游，玉井泓邃，灌溉匪休，百二十官，曹府相由，離坎列位，玄芝萬株，絳樹特生，其實皆殊，金玉嵯峨，醴泉出隅，還年之士，挹其清流，子能修之，喬松可儔，此一山也。長谷之山，杳杳巍巍，玄氣飄飄，玉液霏霏，金池紫房，在乎其隈，愚人妄往，至皆死歸，有道之士，登之不衰，采服黃精，以致天飛，此二山也。皆古賢之所秘，子精思之。〔註144〕

〔註142〕李養正：《道教概說》（北京：中華書局，1989年），頁133。
〔註143〕《抱朴子‧內篇‧微旨》，卷6，頁128。
〔註144〕《抱朴子‧內篇‧微旨》，卷6，頁128。

以上是對胎息內視的過程，產生的生理感受，以形象化的表達，是非常珍貴古道書中有關「存思守一」的實際描述。值得注意的是葛洪在《抱朴子‧內篇‧微旨》中使用「隱語」說出一段眞人守身煉形「氣功修煉」之術的口訣：

> 夫始青之下月與日，兩半同昇合成一。出彼玉池入金室，大如彈
> 丸黃如橘，中有嘉味甘如蜜，子能得之謹勿失。既往不追身將滅，
> 純白之氣至微密，昇於幽關三曲折，中丹煌煌獨無匹，立之命門
> 形不卒，淵乎妙矣難致詰。此先師之口訣，知之者不畏萬鬼五兵
> 也。〔註145〕

這可以說是一段當時道士「思神守一」之術的功法，撰者不詳，可信的是應該爲能文的高道。他解說吸收日月的精華，在體內結成丹，其狀大如彈丸，其色如黃橘煌煌然，這是道教史敘述內丹極爲珍貴的資料，描寫生動而親切，是煉丹的高道自己的實際體驗。

這段話在《雲笈七籤》卷五十六元氣論中有引注，說此口訣出自《九皇上經》。口訣大意是說人在修煉氣功時，以兩目存日月並且內視丹田，〔註146〕然後吞口中津液，引入心室之中。〔註147〕這時以津液化爲元精，元精與元氣、元神相合，結成大丹（元氣團）。其形如彈丸，色如橘。由於胸中氣聚，使人口中有甘如蜜的感覺。〔註148〕然後再對這一聚集起來的元氣團培植、溫養，愼勿喪失，使其化爲一股純白之氣沿任督二脈運行，最後復歸於命門和丹田之中。〔註149〕這是一種以存思和服煉口中津液相配合的行氣法，其氣聚丹田穴結成「大如彈丸黃如橘」的「中丹」即「中丹煌煌獨無匹」的功法，可以說已經和後世道教的內丹術接近。葛洪在《抱朴子‧內篇‧遐覽》中已經收有《黃庭經》，他記載的這段口訣是在以「存神煉氣」爲主的《黃庭經》基礎

〔註145〕《抱朴子‧內篇‧微旨》，卷6，頁128。
〔註146〕《黃庭內景經》云：「出日入月呼吸存」，指常存日月於兩目，使光與身合，
則通眞矣。
〔註147〕《雲笈七籤‧元氣論》注云：「心室者，神之舍，氣之宅，精之主，魂之魄。
玉池者，口中舌上所出之液。液與神氣一合，謂兩半合一也。」請參見（宋）
張君房編、李永晟點校：《雲笈七籤》（北京：中華書局，2003年），頁78。
〔註148〕《雲笈七籤‧元氣論》注云：「但能養精神，調元氣，吞津液，液精內固，乃
生榮華。喻樹根壯葉茂，開花結實，胞孕佳味，殊異常品。」請參見（宋）
張君房編、李永晟點校：《雲笈七籤》（北京：中華書局，2003年），頁79。
〔註149〕《黃庭外景經》云：「上有黃庭下關元，後有幽關前命門，呼吸廬間入丹田，
玉池清水灌靈根，審能修之可長存。」與此意相通。

上，將氣功修煉的水平更進一步提昇。

　　有學者認為這段真人守身煉形「氣功修煉」之術的口訣，為我們貢獻了當時道教已經流行並可以相對公開的修煉方法，甚至於有助於讓我們了解這一階段道教理論實踐的具體細節。但是那些隱語包含的具體內容，是我們至目前為止難以確定的東西。除了可與《大洞真經》、《黃庭經》與《黃帝內經》相互詮釋的成份之外，是否還有不為外人理解，但已難究其詳的因素，實在是不易索隱。但歸納來說，後世內丹學的臟腑理論與丹田學說，不能與此無關。〔註150〕《抱朴子‧內篇》中的相關論述，成為我們探索內丹學成長過程中不可多得的寶貴素材。

　　學者鄭志明認為道教醫療在靈性上的預防醫學與養生方法具有三個特色：一為人鬼神是生命的延續與完成，從靈性的內涵來說，人是有肉身的靈性，鬼神是無肉身的靈性，雙方雖然是兩種不同的生命形態，卻是生命虛與實的轉換，虛與實的連續性擴充了個體存在的精神依據。鬼神不是早期人類無知與愚昧的迷信，是一種自我認識下的直覺體證，它將主體生命與客體世界結合起來，領悟到靈魂的存有價值，道教醫療應用抽象的靈性觀念來完成安身立命的養生之道。二為身心靈是生命的一體與互補，道教醫療認為靈性與身心同等重要，人不是依賴外在的鬼神來獲得寬恕與恩賜，而是以靈性的生命能量來確立自我的道德規範與行為準則。人除了身心養生外，更需要靈性養生，是一種精神性的自我調適，以神聖的象徵體驗來維持生命節律的整體和諧。三為精、氣、神是生命的本質與鍛鍊，道教醫療是以體內精、氣、神的鍛鍊來象徵靈性的存有〔註151〕，強調精、氣、神是緊密聯繫共同構成一個有機的生命整體，是以靈性來強化身心的活動能量，要求人們要重視重精、愛氣與尊神的自我保養之道。

第五節　小　結

　　身心並練、形神俱全，這是道家生命修煉的根本特色，也是道教醫學診治的根本原則，此一思想便是「形神相通」的生命修煉，形神統一是道家生命觀的核心，也是養生的重點，養生就是保養身體使之延年益壽，可分為「養神」與「養形」二部分。道教延續巫術與《黃帝內經》「通神明」的奧妙，認

〔註150〕強昱：〈葛洪的內修理論及價值〉參見楊世華主編：《葛洪研究二集》（武漢：華中師範大學出版社，2008年4月），頁96～98。

〔註151〕鄭志明：《宗教生死學》，頁363～365。

為人體與宇宙是同構相應的，人們要能體會到陰陽五行的動態平衡上，回到天地運行的根源上（道），來確實掌握一切變化的規律。所以人的一生就是對應在此「形神相通」之上，以精神保養擴充形體的存有。神是形的主宰，操控著「氣」的流轉，可以決定人的生理功能與行為動作。疾病的治療也是要對應著此一規律而來。並且認為形神是一體而成的，是一個相當重視肉體生命的宗教，因而發展出使人健康長壽的實踐體系。從「形為神舍」、「形神相依」到葛洪提出「形神兼修」的養生主張，認為保養身形是修煉心神的基礎，從形身的修煉來達到形神俱妙與道合一的生命境界。

　　生理內功療法繼承最多古老宗教的信仰文化，是建立在超自然力的神聖領域，基本上屬於宗教、巫術與術數等範疇，由此可知道教醫療原本就是「信仰性質」的養生體系，不同於科學性質的醫療系統。因此道教醫療的重點不是生理醫療，而是心理的「自我醫療」，甚至是精神的「宗教醫療」，或者可稱為「文化醫療」。宗教、巫術與術數雖然是三種不同層面的超自然領域，也是人神交通的三種精神管道，在形式上雖具有明顯的差異性格，但是在內容上其交感神明的需求則是一致的。道教醫療從天人相通引申到神人相通，肯定人具有神性，個體經由修煉可以體證宇宙的奧祕，所追求的不只是健身延壽的個體效益，還要擴展生命的存有境界，經由體內精氣神的修煉與統合，達到性命雙修的超越世界。是具有神聖性的宗教目的，重點在修道成仙，突破生命的有限形式，開展出無限長存的精神領域。

　　道教醫療在心理醫療的養生法，是二十一世紀的我們最需要有關精神內守的文化教養與修煉，我們要先有心性的自我覺醒，理解到情緒與欲望的背後帶有無窮的精神壓力，導致各種身心疾病的產生，根本治療的手段，是從自身情意的調攝下手，積極地面對各種外在環境壓迫下的存有困境與心理病態，以良好的道德情操與心性修養，在平靜的心神專一下能動而不亂，在情志調和下，能使臟腑和諧與正氣漸旺。加強心性主體的養生實踐，可以避免人體精神的迷恍與氣機的紊亂，在適度情緒調養下，能緩和生理與心理的緊張，在氣血的調暢下，心情就會愉快自在，人們應時刻關心與調節自己的情志，以和諧的意志與舒暢心情來養生。〔註152〕

〔註152〕伍後勝、周金泉主編：《道儒百家話養生》（北京：人民軍醫出版社，1994年），
　　　　頁236。

　　神力養生與自力養生都是靈性的自我鍛鍊，雖然帶有濃厚巫術與宗教的色彩，其內在的思維理性與經驗技能，有助於養生健體與避疾防疫的醫療運用。由此可知道教醫療不是只侷限在治療操作與醫學知識，更重視對生命本質的關懷與實現，從身心靈到精氣神等有著龐大的文化體系，既展現人類自救本能外的智慧結晶，同時承續著連續型文明中巫術與宗教精神上的價值追求。二十一世的人們要明瞭從生理、心理到靈性，不能只從單方面來醫療或養生，除了技術性的醫學知識外，我們更應該加強精神內守的文化教養與修煉。

　　養生優於醫療，強調的是治未病的醫學觀念，醫學除了要治療已發生的疾病，更要加強疾病的預防，平時要注意與調整人體各部位的自我修護能力，以各種生理、心理、靈性的養生技能來健體強身。除了維護身體健康外，更要加強自我道德的修持與靈性的鍛鍊，避免處在與自然失調或與超自然失調的惡劣環境中，以身心靈的整體和諧，來彰顯生命存在的文化意涵。是以精神的追求來滿足人們基本的生理需要，以信仰的活動領域來推動人際運作的社會功能，目的在於維持個人的生存與社會的穩定。從功能論來說有二個特徵，是扣緊在「和諧」與「實用」的目的上，鼓勵生命落實在具體時空之中自我延續與完成。

　　從以上說明可道教醫療是民眾長期生活傳承的智力展現，經由世代集體的心血逐漸灌溉而成，在這些豐富多樣的操作實踐工夫的背後，是文化信念與思想的總集結，是靠強大的傳統觀念與固定操作儀式來支撐，形成了龐大的寶貴文化。這其中有物質文明，更多的是精神文明，可以與科學相互了解，更需要與哲學、宗教不相離，人類文明應該是物質與精神結合為一體，發展科學的同時，更要肯定人文的精神價值，重視文化精神性的超越層面。所以道教醫療所內涵的文化性，我們不可妄自菲薄，在滿足人類生理需求的物質文明下，更應該積極地追求精神領域的心理需求，以超越的價值存在來實現自己的生存目的，生命雖然有限，但是超越生死的文化傳承，在每個人的心靈世界裏永遠有著不死的精神鼓舞與精神追求。

第八章 結 論

　　道教醫學不只醫治人體有形疾病，更要依循天道，讓生命長生不朽。所以我們不應該將道教醫療只侷限在身體的疾病治療，更應該提昇到對生命整體身、心、靈永生的治療上。道教在濟世救人的宗教實踐中，具備了「人命至重」、「志存救濟」的醫療行為準則。〔註1〕從和諧功能與實用功能來看，道教醫學是民眾文化性的精神醫療系統，建立在傳統社會的哲學、宗教與術數等基礎上發展而成的，是社會生活集體智慧與經驗的累積，有其自身獨特的詮釋理論與文化模式，來說明其病因、病理、治療技術、預防方法等運用知識。其中發展出藥物養身的生理醫療、術數延命中內疾不生的自我醫療與外患不入的宗教醫等操作實踐工夫，都是用來解救人的生死之命，達到「令不枉死」的醫療努力，讓生命能安享天年，並且追求自我的價值實現，成就淨化心靈的終極目標，達到生命永恆存有的終極境界。

　　道教在醫療對治手段的開發上是值得肯定的，它大量累積傳統社會的各種醫療理論與技術，《抱朴子·內篇》是一個集大成的作品，葛洪將醫學與道教進行深層結構的融合，建構出人體生命系統的醫療思想與天人一體宇宙圖式的實踐體系。葛洪這種修煉成仙的醫療觀，雖然與現代西方主流醫學的醫療觀是有出入的，但是我們若是能從宗教醫療的文化性來理解，就可以明瞭《抱朴子·內篇》的道教醫學不單是生理的醫療，還包含靈性的醫療，比起西方主流醫學來說，這是一個進步的觀念與成就；重視追求身、心、靈的整體和諧，這樣的醫療觀，展現的是對生命的關懷與尊重。這些都是先民們對

〔註1〕卿希泰、詹石窗主編：《道教文化典（上）》（台北：中華道統出版社，1996年），頁377。

應生命的存有，而產生的對應法則與技術；在重視以人為主體，所發展出來的動態文化，也是人類生命探索下的深層文化智慧與觀念體系；這些都屬於道教醫療養生的寶藏，筆者認為我們不要只從外在的醫療形式、實踐方法及科學實證等技術來看待醫學，更應該嘗試從文化的醫療體系中去了解宗教醫學，這也是二十一世紀醫學養生領域可以開發的新視野。

一、研究成果

　　本論文的研究成果為第一章緒論旨在說明宗教與醫學的關係，著重點在宗教醫學中的道教醫學，研究動機與目的，主要扣著道教醫學的課題來開展，這些都是長期以來有關生命存有的經驗與對應技術，實屬於人類生命探索下的深層文化智慧與觀念體系。第二章道教醫學的肇始與流變，從歷史淵源來看，道教醫學的源頭來自原始宗教的巫術醫學，它的前身是秦漢時期的方士醫學。巫術醫療是一種神祕而獨特的精神療法，是建立在精神性的觀念信仰上，有其自成系統的宇宙觀、靈魂觀與生命觀。古老的宇宙觀影響到後代天人合一的哲學發展。方士醫學中的《黃帝內經》一方面代表醫術與巫術的分流，醫術可以獨立出來自成完整系統，總結已有的醫藥知識與臨床經驗，配合傳統人體與自然相感應的宇宙觀念，以完善的陰陽五行等氣化理論，建構出龐大的醫學體系。另一方面擴充了巫術醫療的觀念體系，增強巫術醫療的生理與病理的理論，提高其說服力與有效性，讓人們相信人體與天地鬼神的內在聯繫關係，對後來道教醫學體系的建構與完成，影響深遠。

　　第三章《抱朴子‧內篇》的生命醫療觀，特別重視信仰的神聖體驗，以及人與終極實體（仙人）相遇或合一的生命修道工夫。肯定人是文化的主體，能在自然環境中創造出賴以生存的價值觀與文化模式，確立人對應自然的宇宙觀念以及生命終極安頓的存在形式。道教的根本內涵是建立在宇宙論與生命觀上，肯定在人的有形生命之上，有著與之對應至高無上的終極實體，在《抱朴子‧內篇》中稱為仙人，特別重視此終極實體與人相互交感的神聖經驗。例如金丹，金丹就是終極實體「道」的化身，所以服食金丹就可以直接合道成仙，是葛洪神仙道教中醫療的最高步驟，它是從靈性治療上著手，建立在這種靈實互動的精神體驗上，內在的信仰情感是重於任何的外在形式，是直接訴諸人與天地鬼神之間的「靈性交通」與「生命體驗」。

　　第四章《抱朴子・內篇》終極生命的修持與境界，具體包含了：修行的道行或方式、成仙的類型、及仙境的所在這三大部分。由此可以知道道教信仰的形而上終極實體、生命的終極價值——神仙，不是高高在上的宇宙主宰，而是時刻與人相互感通的精神存在，終極實體的神仙與人的生命是彼此相互伴隨，人們可以經由這種來自終極三品仙的宗教體驗，用爲轉變自身的生存情境。三品仙的成仙類型與道行展示了神仙道教終極實體的操作模式，將人們與神聖交感的秩序、行爲複製出來，成爲日常生活的模式，使有心修道之人都能以神聖力量來建構生命的存有價值。人的身體雖然只是生命的外在形式，更重要的是內在生命的意識活動與精神生活，以及追求生命本質的存有之理。企圖從形體生理需求中超越出來，開闢精神領域的神聖需求，領悟到人性與宇宙是不可分割的一體關係，展現出人對宇宙的嚮往與回歸之情，將生命從有限的肉身提升到無限的精神境界之中。

　　第五章《抱朴子・內篇》的病因觀，認爲人的和諧，就是人與自然及超自然的整體和諧，因此人體疾病的衝突，也來自於人與自然或人與超自然的衝突，這種病因觀是將天、人、社會緊密地結合，從宇宙秩序的被破壞來說明疾病的源由。這與科學無關，屬於一種文化的形上思維活動所建構而成精神性的價值體系，我們若是能從醫學人類學的立場來看，此體系是在其固有的文化系統下所發展出來有關健康、疾病與醫療等理論與技術，是經過長期社會化學習，在文化制約與指導下的醫療系統，是以社會中的價值規範與精神倫理，作爲觀念與行爲的準繩。是從自然與超自然的現象中，來確立出人文和諧需求，意識到三者之間有著內在聯繫的交流法則，經由人精神上的道德修養來交通鬼神，從世俗境界進入到神聖的和諧境界。歸納來說《抱朴子・內篇》的「病因觀」在於和諧的秩序遭受到破壞而導致人體生病，所以對治疾病不只要靠醫療，還需要重建與超自然的和諧、自然的和諧與人文的和諧等三層面的和諧均衡觀。

　　第六章《抱朴子・內篇》的診療法，是社會中自成文化系統「治已病」的醫療體系，有著深層結構意識的病因觀念體系，在道教醫學中病因觀是體，代表醫學理論；診療法是用，代表對應技術，又稱爲方術或醫術。道教醫療不只是以藥物養身的物質手段來治療身體疾病，更重視調節病患的精神狀況，雖然有些疾病不一定是由於精神因素所引起的，但是精神因素在人的生命過程中常居於主導的地位，也就是中國傳統醫學所強調的「養神重於養

形」，這是從精神上的認同與修養，所建構出以人的靈性——精神作為主體的生命機能。這種重視宗教醫療救護活動的內源性驅動力，是從物質世界向心靈世界邁進，以超自然的各種神聖力量，來提昇人體身心的整體和諧，雖然夾雜著以鬼神來治病的宗教醫療行為，並不意謂著這種行為是非理性的，基本上是屬於抽象的精神活動，提供了心靈相互交感的超越功能。這些人體外各種交感鬼神的法術，都是藉由感通鬼神來驅除病魔與救人性命。

　　第七章《抱朴子‧內篇》的養生法，是社會中自成文化系統的醫療養生體系，屬於積極性的「生命增益」原則，著重在「治未病」的醫療關懷。道教醫療在心理醫療的養生法，是二十一世紀的我們最需要有關精神內守的文化教養與修煉，我們要先有心性的自我覺醒，理解到情緒與欲望的背後帶有無窮的精神壓力，導致各種身心疾病的產生，根本治療的手段，是從自身情意的調攝下手，積極地面對各種外在環境壓迫下的存有困境與心理病態，在情志調和下，能使臟腑和諧與正氣漸旺。加強心性主體的養生實踐，可以避免人體精神的迷恍與氣機的紊亂，在適度情緒調養下，能緩和生理與心理的緊張，在氣血的調暢下，心情就會愉快自在，人們應時刻關心與調節自己的情志，以和諧的意志與舒暢心情來養生。葛洪把仙學理論作為貫穿《抱朴子‧內篇》的一條主線，完成了養生成仙的理論，所以醫療及養生只是為了實踐養生之盡理的手段，成仙不死才是終極目的。也就是醫療、養生、成仙是三位一體不可切割的，追求從養身全形到變化成仙，醫療、養生只是手段，成仙則是終極目標。

　　中國傳統醫學及道教醫學屬於民族醫學中的一環，是建立在天、地、人三位一體觀上，不只關懷個體在身體的疾病治療、生理醫療，更重視對生命整體身、心、靈永生的治療、宗教醫療；追究人在天地鬼神對應下的地位與存在價值，建立在以人為主體而展開的精神活動上，重視醫藥與方術，醫藥源於有形肉體的生理醫療，方術源於無形精神的終極安頓，屬於宗教醫療。道教醫學內容，它延續著陰陽五行的學說，以天地人三位一體觀思考著與宇宙相應的人體變化，發展出氣血津液理論與臟腑經絡學說等，經由修身悟道的醫療養生操作實踐工夫，對人體生理、心理的奧祕作了不少深入探索，不僅積累了豐富去疾強身健體的方法，也安頓了人際間的倫常關係，達到醫療養生的和諧之道。

二、研究價值

宗教不只包含物質的一面，還應該包含精神上的理想與願景。道教是所有宗教中最重視「養生」的宗教，它的所有理論與操作方法，都是爲了養生。核心課題就是「人」，因爲醫學就包含了有形、身的部分，與無形、心的部分。在「形」的部分屬於生理的醫學治療，追求身強體健，達到滿足各種世俗性的生存需求，發展出各種外在的操作實踐工夫，又可稱爲「世俗醫學」，重視的是世俗的具體利益。在心靈「神」的部分，屬於心理的文化治療，重視個人機體的精神寄託與意義安頓，屬於道教醫學內在文化性的精神關懷與身心實踐，又可稱爲「神聖醫學」，肯定生命的形式是超出肉體的物質領域，以信仰的眞實感情與體驗，追求自我的價值實現，達到成就淨化心靈的終極圓滿生命。道教醫學中的神聖醫學是屬於靈感文化的一支，肯定「天人交感」的生命內涵，人透過修道的歷程，使人體的生命價值經由溝通神、人來完成，此部分是屬於通靈的神聖領域，來自「天地人」三位一體或是「人鬼神」三位一體，人的生命就可以通向天地，可以通向鬼神，最後天地人鬼神五位合一，就是圓滿極致存在的生命形態，這就是道、就是神仙。

宗教與醫學都是人類對應「生、死」而所求救的途徑，而產生的對應法則與技術，從醫學人類學來看，此二者早期是一種普遍存在的文化現象，並未產生衝突。人是一種物質的生命體，同時具有精神性質的生命現象，宗教與醫學同時面對著生命的物質存有與精神存有，甚至精神性的宗教是居於主導地位，以人有思想的生命主體，創造出宗教的觀念世界，來滿足人體的生理活動。隨著物質文明的快速發展，以「科學」爲號召，導致宗教與醫學的分離，西方醫學因爲可經由科學實證成爲主流醫學，與宗教是衝突的。但這並非是人類唯一的醫療體系，其實還有民族醫學，在中國有中國傳統醫學與道教醫學。中國傳統醫學與宗教是相互涵攝的，它不是純粹科學的產物，夾雜陰陽五行的氣化理論，建立在天人感應的文化體系中，規範一整套人體內外相通的五臟功能系統，所以對中國傳統醫學進行科學研究時，不能忽略中國特有的文化環境。

道教醫學屬於宗教醫學的一環，其最大特色在於：神聖與世俗並立，科學與宗教並存，在協助人們治病、養生、消災與解厄。其宗教與醫學是同源共軌，有共通的觀念系統與詮釋體系，承繼千年的宇宙觀與生命觀。面對道教醫學的研究，我們可以分別從科學性立場與文化性立場二方面來切入，在

身體形骸（形）的生理醫療方面，此屬於物質層面的操作技術，可以從科學性立場，追究其理性的內涵而與科學掛鉤，與科學相應的理性成分，可由實驗而印證。在精神心理（神）的神聖醫療方面，此屬於精神層面的文化觀念，可以從文化性立場來彼此關聯對應，雖是科學無法接納的觀念與技術，也可以非對立與衝突，將醫療的觀念擴大，同時包含生理的醫療與靈性的醫療，在合理對話下，是有相互溝通的可能性。道教醫療重視各種生理治療與養生的方法，能夠先強身健體，修道人能進而繼續地養生內修，在靈性醫療中的神力醫療與自力醫療下，達到修心養神的境界，如此一來就可以與道和合而成仙，達到淨化心靈的終極目標，超越生死疾病的限制。一般民眾則可以「養生防病」為主，將道教醫療運用於身體的治病與康復上，追求攝生延年的實際功效。

　　在《道藏》中收錄了不少的醫學論著和大量涉及醫藥養生內容的道經，《抱朴子‧內篇》即是一例，它們豐富了中華傳統醫藥學寶庫。尤其是其中極富實用價值的道教養生、保健衛生方法和行之有效的抗老延年祕方，可以說是道教醫學中的瑰寶。這些屬於生理醫療養生的藥物、本草，食物與祕方療法，保健外功療法的導引、按摩、針灸，生理內功療法的行氣、辟穀食氣、胎息以及房中術等，與屬於自力醫療養生的存思守一、守真一、守玄一等，為增進健康和長生的自我鍛鍊（肉體的、精神的）方法，和屬於宗教靈性醫療養生的服食金丹、聲音法術、文字法術、肢體法術、法氣法術、氣功法術、經圖法術等諸術，這些都是社會中自成文化系統的醫療體系，或可以稱為「文化醫療」、「宗教醫療」，是民間各種文化系統的滙集與整合，包含著世俗醫療與神聖醫療。

　　宗教靈性醫療養生與自力醫療養生都是靈性的自我鍛鍊，雖然帶有濃厚巫術與宗教的色彩，其內在的思維理性與經驗技能，有助於養生健體與避疾防疫的醫療運用。由此可知道教醫療不是只侷限在治療操作與醫學知識，更重視對生命本質的關懷與實現，從身心靈到精氣神等有著龐大的文化體系，既展現人類自救本能外的智慧結晶，同時承續著連續型文明中巫術與宗教精神上的價值追求。道教醫療相當重視人體精神免疫的自我調適能力，將「修身養性」與「醫療養生」結合起來，以「節欲守神」的道德修持來知足常樂。〔註2〕現代人缺乏精神內守的文化教養與修煉，在物質文明的洗禮下貪婪無

_____

〔註2〕施杞主編：《實用中國養生全書》（北京：學林出版社，1990年），頁197。

度，常因過分地追求名利、聲色與物欲，導致各種身心疾病愈來愈嚴重。道教醫療重養形也重養神，既可以經由形體的生理養護來培養出內在的精神，也可以經由精神的心理修持來維護外在的形體，二者相互交織。顯示道教醫療醫身也醫心，不只以物質手段來治療身體的疾病，更重視精神的修持來調節身心的整體和諧。二十一世紀的人們要明瞭從生理、心理到靈性，不能只從單方面來醫療或養生，除了技術性的醫學知識外，我們更應該加強精神內守的文化教養與修煉。

三、未來展望

本論文以道教經典《抱朴子‧內篇》為文本，從人類面對生命所產生的「道神人」三位一體生命觀以及「天地人鬼神」五位一體的宇宙論為基石，來開展論述道教醫學在《抱朴子‧內篇》中的內涵。範圍僅限制在宗教醫學中道教醫學的《抱朴子‧內篇》，是屬於道教醫學中經典的微觀研究；從和諧功能與實用功能來看，《抱朴子‧內篇》的道教醫學是民眾文化性的精神醫療系統，建立在傳統社會的哲學、宗教與術數等基礎上發展而成，是社會生活集體智慧與經驗的累積，有其自身獨特的詮釋理論與文化模式，由此來說明《抱朴子‧內篇》的病因觀、診療法與養生法。從中明瞭人可以透過醫療、養生與修道而成為神仙，這是道教醫學超越性的宗教理想，所以醫療、養生、修道成仙是三位一體的，同時生命、醫學、宗教也是密不可分的。

當代對於道教醫學的研究並不多，目前大陸學者從事專門的學術論著，有蓋建民的《道教醫學導論》、王慶餘、曠文楠的《道醫窺秘——道教醫學康復術》、孟乃昌的《道教與中國醫藥學》、日本學者吉元昭治的《道教與不老長壽醫學》等，這些論著是從宏觀的角度，做整體系統性的建構，而國內學者只有鄭志明建立了一套完整的宗教醫療體系，他在《道教生死學》卷一、卷二中有從事不同時期道教經典醫療觀的單篇論文，從事道教醫療的微觀研究。但是道教經典在生命醫療關懷的微觀研究上，還是少之又少，是有待擴充與發展的必要性。從醫學體系來看，二十一世紀的現代社會，人們需要科學性的醫學體系，同時也需要宗教性的醫學體系，這二種體系可以不必相互證實、尖銳對應，可以依其文化本位發展、相輔相成，從「文化」上做精準定位，了解科學醫學與宗教醫學雙方各自的屬性與作用，可以二者並重，以滿足人們世俗性的生存需求及神聖性的精神安頓。

　　本論文寫作時，由於筆者目前才學、時間有限，力有未殆，以致研究的廣度與深度仍有許多再精進的空間。對於日後的研究分為兩個面向，橫向先以葛洪的《抱朴子‧內篇》、《抱朴子‧外篇》與《肘後備急方》為基礎，進一步對葛洪的道教醫學做更深入的研究；縱向則是以中國醫學的代表作《黃帝內經》為根基，從事歷代道教經典在生命醫療關懷上的微觀研究，期盼能夠夕惕若厲，努力精進，提昇人們對精神性的文化教養、文化醫療的重視。

參考書目

一、專書

（一）古籍

1. （先秦）莊周著、（清）郭慶藩編：《莊子集釋》，台北：中華書局，1961年。

2. （晉）郭象注、（唐）成玄英疏、（清）郭慶藩集釋：《莊子集釋》，台北市：中華書局，1973年3月再版。

3. （秦）呂不韋：《呂氏春秋》，貴州：人民出版社，1997年。

4. （漢）司馬遷：《史記》卷150，北京：中華書局，標點本第九冊。

5. （漢）揚雄撰、（晉）范望注：《太玄經》，中國子學名著集成雜家子部珍本初稿，明嘉靖甲申郝梁萬玉堂覆刊宋本。

6. （漢）班固：《漢書》，台北：中華書局，1961年。

7. （漢）班固：《漢書》，台北：鼎文書局，1983年。

8. （漢）高誘注釋：《淮南子注釋》，台北市：華聯出版社，1973年。

9. （漢）許慎撰、（清）段玉裁注：《說文解字注》，台北市：黎明文化事業股份有限公司，1974年。

10. （東漢）班固：《後漢書》，台北：中華書局，1977年。

11. （東漢）張衡著、張震澤校注：《張衡詩文集校注》，上海：古籍出版社，1986年。

12. （魏）吳普等述、（清）孫星衍、孫馮翼同輯：《神農本草經》，台北：中華書局，1994年3月。

13. （晉）葛洪：《肘後備急方》，北京：人民衛生出版社影印明刊本。

14. （晉）郭象註：《莊子》，台北市：藝文印書館，1968年2月再版。

15. （晉）陳壽：《三國志》，台北：鼎文書局，1976 年。

16. （劉宋）范曄等：《後漢書》，台北：鼎文書局，1977 年。

17. （梁）陶弘景：《養性延命錄》卷上，《道藏》第十八冊（天津：古籍出版社，1988 年）。

18. （梁）沈約：《宋書》，台北，鼎文書局，1975 年。

19. （梁）蕭統編、李善注：《文選》，台北：五南書局，1991 年 10 月。

20. 〈唐〉歐陽詢編，汪紹楹校：《藝文類聚》，上海：上海古籍出版社，1982 年。

21. （唐）房玄齡：《晉書》，北京：中華書局，1997 年。

22. （唐）王冰次注、（宋）林億等校正：欽定《四庫全書》文淵閣《黃帝內經》，第七三三冊，上海市：上海古籍出版社，1987 年。

23. （唐）王冰次注、（宋）林億等校正：欽定《四庫全書》子部三九醫家類《靈樞經》，第七三三冊，上海市：上海古籍出版社，1987 年。

24. （唐）柳宗元：《柳宗元集二》四部刊要／集部・別集類，台北縣：鼎淵文化，2002 年。

25. （宋）李昉：《太平御覽》，北京：中華書局，1960 年。

26. （宋）樂史編著：《太平寰宇記》卷 160，光緒八年（1882）五月金陵書局刊行本。

27. （宋）張君房輯、蔣力生等校注：《雲笈七籤》，北京：華夏出版社，1996 年。

28. （宋）張君房編、李永晟點校：《雲笈七籤》，北京：中華書局，2003 年。

29. （清）嚴可均輯：《全上古三代秦漢三國六朝文》，北京：中華書局，1958 年。

30. 《正統道藏》，台北：藝文印書館，1977 年。

31. 《類經》卷十二《論治類》，北京：人民衛生出版社，1982 年。

32. 《古今醫統》《古今圖書集成醫部全錄》第十二冊，北京：人民衛生社，1991 年。

二、學術著作（依出版年先後排序）

1. 陳邦賢：《中國醫學史》，上海：商務印書館，1947 年。

2. 侯外廬：《中國思想通史》，北京：人民出版社，1957 年。

3. 王明：《太平經合校》，北京：中華書局，1960 年。

4. 王明校釋：《抱朴子內篇校釋（增訂本）》，北京：中華書局，1985 年。

5. 郭慶藩：《莊子集釋》，北京：中華書局，1961 年。

6. 陳國符：《道藏源流考》，北京：中華書局，1963 年。

7. 陳國符：《道藏源流續考》，台北：明文書局，1983 年。

8. 高亨：《老子正詁》，台北：臺灣開明書店，1968 年 3 月。

9. 徐復觀：《中國人性論史先秦篇》，台北：臺灣商務印書館，1969 年。

10. 徐復觀：〈原史——由宗教通向人文的史學的成立〉《兩漢思想史卷三》，台北：學生書局，1979 年。

11. 徐復觀：《兩漢思想史》卷二，台北：學生書局，1993 年。

12. 徐復觀：《中國人性論史先秦篇》，台北：台灣商務印書館，1996 年。

13. 顧實：《漢書藝文志講疏》，台北市：廣文書局，1970 年 11 月。

14. 王雲五主編：《尚書今古文注疏》，台北市：臺灣商務印書館，1967 年。

15. 王雲五編：《雲五社會科學大辭典‧人類學》，台北：臺灣商務印書館，1971 年。

16. 郭沫若：《奴隸制時代》，北京：人民出版社，1973 年。

17. 陳奇猷：《韓非子集釋》，台北：華正書局，1974 年。

18. 王瑤：《中古文人生活》，台北：長安出版社，1974 年。

19. 王瑤：《中古文學史論集‧文人與藥》，上海：古籍出版社，1982 年。

20. 聞一多：《神話與詩》，台中：藍燈文化公司，1975 年。

21. 嚴靈峰編輯：《易經集成》158，台北：成文出版社，1976 年。

22. 樂蘅軍：《古典小説散論》，台北：純文學出版社，1976 年。

23. 李漢三：《先秦兩漢之陰陽五行學説》，台北：台北學生書局，1976 年。

24. 尤信雄：《葛洪評傳》，台北：文津出版社，1977 年。

25. 杜而未：《崑崙文化與不死觀念》，台北：台灣學生書局，1977 年。

26. 梁榮茂：《抱朴子研究》，台北：台灣牧童出版社，1977 年版。

27. 畢沅：《釋名疏證》，台北：廣文書局，1979 年。

28. 陳飛龍：《葛洪之文論及其生平》，臺北：文史哲出版社，1980 年。

29. 林麗雪：《抱朴子內外篇思想析論》，台北：學生書局，1980 年。

30. 藍秀隆：《抱朴子研究》，台北：文津出版社，1980 年。

31. 陳飛龍：《葛洪之文論及其生平》，台北市：文史哲出版社，1980 年。

32. 李豐楙：〈六朝鏡劍傳説與道教法術思想〉《中國古典小説專集》第 2 集，台北：聯經出版社，1980 年。

33. 李豐楙：《不死的探求——抱朴子》，台北：中時出版社，1982 年。

34. 李豐楙：《不死的探求——抱朴子》，台北：時報出版社，1998 年。

35. 李豐楙：《仙境與游歷：神仙世界的想像》，北京：中華書局，2010 年。

36. 李澤厚：《美的歷程‧魏晉風度》，北京：文物出版社，1981 年。

37. 唐君毅：《中國哲學原論原道篇卷一》，台北：維新書局，1981 年。

38. 高大鵬：《神仙傳——造化的鑰匙》，台北：時報文化，1982 年版。

39. 湯用彤：《湯用彤學術論文集》，北京：中華書局，1983 年。

40. 李澤厚：《美的歷程‧魏晉風度》，北京：文物出版社，1981 年。

41. 李澤厚：《中國古代思想史論》，北京：人民出版社，1985 年。

42. 王仲殊：《漢代考古學概論》，北京：中華書局，1984 年。

43. 張和：《中國氣功學》，台北：五洲出版社，1984 年。

44. 陳奇猷校釋：《呂覽春秋校釋》，台北市：華正書局，1985 年。

45. 董芳苑：《原始宗教》，台北：長青文化公司，1985 年。

46. 張覺人：《中國古代煉丹術——中醫丹藥研究》，台北：明文書局，1985 年。

47. 范行准：《中國醫學史略》，北京：中國古籍出版社，1986 年。

48. 陳九如編著：《黃帝內經今義》，台北：國立編譯館，1986 年。

49. 陳麟書：《宗教學原理》，四川成都：四川人民出版社，1986 年。

50. 蒙文通：《古學甄微》，四川：巴蜀書社，1987 年。

51. 楊聯陞：《中國文化中報、保、包之意義》，沙田：香港中文大學出版社，1987 年。

52. 程士德主編：《內經》，北京：人民衛生出版社，1987 年。

53. 張榮明：《中國古代氣功與先秦哲學》，上海：上海人民出版社，1987 年。

54. 屈育德：〈神話創造的思維活動〉收錄於劉魁立、馬昌儀、程薔編：《神話新論》，上海：上海文藝出版社，1987 年。

55. 馬德鄰、吾淳、汪曉魯：《宗教，一種文化現象》，上海：上海人民出版社，1987 年。

56. 王孝廉：《中國的神話世界——各民族的創世神話及信仰》，台北：時報文化出版公司，1987 年。

57. 卿希泰：《中國道教思想史綱》，台北：木鐸出版社，1986 年。

58. 卿希泰：《中國道教史》第一卷，北京：人民出版社，1988 年。

59. 卿希泰：《道教與中國傳統文化》，福建福州：福建人民出版社，1990 年。

60. 卿希泰、詹石窗主編：《道教文化新典》，台北：中華道統出版社，1996 年。

61. 卿希泰主編：《中國道教史》第一卷，台北：中華道統出版社，1997 年。

62. 《中國大百科全書‧宗教卷》，中國大百科全書出版社，1988 年。

63. 李豐：〈中國人的病與補〉《中國人：觀念與行為》，台北：巨流圖書公司，1988 年。

64. 李養正：《道教概說》，北京：中華書局，1989 年。

65. 劉文典：《淮南鴻列集解》卷四《墮形訓》，台北：中華書局，1989 年。

66. 張珣：《疾病與文化——台灣民間醫療人類學研究論集》，台北：稻香出版社，1989 年。

67. 汪瑞開：《兩漢思想史》，上海：上海古籍出版社，1989 年。

68. 蒙培元：《中國心性論》，台北：台灣學生書局，1990 年。

69. 蔡仁厚：《儒家心性之學論要》，台北：文津出版社，1990 年。

70. 盧紅等著：《宗教：精神還鄉的信仰系統》，河北天津：南開大學出版社，1990 年。

71. 謝松齡：《天人象：陰陽五行學說導論》，山東濟南：山東文藝出版社，1989 年。

72. 呂理政：《天、人、社會——試論中國傳統的宇宙認知模型》，台北：中央研究院民族學研究所，1990 年。

73. 張紫晨：《中國巫術》，上海：三聯書局，1990 年。

74. 葛洪：《神仙傳》，上海：古籍出版社，1990 年。

75. 任繼愈：《中國哲學史》，北京：人民出版社，1990 年。

76. 金正耀：《道教與科學》，北京：中國社會科學出版社，1990 年。

77. 陳秉璋：《道德規範與倫理價值》，台北：國家政策研究資料中心，1990 年。

78. 張永釗等編譯：《原始宗教》，新鄉：河南人民出版社，1990 年。

79. 胡劍北等編著：《中醫時間醫學》，安徽合肥：安徽科學技術出版社，1990 年。

80. 施杞主編：《實用中國養生全書》，北京：學林出版社，1990 年。

81. 徐子評：《中醫天文醫學概論》，湖北：湖北科學技術出版社，1990 年。

82. 胡孚琛：《魏晉神仙道教》，北京：人民出版社，1989 年 6 月。

83. 胡孚琛：《魏晉神仙道教——抱朴子內篇研究》，北京：人民出版社，1991 年。

84. 胡孚琛：《葛洪年譜略述》，上海：道教，1991 年。

85. 胡孚琛：《道教與仙學》，北京：新華出版社，1993 年。

86. 胡孚琛主編：《中華道教大辭典》中國社會科學出版社，1995 年。

87. 胡孚琛、呂錫琛：《道學通論——道家、道教、仙學》，北京：社會科學

文獻出版社，1999 年。

88. 楊明照：《抱朴子外篇校箋》，北京：中華書局，1991 年。

89. 牟鍾鑒、胡孚琛、王葆玹：《道教通論——兼論道家學說》，濟南：齊魯書社，1991 年。

90. 饒宗頤：《老子想爾注校箋》，上海：古籍出版社，1991 年。

91. 楊伯峻：《春秋左傳注》，高雄市：復文出版社，1991 年 9 月。

92. 徐華龍：《中國鬼文化》，上海：藝文出版社，1991 年。

93. 袁柯：《山海經校釋》，上海：古籍出版社，1985 年。

94. 袁柯：《中國神話通論》，四川：巴蜀書社，1991 年。

95. 陳樂平：《出入命門——中國醫學文化學導論》，上海：上海三聯書店，1991 年。

96. 廖育琴：《岐黃醫道》，遼寧瀋陽：遼寧教育出版社，1991 年。

97. 王鐘陵：《中國前期文化——心理研究》，重慶：重慶出版社，1991 年。

98. 田合祿、田蔚：《生命與八卦——醫易啟悟》，山西太原：山西科學技術出版社，1991 年。

99. 彭兆榮、田原：《神靈文化與高原民俗》，貴州貴陽：貴州人民出版社，1991 年。

100. 李浚川、蕭漢明主編：《醫易會通精義》，北京：人民衛生出版社，1991 年。

101. 余功保編著：《中國古代養生術百種》，北京：北京體育學院出版社，1991 年。

102. 《馬王堆漢墓醫書校釋》，四川：成都出版社，1992 年。

103. 方立天：《中國哲學研究》，台北：新文豐出版公司，1992 年。

104. 鄧啟耀：《中國神話的思維結構》，重慶：重慶出版社，1992 年。

105. 李亦園：《文化的圖像（下）——宗教與族群的文化觀察》，台北：允晨文化公司，1992 年。

106. 魏啟鵬、胡翔驊：《馬王堆漢墓醫書校釋‧李學勤序》，四川：成都出版社，1992 年。

107. 馮天策：《信仰導論》，廣西西寧：廣西人民出版社，1992 年。

108. 易中天：《藝術人類學》，上海：上海文藝出版社，1992 年。

109. 何星亮：《中國自然神與自然崇拜》，上海：三聯書店，1992 年。

110. 潘朝陽：〈存在空間的一個詮釋〉《建築現象學導論》，台北：桂冠圖書公司，1992 年。

111. 李杜：《中國古代天道思想論》，台北：藍燈文化公司，1992 年。

112. 劉道超：《中國善惡報應習俗》，台北：文津出版社，1992年。

113. 鄺芷人：《陰陽五行及其體系》，台北：文津出版社，1992年。

114. 江濱、齊永清、陳衛主編：《實用養生妙法》，北京：中國環境科學出版社，1992年。

115. 《馬王堆漢墓醫書校釋》貳，四川：成都出版社，1992年。

116. 呂大吉主編：《宗教學通論》，台北市：遠博出版有限公司，1993年4月。

117. 呂大吉：《宗教學通論新編》，北京：中國社會科學出版社，1998年。

118. 薛公忱：《中醫文化研究第一卷中醫文化溯源》，南京：南京出版社，1993年。

119. 李生龍：《占星術》，湖南：海南出版社，1993年。

120. 林殷：《儒家文化與中醫學》，福建福州：福建科學技術出版社，1993年。

121. 潭定波、寧澤璞主編：《道教養生》，湖南長沙：岳麓書社，1993年。

122. 賴亞生：《神秘的鬼魂世界》，北京：中國人民出版社，1993年。

123. 林川編：《宮廷食補祕方》，廣西：民族出版社，1993年。

124. 廖果：《自養之道——中國古代個體差異養生學說》，台北：華藝出版社，1993年。

125. 張緒通、王虎譯：《道的膳食——苗條與健美身體的祕訣》，四川成都：四川大學出版社，1993年。

126. 屈小強：《藏精、藏氣、藏神——保健與長壽》，四川成都：四川人民出版社，1993年。

127. 馮漢鏞、李殿元：《靈丹、妙藥、仙方——醫學與長壽》，四川成都：四川人民出版社，1993年。

128. 鄢良：《人身小天地——中國象數醫學源流》，北京：華藝出版社，1993年。

129. 劉杰、袁峻：《中國八卦醫學》，山東青島：青島出版社，1993年。

130. 楊儒賓編：《中國古代思想中的氣論與身體觀》，台北：巨流出版社，1993年。

131. 劉翔：《中國傳統價值銓釋學》，台北：桂冠圖書公司，1993年。

132. 劉精誠：《中國道教史》，台北：文津出版社，1993年。

133. 傅偉勳：《死亡的尊嚴與生命的尊嚴——從臨終精神醫學到現代生死學》，台北：正中書局，1993年。

134. 王玉德等著：《中華神秘文化》，湖南長沙：湖南出版社，1993年。

135. 鄭小江主編：《中國神秘術大觀》，江西南昌：百花洲文藝出版社，1993年。

136. 張光直：《考古學專題六講》，台北：稻香出版社，1988年。

137. 張光直：〈連續與破裂——個文明起源新說的草稿〉《美術‧神話與祭祀》，台北：稻香出版社，1993 年。

138. 苗啓明：《原始思維》，上海：上海人民出版社，1993 年。

139. 苗啓明、溫益群：《原始社會的精神歷史架構》，雲南昆明：雲南人民出版社，1993 年。

140. 高春媛、陶廣正：《文物考古與中醫學》，福建福州：福建科學技術出版社，1993 年。

141. 張鶴泉：《周代祭祀研究》，台北：文津出版社，1993 年。

142. 劉波、張文主編：《養生術》，海南：海南國際新聞出版中心，1993 年。

143. 冷啓霞、王康：《壽膳、壽酒、壽宴——飲食與長壽》，四川成都：四川人民出版社，1993 年。

144. 張鐵忠：《飲食文化與中醫學》，福建福州：福建科學技術出版社，1993 年。

145. 潘英海：〈面相與一個中國「人」的觀念〉《人觀、意義與社會》，台北：中央研究院民族學研究所，1993 年。

146. 陸流：《氣道》，上海：上海三聯書店，1994 年。

147. 伍後勝、周金泉主編：《道儒百家話養生》，北京：人民軍醫出版社，1994 年。

148. 康韻梅：《中國古代死亡觀之探究》，台北：國立台灣大學出版委員會，1994 年。

149. 楊醫業主編：《中國醫學史》，河北石家莊：河北科學技術出版社，1994 年。

150. 王慶餘、曠文楠的《道醫窺秘——道教醫學康復術》，四川：人民出版社，1994 年。

151. 丁光迪主編：《諸病源候論校注》，北京：人民衛生出版社，1994 年。

152. 藤幹治編：《中國的人生觀、世界觀》，東京：東方書店，1994 年。

153. 何裕民、張曄：《走出巫術叢林的中醫》，上海：文匯出版社，1994 年。

154. 馬伯英：《中國醫學文化史》，上海：上海人民出版社，1994 年。

155. 周一謀等：《馬王堆醫學文化》，上海：文匯出版社，1994 年。

156. 李良松：《甲骨文化與中醫學》，福建福州：福建科學技術出版社，1994 年。

157. 昌平：《中國避邪術》，新疆烏魯木齊：新疆大學出版社，1994 年。

158. 郭于華：《死的困惑與生的執著》，台北：洪葉文化事業公司，1994 年。

159. 金良年主編：《中國神秘文化百科知識》，上海：上海文化出版社，1994 年。

160. 劉松來:《養生與中國文化》,江西南昌:江西高校出版社,1994 年。

161. 萬建中:《飲食與中國文化》,江西南昌:江西高校出版社,1994 年。

162. 顧久譯:《抱朴子內篇全譯》,貴州:貴州人民出版社,1995 年版。

163. 朱存民:《靈感思維與原始文化》,上海:學林出版社,1995 年。

164. 鄒學熹、戴斯玉、鄒成永:《象數與中醫學》,福建福州:福建科學技術出版社,1995 年。

165. 楊力:《中醫運氣學》,北京:北京科學技術出版社,1995 年。

166. 劉沛林:《風水──中國人的環境觀》,上海:上海三聯書店,1995 年。

167. 閔家胤主編:《陽剛與陰柔的變奏──兩性關係和社會模式》,北京:社會科學出版社,1995 年。

168. 李中華:《新譯抱朴子》台北:三民書局,1996 年版。

169. 曾文星:〈文化、心理與治療〉《華人的心理與治療》,台北:桂冠圖書公司,1996 年。

170. 周振甫:《周易譯註》,北京:中華書局,1996 年。

171. 孫毅編譯:《中國古代房中養生釋意》,青海西寧:青海人民出版社,1996 年。

172. 張樨:〈淺說道教〉《我們對道教應有的認識》,台中:台灣省道教會,1996 年。

173. 徐宗國:〈紮根理論研究法〉收錄於胡幼慧主編:質性研究、理論、方法及本土女性研究實例》,台北市:巨流圖書公司,1996 年 6 月。

174. 周紹賢、劉貴傑:《魏晉哲學》,台北:五南圖書公司,1996 年。

175. 林安梧:〈「絕地天之通」與「巴別塔」──中西宗教的一個對比切入點的展開〉《中國宗教與意義治療》,台北:明文書局,1996 年。

176. 林安梧:《儒家與中國傳統社會之哲學省察》,台北:幼獅文化公司,1996 年。

177. 蕭登福:《周秦兩漢早期道教》,台北市:文津出版社,1996 年。

178. 蕭登福:《先秦兩漢冥界及神仙思想探源》,台北:文津出版社,2000 年 1 月。

179. 蕭登福:〈道教及上清派「守一」修持法門之源起及其演變〉《六朝道教上清派研究》,台北:文津出版社,2003 年 11 月。

180. 王利器:《葛洪論》,台北:五南圖書出版公司,1997 年。

181. 劉仲宇:《道教的內秘世界》,台北:文津出版社,1997 年。

182. 韓廷傑、韓建斌著:《道教與養生》,台北:文津出版社,1997 年。

183. 劉鋒、臧知非:《中國道教發展史綱》,台北:文津出版社,1997 年。

184. 戴思客：〈明德堂靈媒經驗：整體與層次〉《性別、神格與台灣宗教論述》，台北：中央研究院文哲研究所籌備處，1997 年。

185. 徐儀明、冷天吉：《人仙之間——〈抱朴子〉與中國文化》，河南：河南大學出版社，1998 年版。

186. 劉建、孫龍奎：《宗教與舞蹈》，北京：民族出版社，1998 年。

187. 嵇康：〈答難養生論〉《新譯嵇中散集》，台北：三民書局，1998 年 5 月。

188. 嵇康：《新譯嵇中散集》，台北：三民書局，1998 年 5 月。

189. 張乙尹：《仙家修煉之理論與實證》，台北：武陵出版社，1998 年 3 月。

190. 湯一介：《魏晉南北朝時期的道教》，台北：東大圖書公司，1998 年。

191. 王慶憲、梁曉珍：《醫學聖典——黃帝內經與中國文化》，河南開封：河南大學出版社，1998 年。

192. 王慶元：《抱朴子譯注》，臺北：建安出版社，1999 年。

193. 劉達臨：《性與中國文化》，北京：人民出版社，1999 年。

194. 黃麗莉：《人際和諧與衝突——本土化的理論與研究》，台北：桂冠圖書公司，1999 年。

195. 王慶元、楊端志等譯注：《抱朴子譯注》，台北市：建安出版社，1999 年 2 月版。

196. 高敬文：《質化研究方法論》，台北市：師大書苑有限公司，1999 年 9 月。

197. 楊寶忠：《論衡校箋》，石家莊：河北教育出版社，1999 年。

198. 曾坤生：《中醫與養生》，台北市：文津出版社，1999 年。

199. 卓新平：《宗教理解》，北京：社會科學文獻出版社，1999 年。

200. 張欽：《道教煉養心理學導論》，四川成都：巴蜀書社，1999 年。

201. 陳飛龍：《抱朴子內篇今註今譯》，台北：商務印書館，2000 年。

202. 李零：《中國方術考》，北京：東方出版社，2000 年。

203. 李零：《中國方術續考》，北京：東方出版社，2000 年。

204. 李杜：《中西哲學思想中的天道與上帝》，台北：藍燈出版社，2000 年。

205. 王慶餘、曠文楠：《道醫窺秘——道教醫學康復術》，台北市：大展出版社，2000 年。

206. 王國維：《王國維學術隨筆》，北京：社會科學文獻出版社，2000 年。

207. 陳福濱：《生命教育的理論與實務》，台北：寰宇出版公司，2000 年。

208. 張榮明：《方術與中國傳統文化》，上海：學林出版社，2000 年。

209. 王國維：《王國維學術隨筆》，北京：社會科學文獻出版社，2000 年。

210. 王家葵、張瑞賢：《神農本草經研究》，北京：科學技術出版社，2001 年。

211. 蓋建民:《道教醫學導論》,台北:中華大道文化公司,1999 年。

212. 蓋建民:《道教醫學》,北京:宗教文化出版社,2001 年。

213. 詹鄞鑫:《心智的誤區──巫術與中國巫術文化》,上海:上海教育出版社,2001 年。

214. 林河:《中國巫儺史》,廣東廣州:花城出版社,2001 年。

215. 陳樂平:《出入命門──中國醫藥文化學導論》,上海:上海三聯書店,2001 年。

216. 金澤:《禁忌探祕》。香港:三聯書店,1994 年。

217. 金澤:《宗教人類學導論》,北京:宗教文化出版社,2001 年。

218. 宋兆麟:《巫覡──人與鬼神之間》,北京:學苑出版社,2001 年。

219. 何淑貞校注:《新編抱朴子內篇》,台北:國立編譯館,2002 年。

220. 何淑貞校注:《新編抱朴子外籍篇》,台北:國立編譯館,2002 年。

221. 鄭素春:《道教信仰、神仙與儀式》,台北:臺灣商務印書館,2002 年 3 月。

222. 楊玉輝:《道教人學研究》,北京:人民出版社,2004 年。

223. 邱鳳俠:《抱朴子內篇注譯》,北京:中國社會科學出版社,2004 年版。

224. 楊鵬舉:《神農本草經校注》,北京:學苑出版社,2004 年。

225. 魯迅:〈致許壽裳〉《魯迅選集》4,北京:人民出版社,2004 年。

226. 鄭志明:《以人體為媒介的道教》,嘉義:宗教文化研究中心,2000 年。

227. 鄭志明:《華人宗教的文化意識第一卷》,台北:宗教文化研究中心,2001 年。

228. 鄭志明:〈從說文解字談漢字的鬼神信仰〉《中國社會鬼神觀念的衍變》,台北:宗教文化研究中心,2001 年。

229. 鄭志明:〈宗教醫療的社會性與時代性〉《華人宗教的文化意識》第二卷,台北:宗教文化研究中心,2003 年。

230. 鄭志明:《宗教與民俗醫療》,台北:大元書局,2004 年。

231. 鄭志明:《道教生死學》,台北市:文津出版社,2006 年 5 月。

232. 鄭志明:《傳統宗教的文化詮釋──天地人鬼神五位一體》,台北:文津出版社,2009 年。

233. 鄭志明:《宗教生死學》,台北:文津出版社,2009 年。

234. 鄭志明:《當代宗教觀與生死學》,台北:文津出版社,2012 年。

235. 楊玉輝:《道教人學研究》,北京:人民出版社,2004 年。

236. 楊鵬舉:《神農本草經校注》,北京:學苑出版社,2004 年。

237. 黃海德、張禹東主編:《宗教與文化》,北京:社會科學出版社,2005 年。

238. 周與沉：《身體：思想與修行——以中國經典為文化的跨文化觀照》，北京：中國社會科學出版社，2005 年。

239. 劉固盛、劉玲娣編：《葛洪研究論集》，武漢：華中師範大學出版社，2006 年 10 月。

240. 劉昭瑞：《考古發現與早期道教研究》，北京：文物出版社，2007 年 6 月。

241. 秦伯未：《中醫學概論——醫學入門捷徑》，台北：文光圖書有限公司，2007 年。

242. 林富士：《中國中古時期的宗教與醫療》，台北：聯經出版社，2008 年。

243. 楊世華主編：《葛洪研究二集》，武漢：華中師範大學出版社，2008 年 4 月。

244. 李建民：《旅行者的史學——中國醫學史的旅行》，台北市：允晨文化，2009 年。

245. 程雅君：《中醫哲學史——先秦兩漢時期》，四川：四川巴蜀書社，2009 年。

246. 胡守為：《神仙傳校釋》，台北市：中華書局，2010 年。

247. 李紹燦編著：《中藥拾趣》，廣西：廣西科學出版社，2011 年。

248. 劉連朋、顧寶田注譯：《黃庭經》，台北市：三民書局，2013 年。

249. 蘇華仁總主編：《葛洪《抱朴子》道醫丹道修真學》，台北市：大展出版社，2013 年 7 月。

三、外國著作（依出版年先後排序）

1. 福井康順：《東洋思想研究》，第 5 冊，1954 年。

2. 大淵忍爾：《道教史研究》，岡山大學共濟會，1964 年。

3. 村上嘉實：《六朝思想史研究》，京都：平樂寺書店，1974 年。

4. （法）列維布留爾著、丁由譯：《原始思維》，北京：商務印書館，1981 年 8 月。

5. 貝爾納：《歷史上的科學》，北京：科學出版社，1983 年。

6. 宮川尚志：《中國宗教史研究》，京都：同朋舍，1983 年。

7. 德日進（Teillard de Chardin, S.J.）著、李弘棋譯：《人的現象》，台北：聯經出版事業公司，1983 年。

8. 李約瑟著、陳立夫主譯：《中國之科學與文明》，台北：臺灣商務印書館，1982 年。

9. 李約瑟：《中國古代的科學與社會》，遼寧：科技出版社，1986 年。

10. 馬林諾夫斯基：《巫術、科學、宗教與神話》，北京：中國民間文藝出版社，1987 年。

11. 吉元昭治著、陳昱安審訂：《道教醫方與民間療術——臺灣寺廟藥籤研究》，台北：武陵出版社，1990 年。

12. 吉元昭志：《道教與長壽不老醫學》，四川：成都出版社，1992 年。

13. 小野澤精一、福永光司、山井涌編著、李慶譯：《氣的思想——中國自然觀與人的觀念的發展》，上海：上海人民出版社，1990 年。

14. 山田慶兒：《夜鳴く鳥：醫學・咒術・傳說》，東京：岩波書店，1990 年。

15. 弗雷澤著、汪培基譯：《金枝：巫術與宗教之研究》，台北：久大桂冠圖書公司，1991 年。

16. Frederick J. Streng 著、金澤、何其敏譯：《人與神——宗教生活的理解》，上海：上海人民出版社，1991 年。

17. 約翰生著、黃素封譯：《中國煉丹術考》，上海：上海文藝出版社，1992 年。

18. 喬治・福斯特等著、陳華、黃新美等譯：《醫學人類學》，台北：桂冠圖書公司，1992 年。

19. 海德格著、陳伯仲譯：〈建、居、思〉《建築現象學導論》，台北：桂冠圖書公司，1992 年。

20. R.H.van Gulik 著、楊權譯：《祕戲圖考——附論漢代至清代的中國性生活》，廣東廣州：廣東人民出版社，1992 年。

21. 窪德忠：《道教史》，東京：山川出版社，1997 年。

22. 榮格著、劉國彬、楊德友合譯：《榮格自傳——回憶・夢・省思》，台北市：張老師文化，1997 年。

23. 杜維明著、段德智譯：《論儒學的宗教性——對中庸的現代詮釋》，湖北：武漢大學出版社，1999 年。

24. 小林正美著、李慶譯：《六朝道教史研究》，四川：人民出版社，2001 年。

25. John E. Hall, PhD: 《Guyton and Hall Textbook of Medical Physiology》, Imprint: Saunders 12th Edition, 2011.

四、期刊論文

（一）學術期刊

1. 余遜：〈早期道教之政治信念〉《輔仁學志》，第 12 卷 1～2 期，1943 年。

2. 大淵忍爾：〈初期的仙說〉《東方宗教》，第 2 卷第 2 期，1952 年。

3. 御手洗勝：《崑崙傳承永劫回歸》刊於《日本中國學會報》第 14 集，1962 年。

4. 楠山春樹：〈邊韶的老子銘〉《東方宗教》，第 11 號，1965 年。

5. 石井昌子：〈真誥的成立──資料的檢討〉《道教研究》第 3 卷，（東京：豐島書房，1968 年）。

6. 尤信雄：〈抱朴子的道教思想〉《國文學報》，1978 年 6 月。

7. 白靜川：〈金文通釋〉《白鶴美術館誌》，第 48 輯，1978 年。

8. 顧詰剛：〈《莊子》和《楚辭》中崑崙和蓬萊兩個神話系統的融合〉《中華文史論叢》，1979 年第 2 期。

9. 陳飛龍：〈葛洪年譜〉《國立政治大學學報》，第 41 期，1980 年。

10. 許抗生：〈葛洪道教思想研究〉《北京大學學報》，1981 年 3 月。

11. 張金儀：《漢鏡所反應的神話傳說與神仙思想》（台北：故宮博物院，1981 年）。

12. 吳就君：〈台灣地區居民社會醫療行為研究〉《公共衛生》八卷一期，1981 年。

13. 張義尚：〈胎息經註釋〉，《氣功》，第三期，1982 年。

14. 郭起華的〈從葛洪和陶弘景看到教對古代醫學的影響〉《世界宗教研究》，1982 年第 1 期。

15. 王孝廉：〈試論中國仙鄉傳說的一些問題〉《文史學報》（台中：中興大學，1982 年 6 月）。

16. 文榮光：〈要神也要人──精神疾病與民俗醫療〉《民間信仰與社會研討會》（南投：台灣省政府民政廳，1982 年。

17. 胡孚琛：〈中國科學史上的《周易參同契》〉《文史哲》，1983 年第 6 期。

18. 胡孚琛：〈齊學和道教〉，《世界宗教研究》1987 年第 2 期。

19. 陳國符：〈《道藏經》中外丹黃白法經訣出世朝代考〉《中國古代化學史研究》，北京：北京大學出版社，1985 年。

20. 王明：〈中國道教史序〉《世界宗教研究》，1987 年第 3 期。

21. 楊聯陞：〈古史箚記兩條〉《中國文字》，12 期 1988 年。

22. 李豐楙：〈老子《想爾注》的形成及其道教思想〉《東方宗教研究》新 1 期，台北：藝術學院傳藝中心，1990 年。

23. 張光直：〈談「琮」及其在古史上的意義〉《中國青銅器時代（第二集）》，台北：聯經出版事業公司，1990 年。

24. 張煒玲著、丁煌校改：〈抱朴子內篇養生學之探討〉《道教學探索》，1991 年 4 月。

25. 萬方：〈古代注病及禳解治療考述〉《敦煌研究》，1992 年 4 期。

26. 楊文山：〈台灣地區民眾求醫行為之分析〉《榮總護理》九卷二期，1992 年。

27. 王廷輔：〈台中地區居民中西醫療行為取向之研究〉《公共衛生》十七卷一期，1992 年。

28. 許木柱：〈民俗醫療與醫護因應〉《榮總護理》九卷二期，1992 年。

29. 劉樂賢：〈睡虎地秦簡《日書詰咎篇》研究〉《考古學報》，1993 年 4 期。

30. 龔鵬程：〈道、道家、道教──道教史上幾個基本名詞的考察〉《漢學研究》，11：2，1993 年。

31. 廖育群：〈中國古代咒禁療法研究〉《自然科學史研究》，12 卷 4 期，1993 年。

32. 陳飛龍：〈《抱朴子》修撰過程考論〉，《中央大學社會文化學報》第 1 期，1994 年 5 月。

33. 李建民：〈祟病與場所：傳統醫學對祟病的一種解釋〉《漢學研究》，12 卷 1 期 1994 年。

34. 宋鎮豪：〈商代的巫醫交合和醫療俗信〉《華夏考古》，1995 年 1 期。

35. 陳榮洲：〈天帝教正宗靜坐腦波之研究〉《紀念李玉階先生學術研討會》1995 年。

36. 韓建斌：〈葛洪的養生術〉《世界宗教研究》，1996 年第 3 期。

37. 李豐楙：〈傳承與對應：六朝道經中「末世」說的提出與衍變〉《中國文哲研究集刊》9，1996 年 9 月。

38. 薛公忱：〈《抱朴子內篇》長生思想辨析〉《中醫文獻雜誌》，1996 年 2 期。

39. 李軍：〈中國宗教教史上的一座豐碑──葛洪《抱朴子》道教教育理論探析〉《哲學與文化》24 卷，1997 年 2 月。

40. 劉君：〈試探魏晉神仙道教之變化思想──以葛洪「抱朴子·內篇」觀之〉《中國文化月刊》233，1999 年 8 月。

41. 曾春海：〈玄學及《抱朴子外篇》中的理想人格〉《哲學與文化》，26 卷 7 期，1999 年。

42. 黃霏莉的〈葛洪的美學思想及其對中醫美容學的貢獻〉《中華醫學美容雜誌》，1999 年第 3 期。

43. 李美燕：〈老莊養生哲學的流變與影響──以嵇康葛洪的養生論為主〉《屏東師院學報》第十三期，2000 年。

44. 廖育群：〈關於中國傳統醫學的一個傳統觀念──醫者意也〉《大陸雜誌》一〇一卷一期，2000 年。

45. 戴建平：〈六朝煉丹術及其化學成就〉《科技與經濟》，2001 年 3 期。

46. 段致成：〈《抱朴子內篇》中儒道關係之初探〉，《鵝湖月刊》315 期，2001 年 9 月。

47. 鄭志明：〈生死學與民俗醫療〉《現代生死學理論建構學術研討會論文集》，嘉義大林：南華大學，2001 年。

48. 鄭志明：〈民俗醫療的科學性與文化性〉《宗教與科學學術論集》，台北：輔仁大學出版社，2003 年。

49. 熊鐵基：〈人皆可以為神仙——葛洪神仙論的現代詮釋〉《中國道教》，2003 年 6 月。

50. 曹劍波：〈《抱朴子內篇》養生智慧管窺〉《中國道教》，2003 年 2 月。

51. 黃忠慎：〈葛洪《抱朴子‧內篇》之形上理論與神仙思想〉《彰化師範大學國文學誌》第七期，2003 年 12 月。

52. 曾勇：〈葛洪的生命觀及其現代沉思〉《湖北社會科學》，2005 年 3 期。

53. 岑孝清：〈讀《抱朴子》的生與命〉《中國道教》，2006 年 1 月。

54. 武鋒：〈葛洪卒年再考證〉《宗教學研究》，1006 卷 2 期，2006 年 6 月。

55. 李宗定：〈葛洪《抱朴子內篇》與魏晉玄學——「神仙是否可學致」與「聖人是否可學致」的受命觀〉《台北大學中文學報》，第 4 期，2008 年 3 月。

56. 丁貽庄：〈試論葛洪的醫學成就及其醫學思想〉《宗教學研究論集》，2008 年 2 月。

57. 強昱：〈葛洪的內修理論及價值〉參見楊世華主編：《葛洪研究二集》，武漢：華中師範大學出版社，2008 年 4 月。

58. 陸豔、陳懷松：〈《抱朴子‧內篇》養生思想與方術探討《黃山學院學報》，第 11 卷 2 期，2009 年 4 月。

59. 吳學宗、王麗英：〈從葛洪著述管窺葛洪的道教醫學思想〉《廣州社會主義學院學報》，2009 年第 3 期。

60. 劉君、劉樹軍、郭建菊：〈論中國傳統文化下的養生觀〉《民族傳統體育》，第 9 卷第 1 期，2011 年 1 月。

61. 孫亦平：〈葛洪與魏晉玄學〉《南京社會科學》，2011 年 1 期，頁 56。

62. 郝爽：〈道教行氣養生術及其現代價值綜論〉《中國道教》，2011 年 6 月。

63. 王慧勇：〈從養生角度看道教對煉形的影響〉《體育科技文獻通報》，2011 年 9 月。

64. 劉仲宇：〈論道教養生學與現代養生理念〉《中國宗教》，2011 年 10 月。

65. 王慧勇：〈道教養生體系中煉丹術的哲學意蘊〉《體育研究與教育》，第 26 卷 2011 年 12 月。

（二）論文集論文：

1. 鈴木由次郎：《福井康順博士頌壽紀念論文集》（東京：1972 年）。

2. 錢穆：〈葛洪年譜〉收入錢氏著《中國學術思想史論叢（三）》，臺北：東

大圖書公司，1977 年。

3. 劉仲宇：〈葛玄、葛洪與抱朴子內篇〉，收入牟鍾鑒等編《道教通論——兼論道家學說》，山東：齊魯書社，1993 年。

4. 李宗定：〈葛洪成仙之道與金丹理論〉《第三屆道家‧道教養生學術研討會論文集》，高雄：師範大學，民 100 年 3 月。

5. 林文欽：〈從讀《周易參同契》談道教煉丹養生的困境與突破〉《第一屆道家、道教養生學術研討會論文集》，高雄市：高雄師範大學國文學系，2008 年 7 月。

（三）學位論文：

1. 葉論啓：《葛洪學術思想研究》，台北：師大國研所碩士論文，1979 年。

2. 陳文尚：《台灣傳統三合院式家屋的身體意象——地理知識學的例證研究之二》，台北：中國文化大學地理學系，1993 年。

3. 丁婉莉：《葛洪養生思想研究》，高雄：師範大學國文系碩士論文，2004 年 1 月。

4. 賴錫三：《道教內丹的先天學與後天學之發展和結構》，清華大學中文研究所博士論文，2001 年。

附錄一

說明一：
這是江蘇省句容市茅山景區裏的葛洪神像，感謝林文欽教授於 2014 年 7 月 7 日，率領臺灣周易養生協會會員參訪茅山景區，讓筆者有幸能拍到與葛洪神像的合照照片。

說明二：
感謝潤州道院住持孫敏財道長的鼎力相助，以及林文欽教授的幫忙，熱心帶筆者和洪靖婷學姊開車前往南京方山洞玄觀遺址作田野調查，又陪伴筆者參觀與解說，耗費孫道長諸多時間。孫道長是南京方山洞玄觀的負責人，據他所說此處於 2014 年底將完成二個大殿封頂工作，總工程有十個大殿，主殿以葛洪為主神，還有其他三清、玉皇眾多神尊。

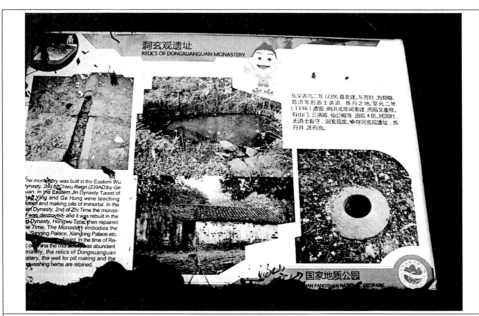

說明三：方山洞玄觀座落的方山位於江蘇省南京市江寧大學城西南方向，爲華東地區唯一的火山地帽區。東晉時道教開教祖師「二葛三張」中的葛玄，首創洞玄觀於方山山南，是江東最早的道教宮觀。東吳赤烏二年（239）葛玄建，東晉時爲鄭隱、葛洪等名道士講道、煉丹之地。至元二年（1336）遭毀，明洪武年間重建，而後又重修。

說明四：幸存洞玄觀遺址——葛洪曾來方山用葛玄親建的「煉丹井」，煉丹修道。

說明五：幸存洞玄觀遺址～葛洪曾來方山用葛玄親建的「洗藥池」，煉丹修道。

附錄二

表 1－4：大陸與「道教醫學」相關的碩博士論文

序號	篇　　名	作者	刊　名	年度
1	論道教文化對中醫養生思想的影響	溫茂興	湖北中醫學院碩士	2005／10
2	明清道教醫學研究	張衛	中國中醫科學院碩士	2006／04
3	魏晉至唐宋道教飲食養生思想探析	趙敏	山東大學碩士	2006／05
4	古代道醫綜述	許巖	蘭州大學碩士	2009／05
5	唐宋應病故事研究	張園園	蘭州大學碩士	2011／05
6	道教醫學中的中醫學科技	張陽	廣西民族大學碩士	2012／04
7	《道藏》內景理論研究	黃志凌	廣州中醫藥大學博士	2013／04
8	任、督二脈源流探析	劉怡彣	北京中醫藥大學博士	2013／05
9	傅山手錄道醫結合之丹書四種研究	王占成	山西中醫學院碩士	2013／06

資料來源：中國期刊全文數據資料庫，論文收集截至 2015 年 5 月 31 日。

表1－5：台灣、大陸與「道教醫學」相關的期刊論文

序號	篇　名	作者	刊　名	年／期
1	道教齋醮禮儀中的養生意蘊	逄禮文	湖南大學學報（社會科學版）	2015／01
2	《道藏》中醫藥文獻研究考略	劉珊	中醫文獻雜誌	2015／02
3	土家醫起源、形成考	曾楚華	湖北民族學院學報（醫學版）	2015／03
4	陶弘景與中古醫學的道教因素	肖榮	中醫藥文化	2014／08
5	土家醫「三元學說」探源	曾楚華	世界科學技術——中醫藥現代化	2014／10
6	道教醫學養生思維模式研究	李德杏	湖南中醫雜誌	2014／12
7	《飲膳正要》藥膳精粹與道醫養生文化	徐儀明	湖南城市學院學報	2013／03
8	方家、煉丹與西土藥——中古道教醫學與外來文化初探	陳明	史林	2013／04
9	武當地區道醫藥特色診療及藥用植物資源調查	程寒	時珍國醫國藥	2013／04
10	《神應經》辨析：兼論道教醫學	肖愛嬌	中醫藥通報	2013／10
11	道教醫學辟穀養生術淺析	李德杏	中華中醫藥雜誌	2012／05
12	內丹醫學與中醫學關系芻議	戢斗勇	佛山科學技術學院學報（社會科學版）	2012／05
13	簡論傳統道家醫學傳播形態	游建西	江西科技師範學院學報	2012／06
14	傳統兵學對道教醫學治療原則和方法的影響	于國慶	遼寧醫學院學報（社會科學版）	2012／11
15	《醫道還元》丹道思想舉要	路永照	商丘師範學院學報	2012／11
16	道教醫藥養生術——以葛洪、孫思邈爲例	李剛	中國宗教	2011／03
17	上清派煉養術的藏象學說內涵探討	汪劍	中醫學報	2011／03
18	王屋山高道司馬承禎道教醫學思想及其影響（一）	蓋建民	濟源職業技術學院學報	2011／09
19	道教醫學「以德養生」思想淺議	李德杏	湖南中醫雜誌	2011／09

序號	篇　名	作者	刊　名	年／期
20	《真誥》身心靈合一的養生理論	林慧真	宗教哲學 57 期	2011／09
21	王屋山高道司馬承禎道教醫學思想及其影響（二）	蓋建民	濟源職業技術學院學報	2011／12
22	歷代道醫對「六字氣訣」養生功法的貢獻	李德杏	時珍國醫國藥	2011／12
23	《圖經衍義本草》與道教醫學：以菖蒲為例	張陽 段學敏	中華科技史學會學刊 16 期	2011／12
24	健身氣功與養生之道	曲黎敏	健身科學	2010／06
25	《輔行訣》所載《湯液經法》考論——兼論早期道教文化對傳統醫學的影響	劉永明	敦煌研究 2010 卷 3 期	2010／06
26	從《證類本草》看道教對中藥學的影響	張衛	中國中藥雜誌	2010／10
27	道教醫學的三境九重——《呂祖醫道還元》探微	程雅君	世界宗教研究	2010／12
28	道教存思術探微	孫嘉鴻	宗教哲學 54 期	2010／12
29	道教內丹學視野下的「奇經八脈」初探	蓋建民	廈門大學學報（哲學社會科學版）	2009／05
30	武當道醫「符咒治病」實錄	尚儒彪	武當	2009／06
31	試論道教醫學對內家拳的影響	楊子路	中國道教	2009／08
32	道教醫學與中醫學關系芻議	程雅群	四川大學學報（哲學社會科學版）	2008／03
33	《素問遺篇》與道教醫學	劉永明	甘肅社會科學 2008 卷 2 期	2008／03
34	傅山道教醫學著述考	王象禮	山西中醫	2008／03
35	道教產生的醫學思想淵源初論	蓋建民	宗教哲學 45 期	2008／09
36	淺析道教思想對陳士鐸命門水火理論的影響	何振中	中國道教	2007／02
37	仙道小說中服食松柏成仙情節的現實背景	唐娜	南京師範大學文學院學報 2007 卷 1 期	2007／03
38	試論道教醫學中的「玉杵」	謝娟	安徽文學（下半月）	2007／12
39	道教醫學服食方研究	張衛	國際中醫中藥雜誌	2006／03

序號	篇　名	作者	刊　名	年／期
40	論武當山道教養生醫學的形成與發展	溫茂興	醫學與社會	2006／06
41	孫思邈的醫藥養生思想	曾錦坤	中華人文社會學報 5 期	2006／09
42	「內經圖」與天人相應實踐	李穎峰	中醫藥文化	2006／10
43	天學與歷史意識的變遷——王宏翰的《古今醫史》	祝平一	中央研究院歷史語言研究所集刊 77 本 4 分	2006／12
44	從三則典故看道醫文化之精深	楊從彪	中國道教	2006／12
45	試論道教醫學的形成基礎	蔣力生	江西中醫學院學報	2005／02
46	督脈與中國早期養生實踐——奇經八脈的新研究之二	李建民	中央研究院歷史語言研究所集刊 76 本 2 分	2005／06
47	《太平經》中的「天醫神藥」觀念	姜守誠	錦州醫學院學報（社會科學版）	2005／08
48	道教醫學的早期傳承與理論創造——以《老子中經》、《黃庭內景經》、《太清中黃真經》爲核心	劉永明	蘭州大學學報	2005／09
49	《千金方》食療研究（一）	蔣力生	江西中醫學院學報	2005／10
50	《千金方》食療研究（二）	蔣力生	江西中醫學院學報	2005／12
51	道教醫學與命門學說的形成——命門學說發生學研究之二	邢玉瑞	陝西中醫學院學報	2004／04
52	試析道教身神說的醫學內涵	劉永明	西北民族大學學報（哲學社會科學版）	2004／04
53	孫思邈《千金方》房中養生研究	蔣力生	江西中醫學院學報	2004／04
54	中國醫學史研究的新視野	李建民	新史學 15 卷 3 期	2004／09
55	我校醫學院成功舉辦「第二屆國際孫思邈與道教醫學暨第三屆國際中國醫學史學術會議」	張樹聲	西安交通大學學報	2002／01
56	武當道教醫藥玄覽	尙儒彪	湖北中醫雜誌	2002／01

序號	篇　名	作者	刊　名	年／期
57	道教對臥姿的主張	陳雲卿 陳高揚 郭正典	佛學與科學 3 卷 1 期	2002／01
58	周潛川、廖厚澤與《古脈法》	廖育群	中國科技史料	2001／12
59	道教醫學文化史研究的一部開拓性力作——評蓋建民《道教醫學導論》	詹石窗	福建師範大學學報（哲學社會科學版）	2000／01
60	敦煌道教醫學考論	蓋建民	福州大學學報（哲學社會科學版）	2000／02
61	明清道教醫學論析	蓋建民	宗教學研究	2000／03
62	道教學的定義、對象和范圍	朱越利	世界宗教研究	2000／03
63	道教醫學的哲學思考	王曉	中國道教	2000／06
64	武當道教醫藥發展史考略	徐丹生	中華醫史雜誌	2000／10
65	道教醫學模式及其現代意義	蓋建民	廈門大學學報（哲學社會科學版）	1999／01
66	唐代女道醫胡愔及其道教醫學思想	蓋建民	中國道教	1999／02
67	道教醫學的哲學思考	王曉	江西社會科學	1999／06
68	道教醫學研究的可喜成果——蓋建民博士《道教醫學導論》評介	尹志華	世界宗教研究	1999／06
69	道教醫學中的食養與藥療	王明輝	藥膳食療研究	1999／06
70	魏晉南北朝的道教醫家及其醫學創獲	蓋建民	中國道教	1999／06
71	《千金要方》應用道教易學理論初探	邱惠聆	問學集 9 期	1999／06
72	《道教醫學導論》：一部道教醫學研究的拓荒之作	張欽	宗教學研究	1999／09
73	道教醫學研究的可喜突破——評介蓋建民博士《道教醫學導論》	李養正	中國道教	1999／12
74	身體觀與身體感：道教圖解和中國醫學的目光	栗山茂久	古今論衡 3 期	1999／12
75	生化之源與立命之門——金元明醫學中的「命門」試探	張嘉鳳	新史學 9 卷 3 期	1998／09
76	宋元道教醫學考論	蓋建民	宗教學研究	1998／10
77	道教醫學概念辨析	蓋建民	宗教學研究	1997／03

序號	篇　名	作者	刊　名	年／期
78	《黃庭經》論要（一）	龔鵬程	書目季刊 31 卷 1 期	1997／06
79	《黃庭經〉論要（二）	龔鵬程	書目季刊 31 卷 2 期	1997／09
80	《黃庭經》論要（三）	龔鵬程	書目季刊 31 卷 3 期	1997／12
81	道家的睡方與睡功	謝彥紅	中國中醫基礎醫學雜誌	1997／12
82	中國道教醫學論略	郭樹森	開放時代	1996／12
83	道教醫學思想簡論	蓋建民	宗教學研究	1995／09
84	道教醫藥學述要	胡孚琛	中國中醫基礎醫學雜誌	1995／11
85	試論道教與道教醫學	錢安靖	社會科學研究	1994／09
86	「道教醫學」研究之思想方法	楊宇	成都中醫學院學報	1994／12
87	中國傳統醫學與道教	吉元昭治	宗教學研究	1988／09
88	試論《太平經》中的道教醫學思想	丁貽莊	宗教學研究	1987／06

資料來源：中國期刊全文數據資料庫，CEPS 中文電子期刊資料庫暨平台服務，論文
　　　　收集截至 2015 年 5 月 31 日。